JN417689

원불교 경성 교화 1

소태산 대종사와 경성교화

원불교 경성지부 유공인

▼ 원불교 경성 교화1 서문성

● 인쇄 | 2008년 5월 13일 ● 발행 | 2008년 5월 19일
● 펴낸곳 | 원불교출판사 ● 펴낸이 | 김영식 ● 출판등록 | 1967. 7. 1 제7호
● 주소 | 전북 익산시 신용동 344-2 · TEL(063)854-0784 · Fax(063)852-0784

값 15,000원 *잘못된 책은 바꿔 드립니다.

원불교 경성 교화 1

소태산 대종사와 경성교화

원불교 경성지부 유공인

원불교출판사

글머리

원불교 경성 초기 교화사라는 이름의 이번 책은 원기91년도 일원 문화연구재단 〈원불교 미확인 사적지 기초자료조사〉 후속 연구로 원불교 경성(서울) 교화와 사적, 유공인과 관련 자료를 중심으로 한 연구 내용을 정리한 것이다.

원기87년 〈원불교 사적지 실태 및 기초자료조사 연구(박도광, 서문 성, 최용정)〉시 익산지역 사적 기초자료조사를 제외한 나머지 부분을 필자가 담당하면서 서울지역은 추후 연구과제로 남겼었다.

미확인 사적지 기초자료조사에서 서울지역과 남원 · 경주 · 익산지역 중 일부 미진했던 지역의 기초자료 조사를 대부분 마쳤다. 북한지역인 개성과 금강산 일원도 현지 기초조사를 통하여 어느 정도 확인이 되어 지고 있다.

서울지역 사적 기초자료조사를 하게 된 인연으로 후속연구를 하게 되어 원불교 경성 초기 교화사가 되었다.

소태산 대종사와 경성지역은 원불교 역사에 있어서 어느 지역보다 인연이 깊다. 익산총부 건설 이전인 원기9년 초 처음 상경하여 원기28년 마지막 상경까지 만 19년간 1백 수십여 차례 방문한 것으로 추정할 수 있는 부분에서도 알 수 있다.

서울지역은 그만큼 새 회상과 인연지이기에 소태산 대종사와 제자들의 역사와 자취가 교단사에 있어서 중요한 부분이다. 그러나 원불교와 관련된 경성의 역사에 대한 연구가 아직까지 미흡하여 시간의 흐름과 자료와 고증 그리고 현장의 변화로 인하여 연구하는데 어려움이 많았다. 어느 때는 구청에서 옛 자료를 수차례 몇 시간씩 찾았으나 찾지 못 할 때도 있었고, 담당 직원이 야근을 하면서까지 일재시대 자료를 찾아 주기도 했다. 지금 생각해도 참으로 고맙고 감사하다.

연구하는 동안 많은 노력에도 자료와 자취를 다 찾을 수 없었지만 교단 내외의 자료와 고증 그리고 많은 분들의 도움을 통하여 아쉽지만 경성과 관련된 역사 일부분을 정리할 수 있어 기쁘다.

필자가 나름대로 많은 노력을 하였으나 능력 부족으로 인하여 아직까지 미비한 점과 오류가 있는 부분도 있을 수 있다. 오류가 있는 내용이 있다면 연락 주시면 추후에 정정할 수 있는 기회로 삼으려 한다.

이번 일원문화연구재단의 연구과정에서 「한울안신

문」에 일부가 연재되어 독자들에게 선보인 적도 있다.

≪원불교 경성 교화 1≫은 제1부 소태산 대종사와 경성교화 편으로 원기9년 소태산 대종사의 처음 상경부터 원기28년 마지막 상경까지 소태산 대종사와 선진들의 행적 그리고 법문 등과 원기30년(1945) 광복 후 전재동포구호사업까지를 연대순으로 정리한 내용이며 제2부는 경성교화와 관련된 초기 유공인에 대한 내용을 담고 있다.

≪원불교 경성 교화 2≫는 제1부 소태산 대종사와 경성 자취들로 소태산 대종사 만 19년간 1백 수십여 차례 상경하여 경성 제자들과 다니신 자취들과 제2부는 앞의 글에서 전문을 실지 못한 자료를 한자리에 모아 자료를 통하여 소태산 대종사와 선진들의 숨결을 새롭게 느낄 수 있도록 했다. 이러한 관계로 내용이 서로 중복되는 부분도 있다.

연구한 내용을 책으로 출판하기 앞서 보다 많은 독자들이 재미있고 쉽게 읽을 수 있도록 픽션을 가미하고 싶은 유혹이 있었다. 그러나 픽션이나 소설 형태의 글은 다음의 문제이기에 원문과 옛 표현을 최대한 살린 연구내용 그대로를 편집하여 조금은 딱딱하고 밋밋한 부분이 있다.

그러나 편집을 마무리하면서 글머리를 쓰는 이 순간 참으로 잘 했다는 생각이 든다. 그것은 책을 읽는 독자들로 하여금 사실의 기록인지 픽션 혹은 소설인지를 구분하기 힘들어 픽션과 소설을 역사적 사실로 볼 수 박에 없도록 하는 우를 범하지 않았기 때문이다. 재미있게 꾸미는 작업은 원불교 서울역사에 관심 있는 분들의 몫으로 남겨 두고자한다

필자가 경성과 관련되어 연구하고 정리하는 동안 많은 분들의 도움이 있었지만 충산 이충은 교도님, 봉산 이경식 교도님, 노태영 교무님의 도움이 컸다. 지면을 통하여 다시 한 번 감사를 드린다.

앞으로 서울과 관련된 연구가 활발해지기를 염원하며 사적에 관심을 갖는데 조금이나마 밑거름이 되었으면 한다.

샘골 골방에서

서문 성 교무

원불교 경성 초기 교화사 1

제1부 소태산 대종사와 경성교화

Ⅱ. 불법연구회 경성 출장소

제2부 원불교 경성지부 유공인

제1부
소태산 대종사와 경성교화

Ⅰ. 소태산 대종사의 경성행

1. 소태산 대종사 경성에 가시다

경성역에 내리다

소태산 대종사는 최도화의 안내로 송규, 서중안, 전음광을 대동하고 원기9년(1924) 3월 30일(음 2월 25일)[1] 오전 이리역(현 익산역)에서 경성행 열차를 타고 당일 저녁 경성역(현 서울역)에 내리게 된다. 이것이 소태산 대종사의 처음 상경(上京)이요, 경성교화의 출발이다. 경성역에 내린 소태산 대종사와 일행은 경성역과 남대문(숭례문) 사이 대로변 우측편에 있었을 것으로 추정되는 태평여관에서 하룻밤을 묵게 되었다.

최도화는 이튿날, 58세의 박사시화를 데리고 와서

주1) 이공주, 《원불교 제1대 창립 유공인 역사》 제2권 60호, 박공명선의 역사기록.

불법연구회 창립이전의 소태산 대종사 30대 중반의 삭발 모습

인사를 시켰다. 박사시화는 1867년 남원 동충리에서 쌍둥이로 태어나 18세에 결혼을 하였으나, 일점혈육을 두지 못한 채 부군마저 사별하여 청상과부로 오빠인 박해산에게 의지하여 지내왔다. 48세에 경성으로 이사하여 지내던 중 뛰어난 바느질 솜씨로 남원 원님을 지낸 도정궁(都正宮)[2] 나리의 부인(대방마님이라고도 함)과 인연이 되었다. 대방마님은 박사시화가 총명하고 재질이 뛰어남을 보고 수양딸로 삼았다. 대방마님은

주2) 조선시대에 종친부 · 돈령부 · 훈련부에 속하여 종실 · 종친 · 외척에 관한 사무를 맡아보던 종3품 벼슬

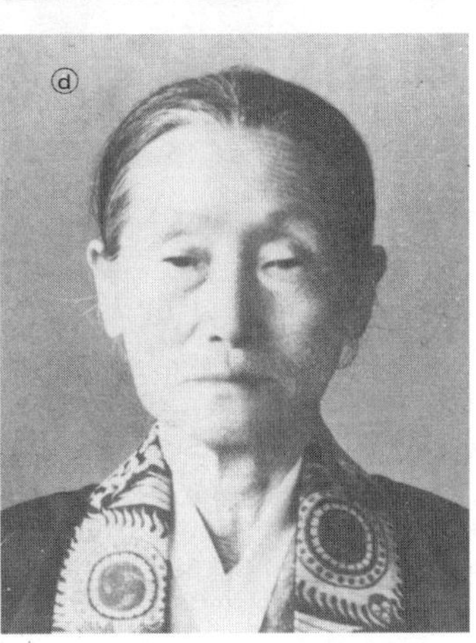

소태산 대종사
최초 상경시 함께 한 제자들

ⓐ송규
ⓑ전음광
ⓒ서중안
ⓓ최도화

자신이 다니는 절(구례 화엄사)의 불사를 위해 권선문을 수양딸(박사시화)에게 주어 각지의 양반가에 가서 시주를 받아오게 하였다.[3] 그 후 박사시화는 대방마님의 인연으로 쌍둥이 동생(박공명선)과 함께 경성으로 이사를 와서 창덕궁 인근에 살면서 마님의 본을 받아 불심이 깊어졌다.

원기8년(1923) 음 9월, 박사시화는 지리산에 있는 구례 화엄사에서 불공을 드리기 위해 경성에서 기차로 출발하였다. 당시 화엄사를 가기 위해서는 전주에서부터 남원을 거쳐 구례로 가는 일반교통편을 이용하여야 했는데, 전주에서 최도화를 만나게 되었다. 그는 최도화로 부터 소태산 대종사에 대한 말씀을 듣고 생불님을 꼭 한번 뵙기를 원했다.[4] 최도화가 소태산 대종사의 첫 상경 길 안내를 맞게 된 데는 박사시화의 인연과 경성 지리를 어느 정도 알고 있었기 때문이다.

최도화는 1883년 진안에서 태어나 13세에 결혼하여 남매를 두었다. 그러나 세상살이에 재미를 붙이지 못하고 방황하다가 경성에서 승려생활과 계룡산 동학사에서 독공을 하기도 하였다. 그 후, 전주에 살며 보천교[5]를 믿었으나 자신의 뜻을 이루지 못하자 비단 행상을 하며 만덕산 미륵사[6]의 화주 노릇을 하였다.

이때 정산종사는 소태산 대종사의 명에 의해 변산 봉래정사를 나와 길을 가다 미륵사 주지를 만나 미륵

주3) 박시시화는 시주를 받으러 다닐 때 남원에 사는 정형섭에게도 시주를 받으며 친하게 지내게 되었다.
그후 7,8년간 소식이 없다가 어느 날 정형섭을 찾아와 불법연구회 이야기를 하였다.
그리하여 정형섭은 자신의 회갑기념으로 남원향교 옆 당산나무 아래에 불법연구회 남원출장소를 세웠다.
정형섭은 영산 박영식, 상산 박장식, 두타원 박효진의 어머니이다.
-여성회 소식 제110호 2005년(원기90) 1월 31일자, 두타원 박효진의 회고 (당시 88세)-

주4) 이공주, 《원불교 제1대 창립 유공인 역사》 제1권 34호, 박사시화의 역사기록

주5) 차경석(1880-1936)이 세운 증산교의 일파.
정읍 입암에 본부를 둠, 일명 차천자교.

주6) 전북 완주군 소양면 만덕산 정상 부근에 있는 절.《한국불교사찰사전》에 의하면 백제 위덕왕(554-598)때에 지명(知命) 법사가 창건하였다고 전하며, 조선시대에 진묵 대사가 수행하였다고 전한다.

사에서 겨울 한 철을 지내게 되었다. 마침 불공드리러 왔던 최도화는 정산종사를 뵙고 생불님으로 모시다가 정산종사가 미륵사를 떠나자 수소문하던 끝에 봉래정사를 찾아와 소태산 대종사와 인연이 되었고 도화(道華)라는 법명을 받고 귀의하였다.

최도화와의 인연으로 소태산 대종사는 원기7년 음 12월경 오창건, 송도성을 데리고 만덕산 만덕암[7]에서 3개월 수양[8]을 하게 되었는데, 이때 전삼삼, 전음광 모자가 찾아와[9] 원기8년 2월 16일(음 1월 1일) 제자가 되었다.

최도화는 후에 이공주에 의해 원불교 초기교단의 3대 여걸로 소개[10] 되기도 하였다. 최도화가 원기39년에 열반하자 정산종사는 고인의 빈소에서 최도화를 통하여 전북지역과 서울지역 인연들의 만남이 이루어졌으므로 '전북회상과 서울회상의 총 연원이시다'[11]라고 하였다.

주7) 진안군 성수면 중길리 산 17번지로 만덕산 7부 능선에 위치해 있다. 만덕산 훈련원에서 2km여 떨어져 있으며 진안군 성수면 좌포리에 사는 김참봉이 자부(이현공)를 위해 지어 주었던 산제당이다. 정산종사는 〈불법연구회 창건사〉에서 이 산제당을 만덕암이라 이름하였다.

주8) 송규, 〈불법연구회 창건사〉 제14장 시창 7, 8년 항.

주9) 이공주, 《원불교 제1대 창립 유공인 역사》 제1권 93호, 전음광의 역사기록.

주10) 〈회보〉 제27호, 이공주-미행소개-본회 3대 여걸을 소개함. 이공주는 일타원 박사시화, 이타원 장적조, 삼타원 최도화를 3대 여걸로 소개하였다.

주11) 이공전, 《범범록》 범산일기2, 533쪽.

경성의 첫 제자와 임시출장소

박사시화는 소태산 대종사를 태평양여관에서 만난 후 북촌[12] 계동에 살고 있는 쌍둥이 동생인 박공명선과 상의를 하였다. 박공명선은 부군인 성재환이 경성에서 경성임시토지조사국판임관으로 근무하다 숙환으로 세상을 뜨자 박사시화의 도움으로 살아가고 있었다. 56

주12) 조선시대 한양은 청계천을 경계로 북촌(北村)과 남촌(南村)으로 나누어 불렸다. 조선후기 들면서 북촌은 권력을 쥔 노론들이 어울려 살았고, 남산 기슭에는 몰락한 소론, 남인등이 섞여 살았다.

세시 2월에 계동으로 이사와 외동딸인 성성원과 함께 살다가, 경성의학전문학교에 다니며 같은 계동에 살고 있는 전북 임실 청년인 진대익과 딸을 결혼시켜 같이 살고 있었다.[13)]

주13) 이공주 《원불교 제1대 창립 유공인 역사》 제2권 60호, 박공명선의 역사. 171호 진대익의 역사기록.

남산에서 바라본 북악산 쪽 (1930년)

그는 이들과 상의하여 소태산 대종사 일행을 며칠간 모시기로 하고, 소태산 대종사가 계동 진대익의 집에 도착하자 그날(원기9년 양 3월 31일, 음 2월 26일) 박사시화와 박공명선이 귀의하여[14)] 경성의 첫 제자들이 되었다. 또 박사시화는 소태산 대종사께 귀의함과 동시에 사제지의를 맺고 전무출신을 서원하였다.

주14) 이공주, 《원불교 제1대 창립 유공인 역사》 제1권 34호, 박사시화의 역사기록

진대익의 집에서 삼 일여를 머무는 동안 소태산 대종사를 수행하였던 서중안은 전음광을 데리고 다니며

경복궁 앞(세종문화회관 뒤) 당주동에 1개월 한정으로 20여 간의 가옥을 빌렸다. 소태산 대종사 일행은 당주동으로 거처를 옮기고 경성임시출장소로 정하였다.[15)]

주15) 송규 〈불법연구회 창건사〉 제15장 시창9년 항.

경성의 첫 제자 박사시화

이동진화의 귀의

당주동 임시출장소에서는 박사시화와 박공명선이 시봉을 담당하였다. 어느 날(음 3월) 박사시화는 계동 인근 가회동에 살고 있는 31세의 이궁가(李宮家) 여인을 당주동으로 데리고 왔다. 그는 박사시화가 전라도에서 온 생불님을 만나 뵙자하여 따라오긴 했으나 소태산 대종사에게 인사도 하지 않고 책상다리를 하고 앉았다. 이는 자신이 평민들과 다른 궁가의 지위에 있

음을 내세운 것이다.

소태산 대종사는 그가 비록 궁가의 소실(小室) 신분이기는 하나 그 인물됨의 비범함을 알아보고 말했다.

"사람이 세상에 나서 할 일이 두 가지 있는 것이오. 하나는 정법의 스승을 만나서 성불하는 일이고, 둘은 대도를 성취한 후 창생을 건지는 일인 것이오."[16]

주16) ① 《원불교교전》 〈대종경〉 인도품 6장
② 《대종경선외록》 사제제우장 19.

엄숙하고 정중한 이 말에 위압감과 가슴에 울리는 감동이 있어 그는 비로소 자리에서 일어나 절을 하였다. 그리고 귀의하니 그가 바로 이동진화이다.

경성임시출장소에서 귀의한 이동진화

이동진화는 집으로 돌아와 생각할수록 전라도 도인의 말이 생각나서 떨칠 수 없었다. 데리고 살던 침모[17] 김삼매화를 인도하여 소태산 대종사께 귀의시킨 것도 그때였다.

주17) 침모(針母) : 남의 집에 매여 바느질을 맡아 하고 일정한 품삯을 받는 여인.

이동진화는 1894년 지리산 아래 함양 마천의 가난한 선비 집안에서 태어나 5살에 부친을 사별하고 7살부터 진주에서 곡물 장사하는 오빠 집에서 살게 되었다. 이때 왕가의 종친인 이규용(李逵鎔)[18]이 진주에 잠시 와서 있었다. 이동진화의 오빠가 이규용에게 곡물을 보내주며 친분이 생겨 왕래하면서 이동진화를 만나게 되었다.

이규용은 이동진화의 미색에 빠져 소실로 삼고 싶은 뜻을 그녀의 오빠에게 전했고, 이것이 허락돼 이동진화(당시 18세)를 경성으로 데리고 가 결혼을 하였다.[19] 그리하여 창덕궁 인근인 가회동에서 살다가 자신의 집 인근인 같은 동 79-4번지에 집을 사주고 살게 하였다.[20] 그러나 이러한 생활이 이동진화에게 육신적인 안락함은 주었으나 정신적 공허함은 어쩌지 못해 위장병과 두통에 늘 시달렸다. 이러한 때, 소태산 대종사를 만나 귀의하였던 것이다.

소태산 대종사가 머물던 당주동 경성임시출장소는 조선의 정궁인 경복궁이 몇 백 미터 거리에 있었다. 소태산 대종사가 당주동에 머물 당시 일제는 경복궁에 조선총독부 청사 건물공사를 한창 진행 중에 있었다. 그러나 이 1개월여의 상경기간 동안 소태산 대종사와 제자들의 행적에 대하여는 아쉽게도 전해지는 것이 없어 짐작만 할 뿐이다.

주18) 이규용 : 1888년 12월 12일 경성에서 부친 이재완씨와 모친 서씨의 소생으로 태어났다. 자소로 천성이 원만하고 정직하였으며, 일찌기 영친왕(英親王)을 모시고 도일(度日)하여 동경규족학원에 유학하고 지내던 중 8·15 광복이 되자 구왕궁장관(舊王宮長官)으로 활동하였다.
그는 원기25년 이동진화의 연원으로 입교하여 '법융(法融)'으로 법명을 받았다.(《원불교 제1대 창립 유공인 역사》 제6권 1475호)

주19) 좌산 이광정 상사는 육타원 이동진화 종사의 출가전 역사를 아는 사람이 없어 궁금하던 차, 상산 박장식 종사의 동생인 두타원 박효진 종사가 자세히 알고 있어 들었다고 하였다.

주20) 구 등기부 등본과 구 토지대장

다만 확실한 것은 이동진화, 김삼매화 외 몇몇 제자들을 얻은 소태산 대종사는 5월2일(음 3월 29일) 경성역에서 이리로 출발함으로써 첫 상경은 마무리가 되었다는 사실이다.

1개월여 경성 생활을 마치고

소태산 대종사 일행은 경성에서 1개월여 생활을 마무리하고 아침 열차로 출발하여 이리에 저녁때 도착하여 이리역 뒤 박원석家[21]에서 하루를 유숙했다. 또 전주 완산동 전음광家[22]에서 원기9년(1924) 5월 3일(음 3월 30일) 불법연구회 창립 발기인 모임을 7인[23]이 갖고, 불법연구회 창립총회를 6월 1일(음 4월 29일) 이리 보광사(普光寺)[24]에서 하기로 하는 등 준비를 하였다.

주21) 박원석은 현 익산시 송학동 89-1번지에 거주하며 이리역에 근무하였다. 그는 불법연구회 발기인 모임과 불법연구회 창립총회에 참여하는 등 총부기지 확정과 건설에 많은 역할을 하였다. 소태산 대종사 총부건설 전에는 이리에 가면 그의 집에서 유숙을 하였다. 총부건설을 하기 전, 김광선 등 전무출신들이 그의 집에서 동양척식회사의 논을 빌려 농사를 지으며 간고한 살림을 하였던 것이 원불교 산업부의 효시가 되었다. 박원석가에서 농사를 지을 때를 오창건은 '나뭇간 같은 데서 자며 빈대 때문에 잠을 자기가 어려웠다'고 회고했다. 《원광》교사자료 발굴 2005년 7월호 참조.

주22) 현 전주시 동완산동 53-2번지로 추정(동완산동사무소 옆). 전음광은 소태산 대종사의 만덕산 첫 행가 때인, 원기8년초 만덕암으로 모친과 함께 찾아뵙고 부자지의를 맺었다. 전음광의 모친인 전삼삼이 소태산 대종사의 명에 의해 원기 8년 음 2월 전주로 이사할 때 전음광은 전주 제일공립보통학교로 전학하여 다녔다.

소태산 대종사 19년을 내왕한 경성역 청사

보광사에서 열린 불법연구회 창립총회에는 각 지역 대표 14인을 포함하여 총 39명이 참석한 가운데 총재에 소태산 대종사, 회장에 서중안이 선정되었다. 회의는 서중안 회장의 진행으로 '불법연구회규약'을 원안대로 통과시켰고, 회원의 회비와 회관(총부) 건립안 등을 토의한 뒤 김기천이 '재가출가선법'과 '솔성요론' 강의를 하였다. 또 시대일보 이리지국장 정한조씨의 축사를 끝으로 오전 10시에 시작한 창립총회는 오후 3시에 마무리되었다.[25)]

주23) 서중안, 송만경, 이청춘, 문정규, 박원석, 이춘풍, 전음광 불법연구회 7인의 발기인 모임이라 할 때는 소태산 대종사는 스승으로서 포함하지 않았으나 정확히 표현할 때는 소태산 대종사를 모시고 7인이 불법연구회 발기인 모임을 가진 것으로 해야 옳을 것이다.

주24) 현 익산시 마동 133번지 태고종 사찰로 1920년대 김성철 화상이 창건하였다. 현재는 개인 소유 사찰이다.

주25) ① 송규, 〈불법연구회 창건사〉 제15장 시창9년 항.
② 불법연구회 창립총회록 《원불교교고총간》 제6권 179쪽.

불법연구회 창립총회를 한 익산 보광사

總 會

創立總會

大正拾參年四月貳拾九日上午十時에全北益山郡益山面普光寺에서本會創立總會를開할새議長金聖久(宋相晃)氏陞席하야開會를宣言하고出席員을點名하니總數三十九人이러라因하야本會創立에對한目的槪要를說明한後이어서公心、忍耐、信誠으로써有始無終이아되도록本會를成立하자는意味深長한말노써一般會員을勸勵하다、次에任員選擧를行할새李亨天(東安)氏動議로金成燮(光旋)氏再請이有하야指名選擧를行한바吳在謙(昌建)氏特請으로滿場一致贊同하야總裁난

원기9년 6월 1일(음 4.29)불법연구회 창립총회록

2. 소태산 대종사가 처음 상경하기 전 상황들

서중안의 하산 간청

소태산 대종사가 처음 상경을 했던 원기9년 무렵의 교단 상황을 정산종사는 '불법연구회 창건사'에서 상세히 기록하고 있다.[1] 불법연구회 창건사와 몇몇 자료를 통하여 살펴본다.

원기8년 음 5월경 김제에 사는 서동풍, 서중안 형제가 변산 봉래정사로 찾아와 소태산 대종사께 귀의하고, 그 후 음 6월경 서중안이 부인 정세월과 다시 찾아와 간청했다.

"이곳은 도로가 험난하여 교통이 심히 불편하고 장소가 또한 협착하니 마땅히 교통이 편리한 곳을 선택하여 모든 사람의 전도(前途)를 열어 주심이 시대의 급선무입니다."하고 자신이 새 회상 창립을 위해 회상을 펼만한 장소를 물색하였다. 이에 소태산 대종사는 4년간 봉래정사에서 교법 제정과 제자들을 만나 새 회상 공개를 준비한 것이 이제 때가 되었음을 알고 본격적으로 회상 공개 결심을 굳히고 계획을 논의하였다.

그러던 중 8월 22일(음 7월 11일) 영광에서 모친 유정천이 열반[2]하여 모친의 상장례를 마치고 조문 온 각처 제자들과 옥녀봉 아래 구간도실을 돛드레미(범현

주1) 송규, 〈불법연구회 창건사〉 제14장 시창 7, 8년 항과 제15장.

주2) 이공주, 《원불교 제1대 창립 유공인 역사》 제6권 1459호, 유정천의 역사기록.

동)로 옮겼다. 그리고 현 영산원 양쪽에 8간 2동을 목조 초즙으로 지었다. 당시 소태산 대종사 모친의 열반은 각지의 제자들을 결속시키고 새 회상 공개를 본격적으로 준비하는 계기가 되었다.

소태산 대종사는 익산과 전주를 거쳐 같은 해 음 11월말 경 변산 봉래정사로 돌아와 월명암 주지인 백학명 선사에게 지난 경과를 말하고 하산(下山)하여 회상 펼 계획을 이야기하였다. 이에 학명선사는 자신이 이번에 정읍 내장산 내장사 주지로 가게 된 내력을 말하고 전일에 소태산 대종사의 취지에 동감된 것이 내장사로 가게 된 이유 중 하나라며 회상을 펼 장소를 내장사로 정하자고 제의하였다.

변산 봉래정사 석두암 옛 모습

주3) 송규, 김광선, 오창건, 이동안, 이준경.

그리하여 소태산 대종사는 송규 등 5인[3]을 먼저 내장사로 파견하고, 새해(원기9년) 음 2월에 전음광을 데리고 내장사로 가 학명선사와 송규 등을 만났다. 그러나 학명선사의 뜻과 달리 절 안 승려들의 반대가 극심해 학명선사의 제안은 성사되지 못하였다. 소태산 대종사는 미안해하는 학명선사를 위로하고 내장사를

백학명 선사 진영

현 내장산 벽련암(옛 내장사)

나온 후 그 길로 경성을 향했던 것이다.

서울의 유래

소태산 대종사는 원기9년에 처음 상경 후, 열반한 원기28년까지 19년 동안 일백여 차례 이상 경성을 내왕한 것으로 알려졌다. 이에 경성의 지명 유래에 대하여 대략적으로 살펴본다.

동국여지도-도성도

서울이라는 말의 뜻은 원래 수도(首都)를 의미했지만 대한민국의 수도를 가리키는 고유명사가 되었다. 그 유래는 신라의 수도인 경주를 서라벌, 서벌, 서나벌, 서야벌 등으로 부른 데서 비롯된다.

서울의 '서'는 높다, 신령스럽다. '울'은 벌판 큰 마을, 큰 도시라는 뜻을 가진 말이다. 서울이라는 말은 한자로 경(京)과 도(都)로 표시하는데 '경'은 크다 '도'는 거느린다, 번성한다는 뜻이다. 서울을 가리키는 말은 경성, 황성, 황도, 왕도, 도성 등 다양하다. 조선 태조 3년(1394) 10월 25일 개경을 떠나 사흘 후에 한양에 도착한 것을 시작으로 서울이 조선의 수도가 되었다.[4)]

또 서울이라는 이름이 도성 성곽을 쌓은 위치와 관련되어 유래되었다고도 전한다. 조선 태조 때 한양 성

주4) 한국정신문화연구원 《한국민족문화 대백과사전》제4권, 11권.

곽을 쌓을 위치를 두고 무학대사와 정도전의 의견이 대립되었다. 무학대사는 무악동에 위치한 '중이 장삼을 입은 모습의 선바위(禪岩)' 가 도성 안으로 들어오도록 북악산 · 인왕산 · 안산 · 남산으로 연결하여 성을 쌓자고 주장한데 반하여, 정도전은 인왕산에서 곧바로 남산으로 연결하여 쌓아야 한다고 주장했다.

경성의 옛 도성

태조 이성계는 두 사람의 의견을 보류하고 있던 차에, 어느 날 밤 첫 눈이 내렸다. 이상하게도 도성 안쪽에 내린 눈은 녹기 시작하여 흔적이 없어지고, 도성 바깥쪽에는 흰 눈이 줄을 그은 듯이 남아있었다. 태조 이성계는 '이는 하늘이 도성을 쌓을 자리를 계시해준 것' 이라고 말한 뒤 눈이 남아있는 선 즉, 설울(雪城)을 따라 도성을 쌓게 하여 선바위는 밖으로 밀려나게 되었다. 그리하여 '서울' 이란 눈이 내린 울타리 즉 설울에서 발음되었다[5] 는 다양한 설이 있다.

조선은 북악산(현 청와대 뒷산)아래 경복궁을 정남으로 향하게 짓고 산줄기를 따라 북악산 · 인왕산 · 남산 · 낙산을 두르는 성을 쌓고 동서남북에 큰 문 4개와 작은 문 4개를 내었다.

우리 역사 문헌상 서울이 처음 이름 붙여진 것은 백제 온조왕 때 위례성(慰禮城)이라 한 것이다. 그 후 한

경성의 옛 도성 성곽

주5) 박성룡, 《서울문화유적》 1, 50쪽 이문출판사

산(漢山)이라고도 했으며 신라 경덕왕 때 한양군(漢陽郡)이라 썼다. 한양이란 북한산 남녘과 한강 북쪽 사이에 자리잡은 양지바른 터전이란 뜻이다.

조선 태조가 도읍을 옮기면서 한성부(漢城府)로 고쳤다. 그 후 1910년 일본이 조선을 침략하고 경성부(京城府:일제가 좋아하는 동경, 경도 등 방식으로)로 바뀌었던 것을 1945년 광복 후 경성부를 서울로 개칭하여 오늘에 이르고 있다.[6]

주6) 한국정신문화연구원 상계서 동일

서울의 면적은 조선 초 500만평에 불과하였으나 현재는 그때의 40여 배로 팽창되었고 인구는 소태산 대종사가 첫 상경했을 당시 1924~1925년경 30만여 명, 1935년에는 45만여 명, 광복 당시에는 90만여 명이었다.[7]

주7) 박성태, 《서울,서울,서울》 제1장, 제4장, 한국일보

일제가 1920년대에 경성의 도로를 대폭 개수하고 신도로를 건설하면서 새로운 건물이 도로를 중심으로 세워졌으며, 1926년 주택은 6만 4천여 가구였다. 서울의 주 교통수단은 전차였고 1920년대 말에 버스가 운행되기 시작하였다[8].

주8) 상동

3. 총부 건설과 이공주의 귀의

만덕산 1개월 선

불법연구회 창립총회를 마친 소태산 대종사는 며칠 후(음 5월초) 제자들과 원기7년 말부터 3개월간 수양한 적이 있는 만덕산 만덕암에 들어가 1개월여 동안 선(禪)을 나게 된다[1]. 만덕암 선에는 성주, 영광, 전주, 진안, 경성 등에서 제자 12명[2]이 참석하였다. 이는 익산총부 건설을 앞두고 제자들을 더욱 결속시키고 총부 건설을 준비하기 위함인 것으로 여겨진다.

만덕암 선을 날 때 만덕산 아래 좌포에서 최도화의 인도로 노덕송옥이 손자 김대거를 데리고 참석하였다. 이는 소태산 대종사 · 정산종사 · 대산종사로 이어지는

만덕산 초선지 옛모습

주1) 만덕산 만덕암 선에 11세의 나이로 참석하였던 대산종사는 이때를 '만덕산 초선'이라 이름하였고, 중앙문화원(원장 이공전)에서 원기70년 세운 만덕초선지 비문에 '처음 12제자 데리시고 처음으로 한 달 선을 나신…'이라 했다. 원불교 교사에도 김광선의 주관으로 한 달 선(禪)을 났다고 했다. 이를 《원불교 제1대 창립 유공인 역사》에서는 하선법회 혹은 만덕산 임시선원이라 표현하였다. 원불교 사적 유물관리 규정에 만덕산성지를 원불교 4대 성지로 지정한 것은 만덕산 한 달 선을 '초선'이라는 교단의 공식 입장의 표현이라고 할 수 있다. 이는 정산종사의 〈불법연구회 창건사〉에서 '총부 건설 후 원기10년 음 3월 훈련법 발표 후 음 5월 6일 제1회 정기훈련, 음 11월 6일 제2회 정기훈련을 본 회의 정기 입선 양기(兩期)로써 원시(元始)가 되다'라고 하여 교단적 논의가 필요하다.

주2) 김광선, 김기천, 송규, 오창건, 전삼삼, 전음광, 노덕송옥, 김대거, 이청춘, 박사시화, 이동진화, 김삼매화

초기 교단 3대 주법의 만남이 된 것으로, 소태산 대종사와 정산종사의 정읍 화해리 만남 다음으로 역사적 의미가 있는 만남이라 하겠다.

만덕암 선에 참가한 12제자 중에는 경성 제자인 박사시화, 이동진화, 김삼매화 3인이 포함돼 있었다. 박사시화가 어떠한 경로로 만덕산 선에 참석하였는지는 알려져 있지 않다. 다만 서로의 연락이 있었으리라 짐작할 뿐이다. 불법연구회 창립총회에 참석하지 않은 것으로 보아 그는 만덕암 선을 목적으로 경성에서 내려와 참석한 것으로 여겨진다. 선을 나면서 소태산 대종사의 시봉 및 대중의 식사공급에 전력했다. 최도화가 화주가 되어 식량을 조달했지만 식량문제로 몹시 곤란을 겪었다. 그리하여 박사시화는 모든 것이 궁색하고 반찬 없는 공양을 올렸던 것이 포한(抱恨)이 되어 만덕산 수 십리 길을 울고 나오면서 '이번 길에는 우리 생불님(소태산 대종사)께 시봉 잘할 동지를 만나게 하여 주시라' 고 기원하였다.[3]

이동진화는 자신의 신세를 생각하다가 절박한 충동이 일어나 전라도 생불님을 만나기 위해 이웃에 사는 박공명선의 집으로 갔는데, 박사시화는 이미 생불님 있는 전라도로 공부하러 갔다는 것이다. 그는 침모인 김삼매화를 대동하고 소태산 대종사를 찾아 경성역에

주3) 《회보》 제27호, 이공주 미행소개 '본회의 3대 여걸을 소개함'

서 이리행 열차를 탔다. 이리역에 내려 임실, 마이산 등을 헤매다 좌포 김승지댁에서 만덕산 만덕암에 계신다는 소식을 듣고 산길을 헤맨 끝에 만덕암에 도착하였다. 그리하여 그곳에서 20여 일간 선에 참여하게 되었다.[4)]

만덕산 한 달 선을 마치고 나온 소태산 대종사는 원기9년 8월 30일(음 8월 1일) 총부 기지로 익산군 북일면 신룡리[5)] 344-2번지 3,000여 평을 매입 확정[6)]하고, 10월 8일에 총부건축에 대한 결의[7)]를 한 후 건축공사를 착수하였다. 그리하여 동년 음 11월에 목조 초즙으로 2동 17간을 완공하고 도치원(道峙院)[8)]이라 하였다. 이것이 총부회관의 첫 건설이었다.

익산총부 최초의 건물 도치원(본원실)

주4) ① 이공주, 《원불교 제1대 창립 유공인 역사》 제1권 6호, 이동진화의 역사기록
② 박용덕, 원불교 선진열전 3 《구수산 칠산바다》 육타원 이동진화 편.

주5) 신룡리(新龍里) : 1914년 행정구역 개편 때 신곳, 내곳, 계룡, 오룡, 석상, 석하, 현영, 신리, 모인 각 일부를 병합하여 신곳(新串), 계룡(鷄龍)에서 한 글자씩을 따 신룡리라 하였다.

주6) 송규, 〈불법연구회 창건사〉 제15장, 시창 9년 항.
음 8월 1일이라는 날짜는 익산시 신룡동 344-2번지의 구 등기부등본과 구 토지대장에 기록된 날짜임

주7) 《원불교교고총간》 제6권 180쪽 〈제1회 평의회회의록〉 익산 송학동 박원석가에서 열린 제1회 평의회를 정산종사는 〈불법연구회 창건사〉에서 임시요인회라 이름하였다.

주8) 현 중앙총부 본원실과 세탁부(엿방) 건물
도치원은 불법연구회 회장 서중안이 기지 대금과 의연금 600여 원, 그리고 각처 회원들의 의연금 700~800원으로 공사를 하였다.
소태산 대종사는 원기10년 4월 이공주에게 보낸 편지에서 도치암(道峙庵)이라 표현하였다.
소태산 대종사 변산 제법시절 초가 3간을 건축하고 석두암이라 이름하였었다.
상기의 정황으로 볼 때 총부회관을 건축하고 도치암이라 부르기 시작하였을 것으로 보여진다.

소태산 대종사 2차 상경

총부회관 건축이 마무리될 즈음인 음 10월에 소태산 대종사는 경성에서 만날 사람이 있다며 갑자기 상경을 하였다.[9] 경성역에 내린 소태산 대종사는 전차를 타고 동대문 종점에서 내려 10여 분 거리인 창신동 산골짜기 비탈에 있는 이동진화의 수양채로 찾아갔다.

이동진화의 수양채는 부군 이규용이 창신동 605번지에 마련하여준 것이다. 이동진화가 생활에 잘 적응하지 못할 뿐 아니라 위장병과 두통 등 신경쇠약으로 고생을 하다가 어느 날 갑자기 전라도로 생불님을 찾아 떠나 1개월여 경성집을 비우자, 부군이 조용히 수양할 곳을 물색한 곳이 동대문 밖 창신동 골짜기이다.

그리하여 이동진화는 가회동 79-4번지에서 나와 창신동 605번지[10]에 있는 10여 간의 초가집에서 침모 김삼매화와 살림을 도와주는 사람(최강동옥)[11]을 데리고 살게 되었다.

소태산 대종사는 이곳에서 며칠을 지내게 된다. 이때 북촌 계동에 사는 이공주는 어머니(민자연화) · 언니(이성각)와 함께 동대문 밖 창신동으로 소태산 대종사를 찾아 나섰다. 여기에서 이공주家 3대 모녀의 당시 가정 상황을 《구도역정기》,《원불교 제1대 창립 유공인 역사》 등을 참조하여 살펴본다.

민자연화의 장녀인 이성각은 1886년 경성 교동에서

주9) 이공주, 《원불교 제1대 창립 유공인 역사》제1권 1호, 이공주의 역사기록
소태산 대종사의 두 번째 상경 날짜는 정확히 알 수 없으나 이공주의 입회 날짜를 통하여 원기9년 음 10월20일~24일경으로 추정할 수 있다.

주10) 종로구 창신동 605번지 구 등기부등본과 구 토지대장 기록에 의하면 1924년(원기9년) 음 8월 6일자로 경성부 가회동 79-4번지 이경수(이동진화 속명)로 소유권이 이전되어 있다. 그 후 불법연구회에 희사하여 1927년(원기12년) 5월 11일에 송도열(송도성의 속명)에게 이전등기 되었다.

주11) 최강동옥(崔江東玉) : 1888년 전남 여수에서 태어나 경성에서 원기10년에 이동진화의 지도로 입교하였다. 입교 후 소태산 대종사를 친견하고 경모(敬慕)하는 신념으로 숭배하였다. 후에 총부에 내려와 방 한 칸을 얻어 선(정기훈련)에 참석하여 공부에 전념하였다. 소태산 대종사는 그를 '초창기 호응한 유공인이다'고 말했다.

태어난 김일환(金一還)과 결혼하였으나 1908년 부군이 2녀를 두고 열반하자 두 딸과 함께 인의동 친정에 와서 살게 되었다. 차녀 이공주는 1906년 경성 대묘동에서 태어나 박장성(朴將星)과 결혼하였으나 부군이 2남을 두고 1922년 28세의 젊은 나이로 열반하였다. 이공주의 모친 민자연화는 차녀인 이공주가 홀몸이 되자 계동 이공주가에 와서 살게 되었다. 그 후, 이성각도 동생인 이공주가에 와서 모친 및 동생가족과 함께 살기로 하고, 이웃에 살며 세 모녀가 서로 의지하며 지냈다. 민자연화는 이공주가에서 살다가 원기17년에 열반하였다.

소태산 대종사 처음 상경하여 당주동 경성임시출장소에서 1개월여를 머물고 있을 때 소태산 대종사를 시봉하던 박사시화가 이공주집을 수차례 내왕하면서 '전라도에서 온 생불님을 만나 뵙자' 고 권유하였다. 그러나 이공주는 부군의 3년 상을 마치기 전에는 누구도 만나지 않겠다며 거절하였다. 그러나 박사시화, 박공명선 자매는 소태산 대종사가 상경하면 뵈러 가자고 수차례 권고하여 약조를 했던 것이다.

이공주의 집은 성성원의 집에서 같은 계동길 50여 미터 안쪽에 살고 있었다[12]. 전황으로 보아 소태산 대종사의 첫 상경과 두 번째 상경 사이에 경성 제자들은 창신동 이동진화 수양채 등에서 몇 차례 만났던 것을

주12) 이공주는 종로구 계동 15-3번지, 박공명선은 계동 46번지로 같은 북촌 계동길(이웃)에 살고 있었다.

알 수 있다.

어느 날, 박공명선이 소태산 대종사 상경 소식과 함께 적어준 동대문 밖 창신동 주소 한 장을 가지고 민자연화, 이공주, 이성각 세 사람은 길을 찾아 나섰다.[13] 이때가 원기9년 11월 21일(음 10월 25일)이다. 쉽게 찾을 줄 알고 나섰으나 이 집 저 집 문패를 보고 헤매다 날이 어두워져 계동 집으로 돌아가고 말았다. 이튿날 아침, 성성원의 집으로 찾아가 박공명선에게 어제 찾지 못하고 돌아온 이야기를 전하자 집에서 일하는 아이를 딸려 길 안내를 하게 하였다.

이공주 일행은 '큰 어른을 뵈러 가면서 빈손으로 가서 못 만났나 보다' 하여 과일 한 바구니를 사서 들고 창신동 이동진화의 집을 다시 찾아갔다. 집에 당도하고 보니 주소가 창신동 605번지였다. 어제는 506번지 주소를 가지고 헤맸으니 찾지 못한 것이 당연했던 것이다.

이공주 일행이 대문에 들어서자 최강동옥이 나와 "우리 선생님은 아무나 안 보시는데요?"하였다. 이공주 일행의 "꼭 만나야겠다"는 말에 소태산 대종사가 머물고 있는 응접실로 안내되었다.

주13) 원불교신보신서 2권 《구도역정기》 -구타원 이공주 법사편-

3대 4모녀와의 만남과 이공주의 귀의

원기9년 11월 22일(음 10월 26) 오전 10시, 소태산 대종사와 이공주 일행의 만남은 새 회상 건설에 중대한 의미를 갖는다.

청하문총 3권 《한 마음 한 길로》, 원불교신보신서 2권 《구도역정기》 구타원 이공주 · 융타원 김영신 법사 편, 《원불교 제1대 창립 유공인 역사》등에 이때의 만남에 대하여 상세히 기록하고 있다. 당시 상황을 요약해 보면 다음과 같다.

소태산 대종사 2차 상경에서 만난 3대 4모녀

ⓐ이공주의 모친 민자연화
ⓑ이공주의 언니 이성각
ⓒ이공주
ⓓ이성각의 딸 김영신

소태산 대종사와 이공주 일행이 상호인사를 나눈 다음 자리에 앉았다. 소태산 대종사는 "귀한 사람들이 어떻게 여기를 오셨습니까?"하며 궁금한 점이 있으면 물어보라고 하였다. 또 "내가 알고 있는 분야는 대답할 수 있지만 엉뚱한 일을 묻는다면 대답할 수 없습니다."하며, 손에 들고 있는 염주를 예를 들어 "염주 깎는 법이라면 가르쳐 줄 수 있습니다."고 했다.

숙겁의 인연이었던지 이공주 일행은 각자가 묻어온 인생의 의문 하나씩을 허심탄회하게 여쭙기 시작했다.

60세의 민자연화는 삼세(三世)를 알고 싶다고 하였고, 30대말인 이성각은 정도(正道)와 사도(邪道)의 구별법을 알고 싶다고 했다. 이에 소태산 대종사는 잘 알려 주겠다고 했다. 이어 20대말의 젊은 이공주가 자신은 삼세일, 정도와 사도의 구별법 두 가지를 다 알고 싶다고 했다.

소태산 대종사는 이공주에게 "욕심이 많다"며 "앞으로 모두 가르쳐 주겠다"고 한 후, "부모 형제가 기약없이 헤어졌다가 뜻밖에 만난 것처럼 기쁘다"며 "평소에 사람을 많이 대하면 상기(上氣)가 잘 되는데 오늘은 하기(下氣)가 되어 기분이 좋다"고 했다.

민자연화와 이성각은 집 가까이(1km정도) 봉익동에 있는 대각사 백용성[14] 스님의 제자이므로 불명이 있으니 이경길(이공주)의 이름을 지어주라고 했다.

주14) 대각사(大覺寺)는 종로구 봉익동 2번지에 있는 재단법인 대각회의 사찰로서 1911년 백용성 스님이 창건하였다. 대각회는 석가모니 부처님의 대각불교사상을 선포하여 민족의 번영원리로 발전시킨 백용성 스님의 대각사상을 선도하며 일반인을 대상으로 대각일요학교를 설립하고 선회(禪會)를 개설하기도 하였다.
백용성 스님은 1864년 전북 장수에서 태어났다. 그는 만해 한용운 스님과 불교 부흥과 민족의 장래를 논의하며 3.1운동 때 민족대표 33인의 불교 대표로 서명해 서대문형무소에서 옥고를 치르기도 하였다. 활발한 활동을 하였으나 일제에 의해 대각교 재산이 몰수되고 결국 해산 당했다. 그러나 백용성 스님은 포교 사업에 계속 힘쓰다가 1940년 77세의 나이로 열반하였다.

대각사를 창건한 백용성 스님

소태산 대종사는 공주(共珠)라 이름 짓고, 한 번 써 보라고 했다. 이경길이 '공주'라고 정성스럽게 쓰고 나자 말했다. "구슬이란 보배로운 것입니다. 이 구슬은 한 두 사람이 가지고 보는 것보다는 여러 사람이 가지고 보는 것이 가치 있고 보배로운 것입니다. 그래서 '공주'라 하는 것은 세계 인류가 함께 보는 보배로운 구슬이 되어 달라는 뜻입니다."

그녀는 이렇게 법명을 받고 즉석에서 제자가 되어 이경길에서 이공주로 다시 태어난 것이다.

그로부터 이틀 뒤인 11월 24일 이성각의 딸 김영신까지 4명이 다시 창신동을 찾았다. 이공주는 소태산 대종사로부터 정식으로 법명이 적힌 교도증을 받았다. 이때 함께 동행했던 김영신도 제자가 되어 법명을 받

게 되었다.[15] 이때 김영신은 경기여자고등보통학교에 재학 중이었다. 그는 학교를 대표하여 육상선수로 출전하였다가 얼굴에 큰 상처를 입었다. 그것이 급성뇌막염으로 진행되어 사경을 헤맨 적이 있던 만큼 얼굴에 아직도 상처가 남아 있었다.

"무슨 소원이 있느냐?"는 소태산 대종사의 물음에, 김영신은 "얼굴의 상처로 마음에 상처를 입었으나 불법을 배워 상처받은 사람들을 위해 설교로 감화를 주고 싶습니다."라고 했다. 소태산 대종사는 "부처님 공부를 하면 설교로 사람들의 마음을 열고 상처를 낫게 해주는 의술을 가르쳐 준다"고 했다. 민자연화, 이성각은 이날도 법명을 받지 않고 이듬해 2월 6일(원기10년) 이공주의 연원으로 불교의 불명인 민대각화, 이원각화를 가진 채 정식으로 소태산 대종사의 제자가 되어 민자연화, 이성각으로 법명을 받았다.

소태산 대종사가 경성에서 이공주 일가 3대 4모녀인 민자연화, 이성각, 이공주, 김영신을 만난 것은 경성교화 뿐만 아니라 새 회상의 큰 인재를 얻는 기연이 되었다. 소태산 대종사가 경성에서 익산으로 언제 내려왔는지 정확히 알 수 없으나, 익산에서 원기9년 11월 28일(음 11월 2일)에 이공주에게 편지를 보낸 것으로 보아 이공주 일가를 만난 후 곧바로 내려온 것으로 볼 수 있다. 이렇게 볼 때 소태산 대종사의 2차 상경은 이공

주15) 김영신의 입회에 대하여 원기9년 음 10월 28일과 원기10년 음 10월 14일 두 가지 기록이 있다. 정황으로 보아 소태산 대종사를 처음 만나 창신동에서 법명을 받았으나 정식 입교 명부에는 원기10년 음 10월 14일에 기록된 것으로 볼 수 있다.

주 일가를 제자로 얻기 위한 계획적인 것으로 보인다. 익산총부 건설공사가 마무리 될 즈음 공사가 한창 바쁠 때임에도 불구하고 만날 사람이 있다며 갑자기 상경했다는 것과, 이공주의 남편 3년 탈상이 끝난 지 10여 일 정도 되었을 때라는 것, 3대 4모녀를 만나고 바로 익산으로 내려왔다는 것이 우연만은 아닐 것이다.

소태산 대종사 이공주에게 하서

소태산 대종사는 11월 28일(음 11월 2일) 이공주에게 연서 같은 편지를 석두거사라 이름하여 보낸다.

편지는 국한문 혼용으로 되어 있다. 그 일부를 풀어 쓰면 아래와 같다.

'서로 만난 지 얼마 안 되어 남과 북으로 나뉘어 있으나 서로 의지하는 마음은 진정 한시라도 풀어지지 않습니다. 바라건대 모름지기 서로 길이 사랑하여 세세생생 함께 영산회상 만들기를 빌어 마지않습니다. 귀하신 네 분을 만나 본 후로 견실한 성의와 고명한 재질을 생각마다 잊지 못하여 마음이 항상 즐거운즉 이번 경성행에선 대단한 보배를 얻었습니다.'[16]

주16) 청하문총3 《한 마음 한 길로》 32쪽

소태산 대종사의 편지를 이공주는 11월 30일 받았다. 기쁘고 감격스러워 바로 답서를 올렸다. 이공주의

답서에 소태산 대종사가 두 번째 편지를 음 11월 6일자로 보내어 음 11월 9일 이공주는 편지를 받아보게 되었다.

며칠 사이에 이렇게 빨리 편지를 주고받은 것을 생각하면 이공주를 제자로 얻은 것이 소태산 대종사에게 얼마나 큰 기쁨이었는가를 알 수 있다. 이공주 또한 생불님과의 만남이 자신에게 얼마나 큰 변화를 가져왔는지 알 수 있다. 두 번째 보낸 편지 내용을 보면 실감이 난다.

그 내용 일부분이다.

'이와 같이 대답을 빨리하여 주시니 감사하기 한량없나이다. 처사가 나오던 날 설중(雪中)이었는데 네 분이 수고를 생각지 않으시고 이 사람을 신(信)하시어 또 가보셨다 하오니 더욱 감사한 생각이 날로 깊어가나이다…

공주는 처사를 생각하지 아니하여도 처사는 공주를 살펴보기로 주의하고 왔기에 곧 편지를 하였더니 이와 같이 공주도 처사를 믿고 응하시니 장차 처사의 법은 공주의 물건인가 하나이다. 이와 같이 공주를 얻은 고로 처사는 제자 몇을 데리고 잔치를 베풀어 경축가[17]를 불렀사오니 명심하시고 세세생생에 이 같은 인연을 여의지 않기로 부처님께 기도하고 서원하기를 대망하나이다."[18]

소태산 대종사 원기 11년 3월 7일에 이공주에게 하서 한 편지

주17) ①《대종경선외록》부록, 친저 가사편 ②원기 원년(1916)이나 그 이듬해에 소태산 대종사 지은 것으로 초기 교단 교리의 소박한 모습을 엿 볼 수 있다. 법인기도 때 9인 선진들이 심공드리며 외우기도 하였고, 기쁠 때 대중이 함께 불렀다.

주18) 청하문총 《한 마음 한 길로》33~34쪽

소태산 대종사가 두 번째 보낸 편지 내용을 보면 몇 가지를 알 수 있다.

먼저 소태산 대종사가 이공주 일가를 만나고 익산으로 내려오는 날은 눈이 내렸다는 것과 그날 이공주 일가 4인이 창신동으로 소태산 대종사를 다시 찾아 갔었다는 것, 소태산 대종사 '장차 처사의 법은 공주의 물건인가 하나이다.' 라고 한 말 속에 이공주가 장차 법낭(法囊, 법의 주머니)이 될 것을 알고 있었다.

소태산 대종사는 원기13년 6월 2일(음 4월 15일)경에 이공주를 비롯한 여자회원 4~5인에게 "여자 중에서도 초창기 구인기도 때와 같이 기도를 드려보면 어떻겠는가?" 하고 권하여, 기도일을 원기13년 6월 16일로 정하여 밤 10시부터 11시까지 기도를 올리도록 했다. 소태산 대종사는 여자회원들이 기도를 할 때면 가끔 "기도를 중지하라" 하고 여러 가지 말씀을 하였다. 여러 말씀 중에 이공주에게 "공주에게 나의 법을 가장 많이 설해주었다. 공주는 나의 법낭이다." 하며 '법낭' 이라는 아호를 주었다.

또 어느 날은 이공주를 칭찬하며 "공주는 낙언성실(落言成實)하고 투필성자(投筆成字)한다" 고 했다. 이는 소태산 대종사의 법설이 있으면 그대로 잘 받아서 수필한다는 뜻이다.[19]

소태산 대종사는 이공주를 만난 지 몇 년 되지도 않

주19) 청하문총 《한 마음 한 길로》 75~78쪽

은 원기13년에 출가도 아닌 재가 제자에게 가장 많은 법을 설하여 주었다고 했다. 이공주가 원기17년 출가하여 소태산 대종사 문하에 있으면서 소태산 대종사 열반 때까지 익산본관에서 근무한 것을 생각하면 얼마나 많은 법문을 받들었는지를 짐작하고도 남는다.

이공주는 소태산 대종사의 기대에 조금도 어긋나지 않아야겠다는 굳은 결심을 하기에 이른다. 그리하여 그는 자주 상서를 올리고 원기21년까지 하서를 받게 된다. 소태산 대종사가 이공주에게 보낸 편지는 교단사에 중요한 자료로 남아있다.

4. 새 회상 정기훈련을 시작하다

도치원 완공

원기9년 음 11월에 익산본관(총부회관)인 도치원이 완공되었다.

익산본관의 간판은 서중안 회장이 기둥에 '佛法研究會(불법연구회)' 라는 글씨를 써 붙여 세상에 처음으로 공식 광고하였다. 정산종사의 〈불법연구회 창건사〉에는 회관(본관)공사 전무 노력자는 12이라 기록하고 있다. 원기9년도 전무출신자는 영산에 있는 김기천, 이원화를 합하여 13인[1]이며 회원 수는 남자 약 60여 명, 여자 70여 명, 도합 130여 명이었다.[2]

회중자산은 영산 간척답(정관평)이 있으나 염독이 남아있어 큰 소득이 없고 길룡리 영산원 3동(영산원,

주1) 김광선, 오창건, 이동안, 이준경, 송규, 송도성, 전음광, 송만경, 문정규, 김남천, 김기천, 조갑종, 이원화.

주2) 송규, 〈불법연구회 창건사〉 제16장 1. 회원상황
《입회원명부》에는 남자 56명 여자 96명, 총 152명이다.

엿방의 가위, 정

본관인 도치원의 옛 모습, 우측 건물을 엿방으로 사용했었다.
(양로원으로 사용 당시 모습)

학원실, 식당채), 봉래정사 2동(석두암, 실상초당), 본관 도치원 2동(현 본원실, 세탁부) 등 초가 총 7동이다.

익산본관이 건축되어 전무출신자가 10여 명에 이르러 유지방법과 생활이 곤궁하나 방법이 막연했다. 그리하여 원기9년 음 12월경 엿방 운영을 송적벽[3], 김광선이 주무가 되고 모든 인원이 행상(行商)이 되어 갖은 고생을 하였으나 큰 이득이 없고 공부에 방해가 되어 이듬해 여름에 폐지하였다.[4]

주3) 송적벽은 충청도 사람으로 증산교를 믿으며 김제 원평에서 엿방을 하였다. 소태산 대종사께 귀의한 후 변산에서 신성을 바치며 시봉하였으나 김남천과 싸우고 떠났다가 얼마 후 뉘우치고 다시 돌아왔다. 총부가 건설되자 엿방 경험을 살려 엿방을 발의하였다. 후에 다시 떠나서 〈불법연구회〉에서 제명 처분되었다. 그는 신성과는 달리 신통이적을 중요시 여기는 생활을 하였다.

주4) 엿방 운영에 있어서는 《원불교교전》 〈대종경〉 실시품 4장의 엿목판 잃어버린 법문과 많은 일화를 남겼다.

제 1 회 정기훈련

원기10년 음 3월 혁신교리와 제도를 지도하기 위하여 상시훈련법과 정기훈련법을 발표하였다. 6월 26일(음 5월 6일)에는 훈련법의 규정에 의하여 정기훈련을 실시하였다. 이것이 새 회상 제1회 정기훈련이다. 당시 총부 구내의 가옥이 협착하여 익산본관 옆에 있는 전음광의 사가를 빌려 정산종사의 지도아래 10여 명이 입선 전문훈련을 받았다. 정기훈련을 정기선이라 하여 제1회 정기훈련을 일명 을축하선(乙丑夏禪)이라 부른다. 제1회 정기훈련 결제식 당시 소태산 대종사는 변산 봉래정사에서 1개월여를 수양하였기에 참석하지 못했다.

제1회 정기훈련에 남자들은 전주 이청춘이 논을 희사하여[5] 농사를 지었기 때문에 정기훈련에 참여하지

주5) ① 《원불교교전》 〈대종경〉 실시품 22장
② 《원불교고총간》 제6권 180~181쪽
-제2회 평의회의 회록-

못하여 여자 선객들만 참여했다. 10여명[6]의 선객 중에 경성 회원은 박사시화, 이동진화, 김삼매화가 포함되어 있다.

주6) 이원화, 이청풍, 이동진화, 김삼매화, 정세월, 권동화, 박사시화 등

박사시화는 제1회부터 매년 여름과 겨울 정기훈련에 참여하여 젊은이들을 능가할 만큼 정성을 다할 뿐만 아니라, 매일 아침이면 새로운 선객들의 세숫물 떠다 주기, 식사 때면 바리때(밥그릇) 닦아주기, 남의 의복을 세탁하여 주는 등 자신의 괴로움은 조금도 생각하지 않는 자비심으로 임하여 대하는 사람마다 감사의 마음을 갖게 하였다.[7]

주7) 〈회보〉 제27호, 이공주 '미행소개' -본회 삼대여걸을 소개함-

익산본관 생활은 제1회 정기훈련 전까지만 해도 남자들만으로 이루어진 생활로, 엿방을 차려 엿장수로 생계를 유지하며 세간 살림도 갖추지 못하고 있었다. 그리하여 소태산 대종사의 진짓상을 차릴 때에도 납작한 목침에다 상을 올려드리고 제자들은 둥근상에 둘러앉아 먹었다.[8]

주8) 박용덕, 《원불교 선진열전》 제3권 〈구수산 칠산바다〉 17쪽

박사시화는 제1회 정기훈련을 마치고 경성으로 돌아가 본관생활의 어려움을 생각하며 자신의 세간 집기까지 가져와 본관 건설에 살림들을 도왔다.

원기12년 제6회 정기훈련(정묘동선)에는 박사시화, 박공명선 쌍둥이 자매가 참여하였다. 선중에 쌍둥이 자매의 회갑연이 열리고 기념촬영까지 하자 진기한 행

사라 하여 동아일보에 소개되기도 하였다.

원기 12년 6회 동선기념: 동선에 참여한 박사시화, 박공명선 쌍둥이 자매의 회갑연이 열렸었다.
중앙 소태산 대종사 앞줄 좌우가 쌍둥이 자매

박사시화는 전국 각지를 돌아다니며 교직 없는 교역자로서 제1대내 575명[9]을 입교시켜 최다 입교연원자가 되었다. 이동진화는 만덕산 만덕암에서 20여 일간 선을 나고 경성 창신동 수양채에서 생활하다 제1회 정기훈련이 시작된다는 말에 기다렸다는 듯이 침모인 김삼매화와 함께 참여하였다.

같이 선에 참여하였던 권동화[10]의 말에 의하면, 이동진화는 남치마에 노랑저고리를 단정하고 우아하게 차려입고 내려왔다. 선을 나기 전에는 도도하고 까다로워 신경질을 잘 내었으나 훈련을 통하여 기질이 변화

주9) 상게서 19~20쪽

주10) 권동화(1904~2004)는 혜산 전음광대봉도의 정토로 원기9년 최도화의 인도로 입교하여 원기10년 익산총부로 이사하여 동하 정기훈련에 참석하면서 회화, 강연시간에 빠지지 않고 밝은 말을 많이하여 소태산 대종사로부터 많은 칭찬을 듣기도 하였고, 신심 공부심으로 낙도 생활하는 유공인이다. 불법연구회 제1회 정기훈련때 익산본관 장소가 협착하여 그의 집에서 정산종사의 지도로 훈련을 하였다.

되어 소태산 대종사를 깍듯이 모시고 6살 아래인 지도 교무 송규(정산종사)에게도 일기 쓰는 법을 물어가며 공부에 열성이었다. 몸치장에서도 짙게 하던 화장을 약하게 하고 같이 선을 나는 동지들에게도 가까워지기 시작했다.[11)]

주11) 선진문집5 《육타원종사문집》 467~8쪽

이동진화는 3개월 정기훈련을 나면서 지병인 소화불량 증세도 좋아지고 속이 답답하여 피우던 담배인 삐죤도 끊고 은단으로 대용하였다. 3개월 동안 훈련을 나고 해제식 날을 앞두고 떠나기 섭섭하여 눈물을 흘리기도 하였다.

이동진화가 속이 답답할 때 먹던 은단(銀丹)에 대한 일화가 전해지고 있다.

하루는 먹던 가오루(은단 상품이름)가 떨어져 서무부장 오창건이 솜리(이리시내) 나가는 편에 가오루를 사다 달라고 부탁하였다. 오후에 오창건이 사가지고 온 것은 엉뚱하게도 생선 가오리를 사온 것이다.

"가오루를 사오랬는데……"

"이거 가오리가 아니다요."

"은단 가오루 말입니다."

"은단은 또 뭐라요, 가오리라면 이것 뿐이지라."

시골에서 은단이나 가오루란 말은 처음 듣는 이야기였다. 이왕 사온 것이라 가오리로 대중공양을 잘 하였다.[12)]

주12) 이동진화와 같이 선에 참여하였던 권동화의 구술로 이동진화와 관련된 이야기에 단골로 등장하는 이야기이다. 그러나 제1회 정기훈련이 실시되던 원기10년 음 5월6일~8월6일 사이에는 오창건은 서무부장의 직책을 맡고 있지 않았다. 익산본관에서 원기10년 음 4월1일 10시에 열린 〈제2회 평의회 회록〉에 보면 서무부장 오창건이 사표를 내어 서무부장 선거에서 이동안이 당선되었다. 오창건이 그동안 서무부장을 했기에 그때까지 서무부장으로 불렀는지 아니면 인식하고 있었는지는 모른다.

Ⅱ. 불법연구회 경성 출장소

1. 경성에 불법연구회 출장소가 생기다

어서 성불하소서

경성에 불법연구회 출장소가 생기다

익산본관 전무출신들은 엿 제조업을 폐지하고, 이청춘이 희사한 전주에 있는 논을 매매하여 익산 오상리로 옮기고[1], 본관 서쪽 만석들 소작답 15두락(3,000평)을 김광선의 주도로 작농하기 시작하였다.

소태산 대종사는 원기10년 음 8월 학력고시와 학위등급법(법위등급), 사업고시법을 제정하는 등 새 회상 기틀을 잡아가고 있었다.

경성에 있는 이공주는 자주 익산본관에 있는 소태산 대종사께 상서를 올렸다.

소태산 대종사가 원기10년 3월 14일(음 2월 20일) 보낸 편지를 보면 이공주가 경성에서 불법연구회 규칙

주1) 〈제2회 평의회 회록〉에는 전주의 논을 매매하여 가까이 옮기기로 하고 그 책임자를 송규, 전음광으로 정했다. 그 이후에 대하여는 상세히 나타난 기록을 찾지 못했으나 소태산 대종사 당대 제자들과 현지 답사에서 법산 이백철 종사는 오상리라 고증했다.

안을 등서(謄書)하여 보내주었고, 소태산 대종사는 다시 불법연구회 규칙안을 3권으로 나누어 등서하여 보내 줄 것을 요청했다.

그리고 제1회 정기훈련에서 일기기재를 가르쳐서 선객들이 매일 일기기재[2]를 하고 있는 가운데 일기기재법을 정리하여 일기하는 법식을 이공주에게 보내주면서 그에게도 매일 그대로 일기를 기재하도록 권했다.

이공주는 소태산 대종사께 올리는 편지에서 불우한 여성들을 위하여 헌신하고 싶다는 말을 전한 것에 대한 답으로 소태산 대종사는 같은 편지에 "어서 성불하여 불우한 여성들을 맡아 가시오. 고독하다 마시고 어서 성불하시오. 고독하기로 성불할 기약이 있나이다." 라고 편지를 보냈다. 또 편지에서는 이공주의 장남 박남기의 법명을 '창기(昌基)' 로 지어주었다.[3]

이공주는 소태산 대종사에게 자주 편지를 보내며 자신이 처한 상황을 육신고통, 정신고통, 물질고통이라 토로했다. 그는 부군을 잃고 장남 박창기의 교육과 차남 박원기가 건강이 좋지 않아 치료하는 일, 친가[4]와 시가를 봉양하는 일이 30세 젊은 그로서 힘든 것을 말하며 위로를 받았다.

원기10년 여름, 경성에 사는 민자연화는 소태산 대종사를 위하여 옷감을 마련하고 딸 이성각이 옷을 지어 올렸다. 소태산 대종사는 그 옷을 입고 영광에 갔다

주2) 청하문총 《한 마음 한 길로》 34~35쪽

주3) 이공주의 장남 박남기만 법명을 지어 보내주었고, 차남 박동기는 원기17년에 입교와 함께 원기(圓基)라 법명을 지어주었다. 박원기는 같은 해 13세의 나이로 열반했다.

주4) 이공주는 모친 민자연화, 언니 이성각, 조카 김영신이 이웃에 살기도 하고 이공주의 집에서 같이 살기도 하여 봉양과 부양의 책임을 느끼고 있었다.

가 기념촬영을 하여 오늘날 소태산 대종사 탄생100주년 기념사진첩에서 접할 수 있다.

소태산 대종사 : 민자연화 이성각 모녀가 지어올린 옷을 입고 영광에서 촬영

도덕박사가 되라

원기11년 2월 5일(원기10년 음 12월 23일)은 이공주의 30회 생일이었다. 소태산 대종사는 이공주의 생일을 축하하기 위해 상경해 박사시화, 이성각 등과 함께 계동 이공주집 사랑채에 모여 생일을 축하해[5] 주었다. 소태산 대종사는 이 자리에서 "공주는 앞으로 어떤 큰 일을 하고 싶소? 공주가 가장 보람되다고 생각하는 일은 무엇이오?"하고 물었다.

이공주는 여학교 때부터 생각하였던 '조선 여성을 위한 계몽운동을 하여 여성의 권리를 회복하고 싶다'는 평소의 포부를 이야기하자, 소태산 대종사는 여성해방을 위한 구체적 방법을 물었다.

이공주가 대답했다. "일본 유학을 하여 문학박사가 된 뒤 글을 써서 조선 여성들을 계몽시켜볼까 했습니다."

소태산 대종사는 이공주의 말을 들은 후 말했다. "문학박사가 되어 일천만 조선 여성을 계몽시켜보겠다는 공주의 생각도 크고 장한 생각이요. 그러나 일천만 여성이 많은 것 같으면서도 사실 전체 조선 국민에 비하면 적은 것이요. 더구나 수십억 세계 전체 인구에 비하면 작은 한 부분에 지나지 않는 것이니 조선 국민, 그것도 반을 잘라서 1천만 여성을 위하여 헌신하겠다는 생각은 관견(管見:좁은 소견)이라. 더욱이 글을 써서

주5) 이공주 30회 생일에 조전권이 소태산 대종사와 함께 참석한 것으로 《청하문총》, 《구도역정기》 등에 기록되어 있으나 조전권은 원기12년 9월에 부친인 조송광 장로가 익산본관에가서 돌아오지 않자 부친을 회개하도록 하려고 찾아갔다가 소태산 대종사를 뵙고 제자가 되었다. 조전권이 소태산 대종사를 만난 것은 이공주의 30회 생일이 2년이나 지난 후의 일이다.

여성을 계몽시키겠다고 하나 그 글을 읽는 사람 또한 소수에 지나지 않을 것이니 공주는 생각을 더욱 넓혀 도덕박사가 되어 세계 전체 여성, 나아가 세계 전체 인류를 제도하는 것이 좋지 않겠소."[6)]

주6) 청하문총 3권 《한 마음 한 길로》60~61쪽

이날의 문답으로 이공주는 새로운 인생길로 나아가게 되었다. 이공주는 신앙과 수행에 더욱 투철할 뿐 아니라, 소태산 대종사에 대한 신성도 날로 깊어만 갔다. 이때 소태산 대종사가 상경하여 계동에 계신다는 소리를 듣고 경운동 민영휘의 집에서 고용살이 하며 생활하던 김낙원, 심오운, 이정원 등이 찾아와 제자가 되기도 하였다.[7)]

주7) 〈월말통신〉 제30호, 고 김낙원 역사연보

이공주는 소태산 대종사가 상경하면 자신의 집 사랑채에 모시고 법문을 듣고 익산본관 내왕의 제반 비용 등 일체를 담당하였다.

원기9년 익산본관을 건설하고 부서 조직을 7부 기관으로 조직하였으나 당시 형편으로 서무부, 교무부, 상조부 3부만 운영하고 상조부는 전음광이 서기로서 사무를 취급하고 있었다.[8)] 그러나 경성 회원 10여 명은 정식 출장소가 생기기 전 이공주를 중심으로 상조금을 조금씩 저축해 나갔다.

주8) 송규, 〈불법연구회 창건사〉 제16장 3, 부서항

소태산 대종사는 본관 상조조합 기금으로 영산에 토지를 매수하려고 영산에서 경성 이공주에게 편지를 보내 영산에 논 사는 데 보탤 수 있도록 경성 상조조합금

주9) ① 청하문총 2권 《세계가 함께 보는 구슬》20~21쪽
소태산 대종사가 사려했던 영산의 토지는 현재 알 수 없다. 또한 경성 상조조합에 대한 상황도 알 수 없다.
② 소태산 대종사가 이공주에게 보낸 편지는 《세계가 함께 보는 구슬》에 총 8통이 전해지고 있다.

주10) 청하문총 3권 《한 마음 한 길로》 70쪽

을 보내달라고 했다.[9)]

이공주는 소태산 대종사로부터 경성출장소가 생기기 전 경성 주무의 임무를 부여받게 된다.[10)] 그리하여 경성 회원들은 이공주를 중심으로 창신동 이동진화 집과 계동 이공주 집으로 왕래하며 자발적 모임이 이루어졌다. 소태산 대종사가 원기11년 4월 18일(음 3월 7일) 이공주에게 보낸 편지 주소에서 이공주의 계동 집을 '계동연구회' 라 한 것으로 보아 불법연구회 경성출장소 개념으로 당시에 인식하였음을 볼 수 있다.

경성출장소 설립

원기11년이 되자 경성회원 10여 명은 지금까지 소태산 대종사께서 상경하면 법문을 받들고 몇몇은 익산본관에서 동·하선에 참석하였으나 익산본관과는 거리가 멀고 소태산 대종사를 자주 모실 수 있는 것도 아니어서 지금까지 때에 따라 모이던 것에 한계를 느끼게 되었다. 그리하여 동년 음 7월에 경성회원 10여 명이 모여서 경성출장소 설립을 위한 발기를 하였다.

창신동 경성출장소 장소를 희사한 이동진화

"우리가 천행으로 대성(大聖) 종사주를 만나서 도덕 공부를 할 마음은 있으나 공부를 하자면 가르칠 선생을 모셔와야 하고, 모시자면 선생 계실 집이 있어야 하고, 집이 있으면 지킬 사람과 유지비가 있어야 할 것이

창신동회관 터 : 경성출장소가 있었던 옛 터에 개인주택과 상가가 들어서 있다.

경성출장소가 있었던 창신동의 현재 인근 모습

니, 우리 10여 인이 합력하여 경성에도 지부를 설립하고 목적하는 공부를 하여보자고 의논하니, 그 중에는 가옥을 의연하는 사람도 있고, 그 집을 지키겠다고 자원 출근하는 사람도 있고, 또 나머지 몇 사람은 영원히 그 집의 유지비를 담당하겠다고 자원 결의하였다."[11]

이동진화는 자신이 수양채로 사용하고 있는 시가(市價) 1,000여원의 창신동 605번지 목조 초가 5간 1동과 4간 1동을 대지와 함께 희사하였다.[12]

이동진화, 이공주, 민자연화, 이성각, 박공명선, 성성원, 이정원, 심오운, 김낙원, 이현공, 이철옥 등이 합력하여 유지비를 담당하기로 하고 이동진화의 침모인 김삼매화는 출장소를 직접 관리하고 식당을 담당하기로 하였다.[13]

장소와 유지계획이 대강 완성되자 익산본관으로 교무 파견을 정식으로 요청하게 되었다.

주11) 〈월말통신〉 제30호, 고 김낙원 역사 연보

주12) 이동진화의 창신동 605번지 대지와 가옥의 희사는 전주회원 이청춘이 논 70여 마지기를 희사한데 이어 두 번째로 큰 희사이다.

주13) ① 송규 〈불법연구회 창건사〉 제23장 ② 경성출장소 창립 발기인은 13인이다. 정산종사는 〈불법연구회 창건사〉 '경성출장소의 설치'에서 12인의 이름을 밝히었다. 창립 발기인 중의 한 사람인 이공주가 기록한 《원불교 제1대 창립 유공인 역사》에는 경성출장소 창립 발기인을 13인이라 밝히고 있다. 불법연구회 창건사에서 빠진 1인이 누구인지는 확실치 않다. 그러나 박보순화로 추정된다. 박보순화는 원기10년 이동진화의 인도로 입교한 독실한 회원이었다. 원기18년, 소태산 대종사는 경성출장소 돈암동 회관을 건축하고, 경성출장소 창립 발기인과 경성출장소 유지와 회관 건축에 공로가 많은 지환선, 신원요, 진정리화를 합하여 경성지부 창립주 16인이라 하였다.

경성출장소 초대교무 송도성

소태산 대종사는 기다렸다는 듯이 20세의 청년 송도성을 경성출장소 교무로 파견했다. 경성출장소는 영광(영산)지부, 익산본관에 이어 세 번째로 교화 장소를 마련하고 교무가 파견되어 교화가 시작된 것이다. 그러나 영광, 익산과는 다른 차원으로 보아야 한다.

영광은 지부라고는 하나 익산에 본관이 생기면서 영광에 있던 본관이 익산으로 옮겨와서 붙여진 이름이다. 그런 면에서 본다면 경성출장소는 새 회상 지방교화지로서 첫 번째 출장소라는 점과, 한 나라의 수도에 출장소를 설치하였다는 점이 더욱 의미가 있다.

송도성 교무 경성출장소 부임 기념 : (좌로부터) 1열 : 이공주, 박창기, 이동진화, 김삼매화
2열 : 조갑종, 송도성

송도성 교무가 부임해오자 이동진화는 가회동 자신의 집[14]으로 옮기어 생활하면서 창신동을 내왕하며 공부를 하였다. 송도성이 부임해오자 이공주, 이공주의 장남 박창기, 이동진화, 김삼매화 그리고 경성부기학원에서 공부중인 조갑종이 부임기념으로 기념촬영을 하는 등 환영했다.

그러나 교무에 대한 기대가 컸던 만큼 스무 살의 젊은 교무가 부임해오자 몇몇 회원들은 마음에 차지 않았다. 그러던 어느 날 예회에서 송도성 교무가 《서전》[15]의 한 대목을 거침없이 강론하는 것을 듣고 경탄했다. 이로부터 이공주를 비롯해 경성 회원들은 송도성이 예사 인물이 아님을 알고 깍듯이 모셨다.[16] 그 후 이공주는 송도성이 경성교무에서 익산본관 연구부 서기로 인사되자 수십 통의 서한문을 주고받았다.[17]

창신동 출장소는 10일에 한 번씩 보는 매 6일 예회로 10여 명 정도가 모였다. 예회[18]라는 것이 현재의 예회와 같이 진행한 것이 아니라 큰 방에 둘러앉아 이야기하는 식의 예회였다. 10여 명이 앉으면 방이 비좁아 무릎팍이 서로 맞닿을 정도였다.

소태산 대종사가 상경하여 예회를 볼 때에는 "노인네들은 이리로 오시고, 젊은이는 저리로 가 앉으시오."[19]하면서 먼저 자리 정돈을 한 후 법문을 하였다. 10여 명의 적은 수이지만 모두들 재미있게 시간가는

주14) 이동진화가 가회동 79-4번지 자신의 소유집을 원기10년에 매매하였기에 가회동 이규용의 집으로 들어가서 생활하였는지 또 다른 집이 있었는지는 확인할 수 없다.

주15) 중국 송나라때 주희의 제자 채침이 《서경》에 주해를 달아 편찬한 10책

주16) 박용덕, 원불교 선진열전 《대장부》 48쪽

주17) 청하문총 2권 《세계가 함께 보는 구슬》 27~61쪽에 송도성이 이공주에게 보낸 서간문은 30통이 전해지나 이공주가 송도성에게 보낸 서간문은 얼마인지 알 수 없다.

주18) 한 달에 3회 매 6일 날 즉 6일, 16일, 26일 보는 예회를 말한다.

주19) 원불교신보 신서2 《구도역정기》 280쪽 -융타원 김영신 법사편-

줄 모르고 받들었다.

어느 날, 송도성 교무는 한 살 아래인 김영신에게 전무출신을 하라고 권하였다. 김영신은 익산에 무슨 전문학교가 있는 줄 알 정도로, 전무출신이 무엇인지 잘 몰랐다.

2. 경성에서 성주 법문을 설하다

성주 법문

원기11년 음 12월초에 소태산 대종사가 상경하자 원기12년 1월 12일(원기11년 음 12월 9일) 송도성 교무와 경성 회원들이 창신동 출장소에 모였다.

소태산 대종사는 재가선법[1]과 고락의 원인에 대한 법설을 하였다.

이 자리에서 이공주는 소태산 대종사께 "불법을 공부하려면 수양의 힘을 얻어야겠는데 수양은 어떻게 하여야 되겠습니까?" 하고 물었다.

"아침 일찍 일어나서는 좌선을 하고, 저녁 자기 전에는 염불을 많이 하시오."

"염불도 어떤 염불을 하면 되겠습니까?"

"나무아미타불을 많이 염(念)하시오."

나무아미타불을 많이 염하라는 소태산 대종사의 말씀에 이공주가 "젊은 사람이 어찌 나무아미타불을 부르겠습니까?" 하고 말씀드리자, 소태산 대종사는 "그럼 시구(詩句)는 읽을 수 있겠소?" 하고 시구 하나를 지어서 불러주었다.

"거래각도무궁화 보보일체대성경(去來覺無窮花 步步一切大聖經)이라."

옆에 있던 성성원이 "저도 하나 지어 주십시오." 하고

주1) ① 원기12년 경성출장소에서 발행한 원불교 초기교서 《불법연구회규약》中에서 연구인 공부순서 참조.
② 〈불법연구회 창립 총회록〉에 의하면 원기9년 이리 보광사에서 불법연구회 창립 총회시 〈규약〉을 제정하였다. 그리고 김기천이 재가선법, 출가선법의 방법과 솔성요론을 설명하였다. 불법연구회 창립총회시 설명한 재가선법과 경성출장소에서 소태산 대종사가 설한 재가선법이 같은 내용인지는 확인할 수 없으나 같은 내용으로 추정된다.

말했다.

소태산 대종사는 다시 한 시구를 지어 성성원에게 주었다.

“영천영지영보장생 만세멸도상독로(永天永地永保長生 萬世滅度常獨露)”[2)]

이공주, 성성원뿐만 아니라 경성회원들은 소태산 대종사가 이날 지어준 시구를 틈틈이 외우며 공부했다. 소태산 대종사는 훗날 이날의 시구를 합하여 영혼천도를 위한 성주(聖呪)로 사용하게 하였다.

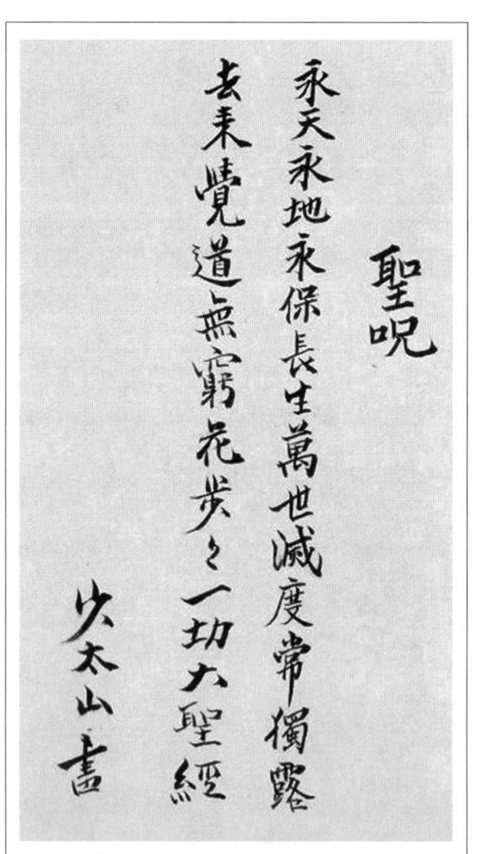

소태산 대종사 친필 성주

주2) ① 이공주, 《원불교 제1대 창립 유공인 역사》 제2권 25호, 성성원의 역사내력
② 《청하문총》《구도역정기》등 이공주와 관련된 내용에는 이공주에게 준 시구만 나옴.
③ 원기13년 음 6월 26일, 본관 예회에서 영주 3편을 낭독한 것이 기록상 처음 예회에 낭독한 기록이다.

새회상 교과서 보급

원기9년 불법연구회 창립총회 당시 〈불법연구회규약〉이 임시로 인쇄되었으나[3] 미비점이 많아 소태산 대종사가 친히 제정한 신규약을 원기11년 11월 1일(음 9월 26일), 제4회 평의회에서 개정 통과시키고, 원기12년 음3월 이내로 반포하기로 하였다.[4] 그러나 정기훈련 때 교과서 인쇄를 하지 못하여 교무와 선객이 각각 베껴서 사용하므로 곤란이 심히 많았다.[5] 인쇄를 하지 못하여 어려움을 겪고 있는 것을 안 이공주가 수백 원을 희사하였다. 그리하여 원기12년 3월에 부록으로 공부요항을 합한 〈불법연구회 규약〉이 발행인을 경성출장소 송도성 교무로 하여 경성에서 인쇄하여 발행하였고[6] 2개월 후에는 〈수양연구요론〉이 이경길(이공주의 속명)을 편집 겸 발행자로 하여 경성에서 인쇄 발행하였다.[7] 또 〈상조부규약〉도 인쇄함으로써 새 회상 교과서 수천 부씩을 인쇄 발행하여 각 회원에게 보급하기 시작하였다.[8]

김영신은 자신이 얼굴 상처로 마음에 상처를 입었는지라 마음에 상처있는 불쌍한 사람들을 위하여 앞으로 일할 생각을 가지고 있던 원기12년 어느 날, 소태산 대종사 상경하여 김영신에게 "본관에 사무 보는 사람이 귀하니까 네가 부기를 배워라. 너만 알 것이 아니라 남도 가르치고, 본관에 사무를 보면 너의 원이 달성될 수

주3) 송규, 〈불법연구회 창건사〉 제27장 3 규약과 경전의 인쇄

주4) 《원불교교고총간》 제6권 182쪽 -제4회 평의회 회록-

주5) 송규 상게서

주6) 〈불법연구회규약〉 간기

주7) 〈수양연구요론〉 간기

주8) 송규, 상게서 제26장, 3 규약과 경전의 인쇄

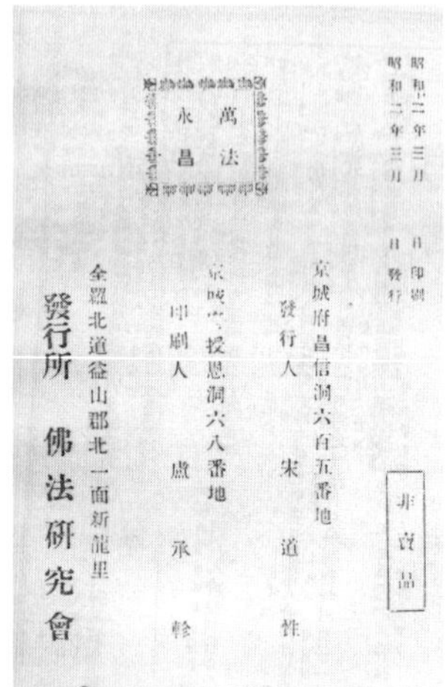

昭和二年三月 日印刷
昭和二年三月 日發行

非賣品

京城府昌信洞六百五番地
發行人 宋道性

京城府授恩洞六八番地
印刷人 盧承幹

全羅北道益山郡北一面新龍里
發行所 佛法研究會

萬法永昌

불법연구회 판권

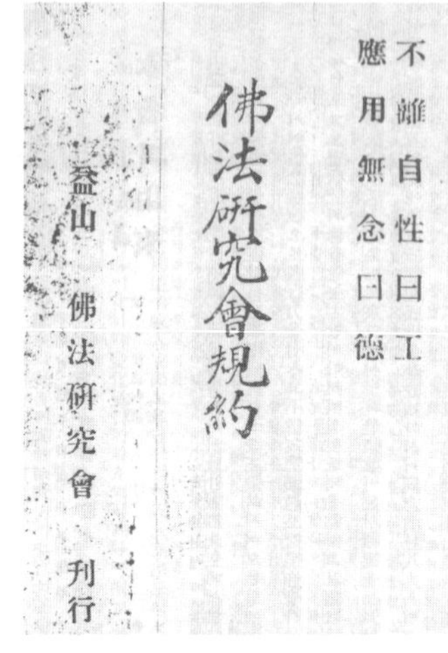

不離自性曰工
應用無念曰德

佛法研究會規約

益山 佛法研究會 刊行

불법연구회규약 표지

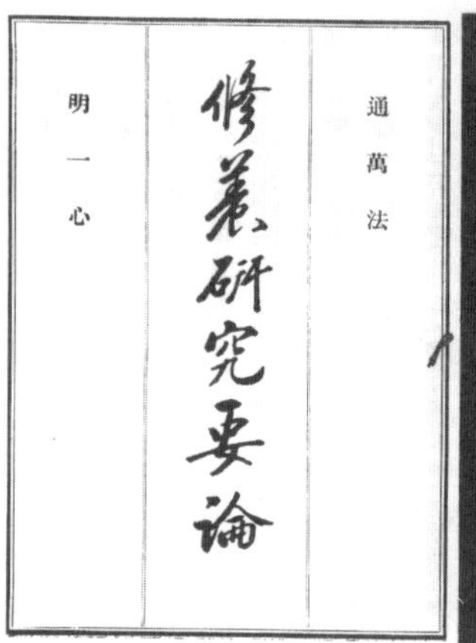

通萬法

修養研究要論

明一心

修養研究要論

少太山 述

소태산 대종사 수양연구요론 권두사진

昭和二年五月二十七日印刷
昭和二年五月二十八日發行

【非賣品】

編纂兼發行者 京城府桂洞十五ノ三番地 李瓊吉

印刷者 京城府西大門町二丁目一三九 金重煥

印刷所 京城府西大門町二丁目一三九 基督敎彰文社印刷部

發行所 全羅北道益山郡北一面新龍里 佛法研究會

不與萬法

序

人生의要道는修養에잇고 修養의目的은研究에잇고 研究의目的은慧福을求함에잇다 그러나 모든敎法이世上에流行하야 사람마닥慧福을求한다하나 實上그根源을알지못함으로 學說만益煩하고苦海가漸深하도다

本書는 가장簡明히修養의本源을알니기爲하야定靜要論을말하고 研究의方便을밝히기爲하야三綱領八條目과各間目順序等을說明하얏으니 本會諸氏는修養의빠른힘을얻어研究의事項을밝혀내여 暗昧한人間의先導者가되시기를切望하난바ㅣ라

丁卯春 少太山 識

수양연구요론

있는 길을 터 주마"라고 했다.

소태산 대종사의 말씀을 따라 김영신은 계동 이모집(이공주)에서 소태산 대종사의 장녀인 박길선은 창신동 출장소에서 생활하면서 두 사람이 광화문 인근에 있는 경성부기학원 6개월 과정을 졸업했다.[9] 익산본관에는 조갑종 교무가 원기11년 음 4월부터 경성부기학원 6개월 코스를 졸업하고 익산본관에 내려가 문서정리위원으로 근무하고 있었다.

주9) 원불교신보신서 2《구도역정기》281쪽 -융타원 김영신 법사편-

원기12년 봄 어느 날, 불법연구회 서중안 회장이 소태산 대종사를 모시고 경성출장소에 왔다. 이때 서중안은 대종사의 곁을 한시도 떠나지 않으며 소태산 대종사의 수건과 양발을 빠는 등 지극 정성으로 시봉하였다. 자신의 나이(소태산 대종사 보다 9살 연상)나 체면을 불고하는 서중안을 본 경성 회원들은 그의 신성에 감탄하였다. 그는 일찍이 변산을 찾아 소태산 대종사를 영부(靈父)로 모시고, 하산(下山)을 권유하여 익산총부 건설에 온통 바쳤다. 원기12년 전무출신을 하기 위해 가산을 정리하고 가족과 함께 총부 구내로 이사하였으나 지병으로 고생하다 원기15년 49세로 열반하였다.

3. 약자로 강자되는 법문

경성출장소 제2대 교무 송규

경성교무 송도성은 부임 10개월 만인 원기12년 봄 인사 때 익산본관 연구부 서기로 옮기고, 송도성 교무의 형인 송규 교무가 경성출장소 제2대 교무로 부임하였다.

원기12년 4월27일(음 3월 26일) 제5회 평의회에서 회중 재산을 소태산 대종사 앞으로 등기하자는 대중의 견에, 소태산 대종사는 "자신 1인으로 하는 것보다 가장 믿을 만한 회원 1인을 연대하는 것이 어떻겠느냐"며 송도성을 추천하여, 소태산 대종사와 송도성 두 사람 명의로 회중 재산을 등기하기로 하였다.[1]

그리하여 경성 창신동 605번지 경성출장소를 이동진화가 희사한지 1여 년 만인 원기12년 6월 10일(음 5월 11일) 전라북도 익산군 북일면 신룡리 344-2번지 송도열(송도성의 속명)앞으로 이전 등기했다.[2]

원기12년 익산본관에서는 영광 신흥에 신흥출장소를 설치하고, 산업부와 육영부창립단을 조직하였으며, 유공인 우대법 등이 제정되어 조직이 정비되어 갔다. 경성출장소도 송규 교무의 지도로 10여 명의 회원들이 예회를 보고 소태산 대종사가 상경하면 법문 받드는 재미로 신앙과 수행이 날로 깊어갔다.

주1) 《원불교교고총간》 제6권 182~183

주2) 구 등기부 등본과 구 토지대장의 소유권

송규 교무는 후에 소태산 대종사의 법통을 이어 종법사로 재임 시, 경성출장소 교무시절 창신동에 사는

송규(정산종사) 경성출장소 제2대 교무 부임기념 : 원기12년에 경성출장소 제2대 교무로 부임한 송규와 경성출장소 창립요인들, 박길선, 이공주 가족과 함께 원기13년 (음) 2월 15일에 촬영

박종상이라는 사람의 예를 들어 안위불망(安危不忘), 추원보본(追遠報本)이라는 법설에서 "서울 창신동에 사는 박종상이라는 사람은 조상의 사당에 지계를 구해 놓았다 하나니, 그는 본래 시조가 소금장사를 하여 모은 재산으로 성공하였기에 그 자손이 시조의 근본을 불망하는 의미라 하노라. 그것은 근본을 잃지 않는 착한 일이로다. … 중략)"[3]하며 소태산 대종사와 9인선진의 혈성과 창립초기의 가난함을 잊지 말자고 하였

주3) 《정산종사법어》 제12 공도편 10장, 《정산종사법설》 제2편 24장

다.

익산본관에서는 원기12년 4월 27일(음 3월 26일) 제5회 평의회에서 그 동안 동 · 하선 마다 여자 선객들의 거처할만한 숙소가 없어서 어려움을 겪자 제2회 정기훈련(을축동선) 지도교무였던 이춘풍이 '부인선원' 건립을 특청하여 건립하기로 했다.[4] 그리하여 양잠실을 건축하기 위하여 모았던 기금으로 대강당을 건축하기 시작하였다.[5]

주4) 《원불교교고총간》 제6권 182쪽 -제5회 평의회 회록-

주5) 《원불교교고총간》 제6권 184쪽 -제1회 12년간 제1회 정기 총회록-

약자로 강자 되는 법문

제1대 제1회 총회를 앞두고 대강당(임시강당, 영춘헌, 현 구조실)[6] 건축공사가 마무리되어 갈 즈음에 소태산 대종사가 상경하였다. 상경하여 경성출장소에 계시다가 원기13년 4월 16일(윤 2월 26일) 오전 10시경에 송규 교무를 데리고 계동 이공주 집으로 갔다. 민자연화, 이성각, 이공주가 기다리고 있다가 반갑게 맞이하여 모시고 실내로 들어갔다. 경성 회원 이동진화, 성성원, 이철옥, 이현공 등이 모여 소태산 대종사의 여러 가지 법설을 받들었다.

이때 한 여러 가지 법설 중 '약자로 강자되는 법문'을 이공주가 수필하였다가 〈월말통신(月末通信)[7]〉 제1호가 발행되자 법문을 발표하였다.

법문의 내용은 소태산 대종사가 대각 후 최초법어를

주6) 제1대 제1회 기념 총회에는 본회 제3호실(임시강당)이라 표현하였던 것으로 보아 준공 후 영춘원이라는 이름이 붙여지기까지는 임시강당으로 불려졌던 것 같다. 3호실이란 본관 건물 도치원인 본원실과 세탁부에 이은 3번째 집이라는 뜻으로 여겨진다.

주7) 〈월말통신〉은 교단 최초의 정기간행물로 원기13년(1928) 양 5월 31일자로 제1회를 발간해 월간으로 1회씩 발행하였다. 제34호를 발행하고 원기15년 음 12월 이후로 중단하다가 원기17년 음 4월 제35호를 다시 발행하였고, 제36호부터는 〈월보〉로 이름이 바뀌었다. 〈월보〉가 제47호까지 발행되다 〈회보〉로 이름을 바꾸어 다시 발행되다 제65호를 끝으로 발행이 중단되었다. 초기교단연구에 중요한 자료로 후에 '정화사'에서《원불교교고총간》으로 묶어 출간하였다.

설한 수신 · 제가 · 치국 · 평천하의 법문 중 강자와 약자의 진화상 요법을 '약자로 강자 되는 법문'이라 하여 예화를 들어 설명하였다.

이 법문은 갑동네(약자)와 을동네(강자)를 설정하고 지배자(일제)와 피지배자(조선)를 비유하여, 영원히 강자되는 갑동네의 대응법을 제시한 것이다 곧 약소국 조선이 강국 일제에 대응하는 방법을 예화를 통해 은연중 제자들에게 일깨워 주었다. 이는 비록 국가 단위만 해당되는 것이 아니라 개인과 단체에도 적용되는 강자로의 진화 요법이다.

법문의 일부를 인용한다.

'…다시 간단히 말하면 약자는 강자가 되기 전에 어찌하면 약자가 변하여 강자가 되는 이치를 알아서 강자되는 길로만 전진하고, 강자는 아무리 강자라도 변하여 약자가 되고 또한 어떻게 하면 강자로서 영원한 강자가 되는 이치를 알아서 영원한 강자가 되려고 노력하지 않으면 아니 되겠다'고 말한 후, '강자로서 영원한 강자 위(位)에 오른 사람은 과거 석가모니, 요임금, 순임금이며 강자로서 약자로 타락된 사람은 과거 진시황제, 항우, 현재 독일 황제 카이젤 같은 사람이다'[8]고 말했다.

소태산 대종사의 법문을 묵묵히 듣고 있던 회원들은 흩어졌던 마음에 새로운 정신이 들었다.

주8) ① 《원불교교고총간》 제1권 12~14쪽 〈월말통신〉 제1호 법설난.
② 송규, 〈불법연구회 창건사〉 제7장 대종사 현 사회를 보신 첫 감상
③ 《원불교교전》 〈정전〉 제13장 최초법어

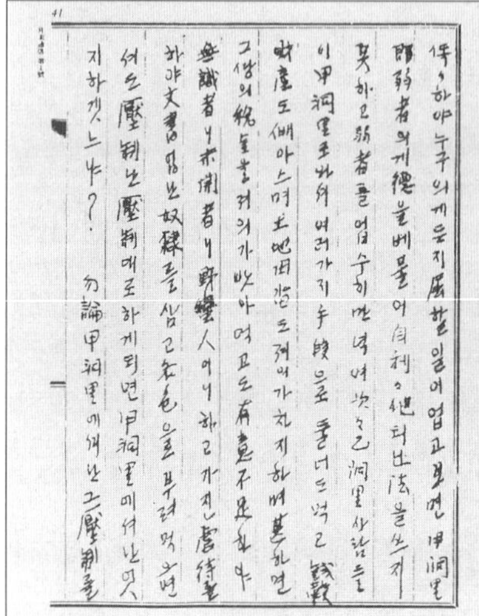

원기 13년(음) 5월에 발행한 〈월말통신〉 제1호에 이공주의 수필로 소태산 대종사의 '약자로 강자되는 법문' 이 게재되었다

소태산 대종사는 이공주가에서 법문을 설하고 점심 공양을 마친 후, 오후에 송규, 민자연화, 이공주가 창신동 회관으로 모시고 오자 그들에게 또 '우리는 불행하지 않다' 라는 법문 말씀을 하였다.

계동 이공주의 집터에 새로 지어진 개인집

"지금 우리나라로 말하면 일본에게 주권을 빼앗기고 가난하여 압제를 받아 아무런 자유도 없이 사니 가련하고 불행한 것 같을 것이다. 그러나 실상 세계 대세를 짐작하는 사람이라면 참 좋을 때가 온다 할 것이다. 그래서 나는 때때로 사방을 둘러보면 어떻게나 좋든지 혼자 미소 지을 때가 많이 있다."

민자연화가 이 말씀을 듣고 반신반의(半信半疑)하여

여쭈었다.

"저는 노쇠하여 이 육신으로는 그렇게 좋은 때를 보지 못하겠사오니 어찌 하오리까?"

"왜 못 본다고 하느냐. 자연화도 꼭 그 좋은 세상을 보게 될 것이요."

"꼭 알 수 없어 원통할 뿐입니다."

"낡은 옷을 벗고 선명한 새 옷을 갈아입은 후에 보면 더욱 상쾌할 것이요, 비유하자면 도끼를 들고 도끼 자루를 새로 맞추려고 산에 올라가 나뭇가지만 들여다보며, 이 가지가 맞을까 저 가지가 맞을까 하고 종일 망설이기만 한다면 어찌 어리석다 하지 않으리요? 제 손에 들고 있는 도끼 자루를 보고 그와 같은 나뭇가지를 잘라 그대로 맞추면 곧 성한 도끼가 될 것이요.」

송규와 이공주도 감개무량한 표정으로 묵묵히 들으며 앉아 있었다.[9)]

주9) 청하문총1 《금강산의 주인》 209~210쪽

김영신의 출가

소태산 대종사는 경성출장소에서 며칠간 머물렀다. 그러던 어느 날 김영신에게 "본관으로 가서 결산을 거들어라."며 전무출신을 권하였다. 그리고 소태산 대종사 먼저 익산본관으로 갔다. 김영신은 음 3월에 경성교무 송규를 따라 익산본관으로 내려왔다. 이것이 그의 출가길이 되었다.

원불교 여성교무 제1호 김영신

익산본관에 내려온 김영신은 부기학원에서 배운 주산으로 제1대 제1회 12년간 결산 사무에 조력하였다. 그 당시 본관 사무원은 송도성, 전음광, 조갑종, 세 사람이었다. 조갑종이 숫자를 부르면 송도성, 전음광, 김영신 세 사람은 주산을 놓아 결산을 하였다.

익산본관에는 김영신보다 한 살 아래인 조전권이 4개월 먼저 와 있었다. 조전권은 아버지 조송광 장로[10]가 익산본관에 가서 돌아오지 않자 아버지를 찾아 회개시키기 위하여 익산본관에 왔다가 소태산 대종사를 뵙고 제자가 되어 제6회 정기훈련(정묘동선, 원기12년 음 11월 6일~원기13년 음 2월 6일)을 이수하고 농공부에서 근무하고 있었다.

주10) 조송광은 동학농민혁명에 참여하였다가 실패로 돌아가자 의술을 익혀 원평에서 약방을 하면서 기독교를 지성으로 믿으며 '구봉교회'를 창립하여 장로생활을 하였다.
그는 원기9년 전주 한벽당에서 소태산 대종사를 만나 제자가 되었다. 당시 대화가 〈대종경〉 전망품 14장이다. 조송광은 불법연구회 제2대, 3대 회장에 피선되어 소태산 대종사를 보필하였으며, 조전권, 조만진, 조일관 3자매를 전무출신 시켰다.

4. 제1대 제1회 기념총회

원기3년 10월, 소태산 대종사는 새 회상 창립한도를 발표했다.[1] 제1대 제1회 12년은 교단 창립의 정신적 경제적 기초를 세우고 창립의 인연을 만나는 기간으로 정했다.[2] 원기13년 5월 15일(음 3월 26일)은 창립한도 제1대 제1회 결산총회를 하는 날이다. 총회에 맞추어 신축강당(영춘헌, 현 종법실 현판이 있는 일명 구조실)을 완공하고, 그곳에서 각처에서 운집한 회원이 대만원[3]을 이룬 가운데 결산총회를 시작하였다.

12년간 사업보고와 역사보고를 하고 임원 교체에서 서중안 불법연구회 회장 후임으로 조송광이 피선되고, 경성교무 송규는 영광(영산)지부장으로 선임되어 이춘풍이 제3대 경성교무로 선임되었다.

주1) 원기3년 10월에 소태산 대종사 새 회상 창립한도를 발표하였다. 앞으로 회상의 대수(代數)는 기원연수(紀元年數)로 구분하되 매대(每代)를 36년으로 하고 창립 제1대 36년을 다시 3회로 나누어 제1회 12년은 교단 창립의 정신적 경제적 기초를 세우고 창립인연을 만나는 기간으로, 제2회 12년은 교법을 제정하고 교재를 편성하는 기간으로, 제3회 12년은 법을 펼 인재를 양성 훈련하여 포교에 주력하는 기간을 정하였다. 시창 기원은 소태산 대종사가 대각한 1916년을 기준으로 실시할 것을 발표한 것이다.

주2) ①《원불교교사》 제1편 제3장 5 법의대전과 창립한도
②《원불교전서》 1047쪽

주3) ① 정산종사의 불법연구회 창건사에는 신축강당에 대만원을 이루었다는 내용과 제1회 회원결산에서 실존 회원수를 373인이라 하였다.
② 불법연구회 제1회 창립 총회록에는 서기 전음광이 점검하니 지방 및 본회내(본관) 거주회원을 합하여 과반수 이상이 집합했다고 기록했다. 기념총회가 끝나고 (음) 27일에 신축회관을 배경으로 총회에 참여한 남녀 전체가 집합하여 당시 찍은 기념사진에 의하면 총회에 참석한 127명이 촬영을 했다.

원기13년 제1회 기념총회를 맞추어 신축한 강당(현 구조실)을 배경으로 모든 참석회원들이 사진촬영하였다.

음 27일 날, 신축강당을 배경으로 총회에서 참석한 전원이 기념촬영을 한 다음 이어서 제1회 12년 창립유공인의 기념촬영을 사업부분별로 하였다.

오전 기념촬영을 마치고 오후에 사업성적표 수여식에서 소태산 대종사 친히 표창을 하며 '선진자와 후진자가 서로 공덕을 알라' 라는 법설[4]을 장시간 하였다.

제1회 창립유공인, 사업성적표 수여식, 공부등급에 경성 회원 대부분이 해당되며 참석하였다. 경성 회원 이동진화는 사업1등 유공인(4,000원 이상) 5인 중에 포함됨과 동시에 공부등급은 정식 특신급, 경성 회원 이공주는 사업2등 유공인(2,000원 이상)과 재가 회원 중 1등 전무 주력자로 공부등급 정식 특신급에 승급되었다.[5]

제1회 기념총회 당시 불법연구회 세력은 회원 총수 438인 중 남자 176인, 여자 262인, 열반 회원 10인, 탈퇴 55인이므로 실존 회원 수는 373명이었다.

전무출신자는 20여 명이고, 총 자산이 33,190원 중 경성출장소 자산은 토지 450원, 건물1,323원, 집기 40원으로 1,813원으로 결산되었다.[6]

주4) ① 《원불교교고총간》 제2권, 26~27쪽. 회보 제3호 법설항
② 《원불교교전》 〈대종경〉 교단품 1장

주5) ① 송규, 〈불법연구회 창건사〉 제27장 제1회 기념총회항
② 제1회 공부등급에는 박세철, 서동풍 2인이 생전이 아닌 사후에 법강항마부에 승급되었고, 정식 특신급 6인, 예비 특신급 60인이 승급되었다.

주6) 송규 상게서, 제28장 제1회 기념 당년 회세.

5. 경성출장소 제3대 교무와 공양주

경성출장소 제3대 교무 이춘풍

경성 회원 성성원은 원기13년 6월 3일(음 4월 16일)에 단금(단회비)을 단회시에 징수하자는 내용의 의견을 익산본관으로 내었다. 그리하여 익산본관에서 일치된 결의로 매월 음 16일(두번째 예회일) 단회시 다소를 막론하고 징수하기로 하여 각 지방에서도 행하여지면서 단금 내는 성적이 양호하였다.[1] 이것은 오늘날 교화단 활동의 단비와 같은 것이나 용처는 다른 형태로 볼 수 있다.

주1) 《원불교교고총간》 제5권 76쪽 시창 13년도 사업보고서

경성출장소 제3대 교무 이춘풍

원기13년도 인사에 의해 경성 송규 교무가 이임하고 이춘풍 교무가 제3대 교무로 6월 2일(음 4월 15일) 익산본관에서 열차로 출발하여 경성출장소에 도착했다.

익산본관에서는 몇 개월 동안의 공사로 조실 건축이 준공되어 6월 22일(음 5월 5일) 소태산 대종사가 입실하였다.[2] 이는 변산 봉래정사를 떠나 일정한 처소 없이 제자들과 같은 집에서 생활하다가 비로소 독채에 생활하는 계기가 되었다. 이것이 어찌 보면 최초의 정식 조실이다. 이때부터 소태산 대종사가 기거하는 집을 조실이라 부르게 된다.

소태산 대종사의 조실 이름을 '금강원'이라 부르고 이곳에서 많은 법문을 제자들에게 설하였기에 '설법전'이라 부르기도 하였다. 조실에 입실한 며칠 후, 소태산 대종사는 경성에 갈 준비를 하였다.

경성출장소 공양주 조전권

조전권이 전무출신을 하자 고향 구봉교회 전도사가 익산본관으로 찾아와 험한 옷을 입고 힘든 일을 하는 것을 보고 눈물을 흘리면서 설득하였으나 조금도 흔들리지 않았다.[3] 정기훈련을 받고 농공부(현 산업부)에 근무를 하다 경성출장소 공양주로 발령을 받아 원기13년 7월 1일(음 5월 14일) 소태산 대종사와 함께 경성출장소로 출발하였다.[4]

주2) 《원불교교고총간》 제1권 15쪽. 〈월말통신〉제2호, 조실의 낙성

주3) 이공주, 《원불교 제1대 창립 유공인 역사》1권 제11호, 조전권의 역사내력.

주4) 〈월말통신〉 제3호, 인사 동정급 소식

경성출장소 최초 공양주로 부임 한 조전권

조전권은 경성출장소 공양주로 인사를 받아 소태산 대종사를 모시고 열차로 경성을 갈 때의 일을 후에 《원광》기자와 인터뷰에서 이렇게 회고하였다.

"제가 21살시 처음 창신동 교당에 인사를 받아가게 되었을 때 저는 대종사님을 따라 기차를 타게 되었습니다. 그때는 초창기라, 대종사님께서는 물론 3등 열차에 오르셨습니다. 모든 시선은 일시에 대종사님께 몰리고, 앉았던 사람들은 자신도 모르게 벌떡 일어나 자리를 내드리는 것을 저는 보았습니다."[5]

소태산 대종사와 조전권은 경성역에 내려 전차를 타고 동대문 종점(현 동대문 앞 도로와 동대문 종합시장 주차장)에 내려 창신동 산골짜기로 10여 분 걸어 올라

주5) 선진문집1 《공타원종사문집》 275쪽

가 경성출장소에 도착하였다.

경성출장소 살림은 지금까지 김삼매화가 담당을 하였으나 조전권이 공양주로 정식 발령을 받아 감으로서 조전권이 담당하게 되었다. 그리하여 경성출장소는 교무 이춘풍, 공양주 조전권으로 전무출신 2인이 근무하게 되었다.

소태산 대종사는 7월 22일(음 6월 6일) 경성출장소 예회를 이공주가에서 보기로 하고 김삼매화, 조전전을 데리고 계동으로 갔다. 소태산 대종사가 이공주가에 도착하자 경성 회원들 대부분이 모여 예회를 시작하였다.

소태산 대종사는 예회에서 회원들에게 각자가 급히 알고 싶은 것에 대하여 제목을 '급선무의 발원장'이라고 쓰고 작자의 소망을 써서 제출하라고 하였다. 그리하여 민자연화, 성성원, 이성각, 이철옥, 이현공, 김삼매화, 조전전, 이정원, 심오운, 김낙원, 박공명선, 이공주 등이 발원장을 써서 제출하자 소태산 대종사 일일이 받아보고 말했다.

"말은 각각 다른 것 같으나 실상 내용에 있어서는 다 똑같은 발원이었다. 각자의 소원대로 가르쳐 주리니 오늘의 신성만 변치 말라"[6]고 하였다.

소태산 대종사 창신동 경성출장소로 돌아왔다. 이튿날 아침 소태산 대종사는 김삼매화에게 이발기계로 머

주6) 청하문총 1권 《금강산의 주인》 217쪽

리를 깎도록 하였다. 김삼매화가 머리를 깎으며 이발 기계의 성능이 별로 좋지 못하다고 하자, 소태산 대종사는 이날 낮에 회관으로 온 이공주 등에게 말했다.

"삼매화는 머리 깎는 기술이 부족하다고 생각하지 않고 기계의 성능이 나쁘다고 한다."라고 말하고, 조달이의 예를 들어 '부처님은 중생을 버리지 않는다.'라는 법문[7]을 하였다.

주7) 상게서 219쪽

7월 28일(음 6월 12일) 경성교무 이춘풍은 익산본관으로 편지를 보내 소태산 대종사께서 7월 31일 경성역을 출발하여 8월 1일 아침 6시 이리역에 도착한다[8]고 알렸다. 소태산 대종사 1개월여 만에 본관으로 온다는 소식에 대중들은 어린아이가 떨어져 있던 부모를 맞이하는 것처럼 기뻐하였다.

주8) 〈월말통신〉 제3호, 4 인사 동정급 소식

원기13년 제7회 정기훈련(무진하선 음 5월 6일~8월 6일)에는 총 8명이 입선하였다. 소태산 대종사는 조전권을 데리고 경성출장소에 상경한 관계로 결제식에 참석하지 못하였고 8월 1일 귀관할 때 이동진화가 같이 내려와 선원에 입선하였다.

9월 19일(음 8월 6일)은 하선 해제식을 겸한 예회일이었다. 이때 입선인 성적발표에 경성회원 박사시화는 3개월 완료로 2등 하였고, 이동진화는 1개월 20일 입선하였으나 정성을 다해 공부하였던 관계로 3등을 하였다. 소태산 대종사는 해제식에서 '원하거든 구하는

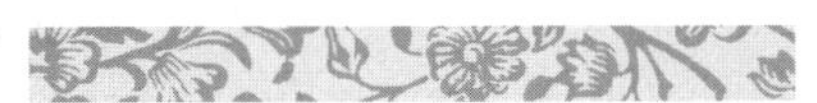

방법부터 강구하라' 는 주제로 1시간여의 설법을 하였다.[9)]

주9) 〈월말통신〉 제6호, 소식란

무진하선을 마치고 10일 만에 소태산 대종사는 9월 30일(음 8월 17일) 다시 상경하였다.[10)] 소태산 대종사가 상경하자 이공주는 단원 성적조사표 인쇄비용을 부담하여 인쇄하였다. 단원들의 매월 매일 성적조사표에 의한 기재를 경성출장소 회원들이 소태산 대종사를 모시고 10월 29일 (음 9월 16일) 예회 때 실시했다.[11)]

주10) 〈월말통신〉 제6호, 소식란

주11) 〈월말통신〉 제7호, 광고란

소태산 대종사는 이틀 후 박사시화와 함께 익산본관에 돌아왔다. 익산본관의 단원 성적조사는 11월 27일 (음 10월 16일) 예회 때부터 시행하기로 하고 각 지방에는 용지를 보내어 단규 및 조사 방법을 잘 강습한 후 실시토록 지시하였다.[12)]

주12) 〈월말통신〉 제7호, 광고란

원기13년 익산본관 농업부에서 짓던 농사는 가뭄으로 인하여 수리조합의 물이 닿는 곳 외에는 잘되지 않았으나 이동진화의 소유인 익산군 북일면 현영리 논 850평은 풍작을 이루고[13)] 영광 대소(大小) 언답(정관평)도 가뭄으로 고생을 하였으나 다행히 풍작을 이루었다.

주13) 《원불교교고총간》 제5권 76쪽 –시창 13년 사업보고서–
이동진화가 어떠한 경로로 익산에 논을 사서 본관 농업부에서 농사를 짓게 되었는지는 좀 더 조사를 해봐야 한다. 그러나 이동진화는 익산본관의 어려움을 알고 종로구 가회동 79-4번지 자신의 소유 집을 매매하여 일부는 소태산 대종사의 자녀 교육비로 희사하고, 나머지는 논을 사서 본관 농업부에서 경작하도록 한 것으로 볼 수 있다. 그 당시 현영리 850평 논의 위치는 필자가 확인하지 못하였다.

6. 익산본관과 경성출장소 예회록

익산본관 최초 예회록

불법연구회 초창기 예회는 소박하게 이루어졌다.

원기13년 〈월말통신〉의 발행으로 예회록이 수록되어 그 당시 예회 분위기를 알 수 있다. 〈월말통신〉 제2호부터 본관 예회록이 수록되어 있다. 그 이전에는 어떤 형식으로 예회가 이루어졌는지 자세히 알 수 없다.

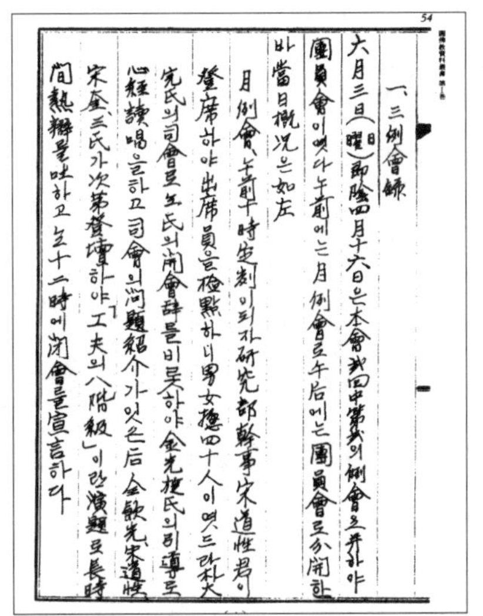

54

一、三 例會錄

六月三日(日曜)卽陰四月十六日은本會弍回中第弍의例會요幷하야團員會이엇다午前에는月例會로午后에는團員會로分開한바當日槪況은如左

月例會、午前十時定刻이되자研究部幹事宋道性君이登席하야出席員을檢點하니男女總四十人이엿드라朴大完氏의司會로同氏의開會辭를비롯하야全飮光氏의引導로心經讀唱을하고司會의問題紹介가잇슨后全飮光、宋道性、宋奎三氏가次第登壇하야「工夫의八階級」이란演題로長時間熱辯을吐하고同十二時에閉會를宣言하다

익산본관 최초 예회록

불법연구회 최초의 예회록인 익산본관 예회록이다.

'6월 3일(일요일) 즉 음 4월 16일은 본회 2회 중 제2의 예회요, 겸하여 단회일이었다. 오전에는 월례회로, 오후에는 단회로 분개(分開)한 바 당일 개황(槪況)은 여좌(如左).

〈월례회〉 오전 10시 정각이 되자 연구부 간사 송도성군이 등석(登席)하여 출석원을 검점(檢點)하니 남녀 총 40인이었더라.

박대완씨의 사회로 동씨의 개회사를 비롯하여 전음광씨의 인도로 심경(반야심경) 독창(讀唱)을 하고 사회의 문제 소개가 있은 후 전음광, 송도성, 송규 3씨가 차제(次第) 등단하여 공부의 8계급이란 연제로 장시간 열변을 토하고 동 12시에 폐회를 선언하다.[1]'

소태산 대종사 임석하에 신축강당(현 구조실)에서 예회가 이루어졌으나 설법을 하지 않고 3인의 강연이

주1) 〈월말통신〉 제2호, 3 예회록

있었다는 것이다. 소태산 대종사 당대에는 소태산 대종사의 말씀만 설법이라 하고 다른 사람의 설교는 강연 혹은 감상담이라 하였다. 그러나 설교 · 강연을 〈월말통신〉, 〈월보〉, 〈회보〉에 수록할 때에는 감상담이라 하여 실었다. 소태산 대종사는 예회에서 특별한 경우가 아니면 설법을 하지 않고 제자들이 강연 혹은 감각감상, 의견안 등을 발표하면 보설을 하는 것으로 제자들을 북돋아 주었다. 초창기 성가는 경축가, 삼강령 팔조목가, 육일가 등을 불렀다고 전한다.[2)]

단회 날짜는 매월 두 번째 예회일로 정하여 오전에 예회를 본 후 오후에 단회를 하였다. 〈월말통신〉 제2호의 기록이 공식적 첫 기록이다.

'단원회의 원칙에 개회시간은 오후 2시로부터 동 4시까지라고 제정하였으나, 본 일은 여러 가지 불허(不許)되는 사정이 있으므로 부득이 오후 8시로 연개(延開)하게 되었다.……'

경성교무 이춘풍은 원기13년 10월 29일(음 9월 16일) 익산본관 예회 겸 단회에서 '불은미(佛恩米) 저축안'을 의견 제출했다. 불은미 저축은 회원 가족들이 매일 아침 저녁으로 먹을 곡식에서 한 숟가락씩 모아 매월 음 26일 각 지부 및 출장소에 내면 이를 모아 익산본관 상조조합에 저금하여, 상당한 기금이 모아지면 회중에 전무 노력하는 동지의 공부 비용과 각부(各部)

주2) 경축가는 소태산 대종사 대각 후 읊은 가사요. 육일가는 삼산 김기천이 읊은 예회가 이다. 이는 삼육(3.6)으로 예회를 보았기에 삼육예회 또는 육일예회라 하여 육일가라 하였다. 삼강령 팔조목가는 교리를 바탕으로 읊은 성가이다.
경축가와 삼강령 팔조목가는 원기13년 음 10월 6일 익산본관 예회록에 처음 기록되어 있으며 원기14년 음 8월 6일 경성출장소 예회록에는 육일가를 부르며 서로 즐겼다라고 했다.

승급할 때 경사 비용, 회중 유공원로 봉양 비용, 치료비, 열반비 등에 쓰자고 하였다. 그 의견에 일반 대중이 전원 찬동하여 가결되었으나 불은미의 특성상 사용처를 시봉금으로 하자는 의견이 나와 다시 의결되었다.[3]

주3) 〈월말통신〉 제7호, 3 예회록

그러나 소태산 대종사는 불은미 저축안을 듣고 이춘풍의 원안대로 하도록 하고 각처 회원들의 동의를 구하여 더욱 권장토록 하며 본관부터 시행하도록 하였다.

원기13년 12월 20일(음 11월 9일) 상경하였던 소태산 대종사는 경성에 계시다가 원기14년 1월 15일(원기13년 음 12월 5일) 익산으로 출발할 때, 이공주가 익산본관에서 사용할 등사기 한 대를 사서 소태산 대종사를 모시고 이리역에 도착하였다. 소태산 대종사만 본관으로 오고 이공주는 개인적 사정으로 본관에 들르지 못하고 목적지로 향했다.

다음날(음 12월 6일) 저녁에 소태산 대종사는 '경성 행가시 차중에서 어떠한 사람에게 하신 법설'[4]을 제자들에게 말씀하였다. 이번 경성 행가시 일을 말씀하신 것인지, 언제 차중에서 누구를 만났는지는 알 수 없다. 또한 어떠한 내용인지도 알 수 없으나 경성 행가시 보고 듣고 하신 것을 제자들에게 간혹 말씀하신 것으로 전해진다.

주4) 〈월말통신〉 제10호, 익산본관 원기14년 1월 6일(음 12.16) 예회록.

이공주는 지방을 둘러보고 경성에 돌아가 '지방 행

가시 보아두었던 일' 이란 감상문을 써 원기14년 2월호 인 〈월말통신〉 제12호에 발표하였다.

경성출장소 최초 예회록

소태산 대종사가 경성출장소에 상경하여 예회와 때에 따라 많은 법문을 설하였음에도 어떠한 법문을 하였는지 원기13년까지는 기록이 남아 있지 않아, 개인의 수필에 의존할 수밖에 없으나 그나마 전해지는 기록이 소수여서 아쉽다. 이후에도 소태산 대종사 경성에서 설한 많은 법문 중 몇 편만이 이공주의 수필로 전해질 뿐이다.

원기13년 음 12월 〈월말통신〉 제10호에 경성출장소 예회록이 처음 소개되었다.

'음 12월 6일(양 원기14년 1월 16일) 예회

본 일은 강한(降寒)인 고로 오전 11시경까지 회원의 내집(來集)을 기다려서 교무 이춘풍씨 출석원을 점검하니(명단 생략) 합 8인이요, 전회(前會)를 주무하든 이공주씨는 긴급한 소관사로 인하여 일전 호남방면에 출발하였다. 기외(其外) 회원은 혹 병, 혹 사(事)로 많이 불참 하였더라. 삼강령 팔조목을 문제로 하여 장시간 윤회(輪回) 문답하고 오후 2시경 폐회하다.

3시30분에 다시 모여서 본관 〈월말통신〉을 박해산, 이춘풍 양씨가 낭독 설명하니 회중은 환희 경청하였으

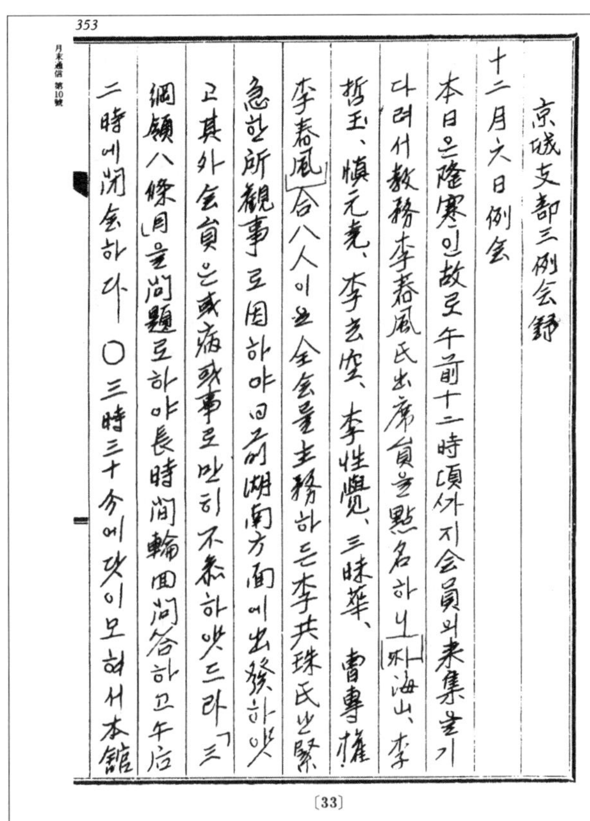

353

月末通信 第10號

京城支部三例会錄

十二月六日例会

本日은隆寒인故로午前十二時頃까지会員의来集을기다려서敎務李春風氏出席員을點名하니 「朴海山、李哲玉、愼元堯、李玄空、李性覺、三昧華、曺專權、李春風」合八人이요 全会를主務하든李共珠氏는緊急한所關事로因하야日前湖南方面에出發하엿고其外会員은或病或事로만히不参하엿드라 「三綱領八條」目을問題로하야長時間輪回問答하고午后二時에閉会하다 ○三時三十分에 몃이모혀서本館

〔33〕

경성출장소 최초 예회록

며 동 5시에 산회하다.'

경성출장소 최초 예회록(원기13년 음 12월 6일 예회)에 경성출장소를 경성지부라 하였다. 경성출장소를 예회록에는 경성지부 또는 경성지회라 하였고, 부르고 쓸 때에도 경성지부라 하였으나 원기19년 제6회 정기 총대회에서 지부로 공식적으로 승격되었다.

이공주는 등사기 1대를 사서 익산본관에 희사하고 사적인 일을 보기 위해 전라도에 가서 경성에 없었기

때문에 경성출장소 예회에 참석 못했다.

소태산 대종사가 상경하면 주로 이공주가 모시고 법설을 들었다. 공양주인 조전권은 어찌하면 법설을 한 번 들을까 하는 생각뿐이었다. 장작불을 때다가도 법문을 하시면 장작불을 아궁이 밖에 끄집어 내놓고 귀동냥을 하였고, 설거지를 하다가도 좋은 말씀이 있다 하면 방밖에서 귀를 기울이고 하였다.[5)]

조전권은 후에 후진들에게 소태산 대종사 추모담을 할 때 경성출장소 공양주 시절 이야기를 하였다.[6)]

'겨울 어느 날 팥죽을 끓여먹고 빨래를 하러 갔는데 갑자기 진눈깨비가 몰아쳐 손등이 깨지는 것 같았다. 연신 손을 입으로 불고 겨드랑이에 넣으며 빨래를 끝내고 돌아오는데 마침 종사주께서 방문을 열고 나오시다 빨래 광주리를 받으시며, "방안에서도 이렇게 추운데 밖에서 얼마나 추웠느냐"하시면서 "네가 겁겁 다생에 빚을 진 것이 있더라도 공사의 빨래로 빚이 탕감되었으니 마음속에 하나도 꿇릴 것이 없게 하거라"하시는데 나는 눈물을 흘렸다. 이 후 어떤 괴로운 일이나 벅찬 일을 당해도 이때 일을 생각하면 겁겁 다생 빚 갚는다는 생각으로 스스로를 위안하곤 했다.'

소태산 대종사는 경성 행가시 식당에서 고생하는 조전권을 자주 챙기었고, 어느 날은 《2천자집》을 사서 주며 공부하도록 하였다.

주5) 선진문고1 《공타원종사문집》 276쪽

주6) 《원광》 제66호 49쪽, 신도형, 오희원 인터뷰 -반백년세월 2. 공타원 선생님을 찾아서-

7. 종사주 호칭과 은부모시녀법

종사주 호칭과 교무 호칭

경성출장소에서는 원기14년 새해 들어 첫 예회(음 1월 6일, 양 2월 15일)를 창신동 회관에서 보고 부득이 예회에 참석하지 못한 이정원, 김낙원, 성성원 3인은 다음날 이공주 계동 집에 모여 2시간 동안 창신동에서의 예회와 같이 진행[1]하며 공부하였다.

이와 같이 경성출장소는 예회에 참석 못한 회원을 위하여 이공주의 집에서 다시 예회를 보는 등 회원수는 많지 않았으나 공부에 열성이었다.

경성교무 이춘풍은 익산본관 제8회 정기훈련 즉 무진동선(원기13년 음 11월 6일~원기14년 2월 6일)에 입선하였다. 원기14년 2월 25일(음 1월 16일)은 익산본관 단회일이었다. 이날 단회는 동선에 입선한 이춘풍의 사회로 시작하였다.

이춘풍은 단회 중에 소태산 대종사에 대한 호칭 문제를 의견 안으로 제안하여, 이 때까지 소태산 대종사에 대한 일정한 호칭이 없던 것을 '종사주'로 부르도록 하였고, 또 회원들도 선원교무와 지방교무 호칭을 '교무'로 통일하여 부르도록 하였다. 이에 앞서 경성회원 이공주가 남자 전무출신 의복 제정에 대한 〈월말통신〉 제9호의 내용을 읽고 '본회 전무출신 부인계의

주1) 〈월말통신〉 제11호, 경성지부 3 예회록.

의복 제정안'을 의견 안으로 제출하였던 것을 송도성이 발표하였다. 이공주의 의복 제정안인 '의복 옷감은 봄, 가을, 겨울 세 철 다 입을 수 있는 세루(細累)로 정하고 경제적인 색깔인 흑색으로 하자'는 안건에 '난잡한 화장은 일체 폐지하자'는 내용을 첨가해 만장일치로 결정하고, 소태산 대종사로부터 갑(甲)의 감정을 받았다.[2] 그러나 여자 전무출신들의 의복에 대한 건은 현실상 어려움으로 정착되지 못했다.

경성 회원 이동진화가 인후증으로 위중하다는 소식을 듣고 회중(會中)을 대표하여 박사시화가 원기14년 5월 18일(음 4월 10일) 상경하였고 이틀 후에 소태산 대종사 문정규를 대동하고 상경하여 5월 24일(음 4월 16일) 경성출장소 단회에 참석하였다. 소태산 대종사 경성출장소 단회에 참석하였을 당시 예회록을 통하여 단회 상황을 알 수 있다.

'기사(己巳) 음 4월 16일 단회.

금일은 단회일이었다. 종사주께옵서 출좌(出座)하시고 이춘풍 교무 죽비 3타[3]로서 오전 11시부터 개회하고 이공주가 출석원을 점명(點名)하니(명단 생략) 본관에서 종사주를 모시고 오신 문정규씨 박사시화씨를 합하여 18인이었더라. 이공주가 단규 원칙 중 단원의 의무와 단장의 의무를 낭독설명하고 이어서 세칙과 각 단원 예회순서와 단회시 주의사항과 본회 창립요론 등을 일

주2) 〈월말통신〉 제11호, 본관 3 예회록

주3) 초창기 교단에서 죽비를 언제부터 사용하였는지 뚜렷한 기록은 없으나 원기13년 7월16일 본관 단회에서 처음 등장하고, 경성출장소는 원기13년 12월16일 단회에서 등장하나 여타 기록에 없을지라도 개회를 할 때는 죽비 3타로 시작하였던 것으로 보여진다.

일이 낭독 혹은 설명하니 종사주께옵서 간간히 밝으신 하교(下敎)가 계셨다. 다음은 종사주의 고상하신 설법이 계셔 대중은 환희 중 파석하니 오후 1시였더라.

다음은 박공명선씨의 대중공양이 있어 일동을 모시고 오찬을 식(食)하는데 회중의 안색은 기쁨이 넘치더라. 다시 2시경부터 회를 속개하고 단금을 취합 보고하니 인연(人聯)[4]은 (명단 생략) 합 13원, 농연(農聯)[5]은 (명단 생략) 합 2원 30전, 도합 수입이 15원 30전.

다음은 단장이 단원의 1개월 성적을 조사하여 보고하고 계속하여 이공주가 〈월말통신〉 제13호를 낭독하여 회중에 소개한 후 죽비 3타로써 폐회하니 5시가 지났더라.

다음은 김삼매화씨의 친척 되시는 송자비화씨가 입회 신입하고 본회의 규약서를 가져 가셨더라.[6]"

소태산 대종사의 이날 설법에 대하여 전해지지 않는다. 원기13년 음 10월부터 첫 번째, 세 번째 모임에는 예회를 보고, 두 번째 모임에는 오전에 예회를 보던 것을 중지하고 단회만을 하기 시작하였다.

은모시자녀 결의식

은부모시자녀결의법(恩父母侍子女結義法)은 원기14년 4월 제정되었다. 은부모시자녀법이란 동성 동본이 아니면 양자를 드리지 못하던 관습을 소태산 대종사는

주4) 인재양성소 기성연합단을 말함

주5) 농업부 기성연합단을 말함

주6) 〈월말통신〉 제14호, 경성지부 3 예회록

이를 타파하여 비록 성이 다르더라도 지기(知己)만 상합(相合)하면 부모 자녀의 인연을 맺어 서로 의지하는 법이다.

소태산 대종사는 원기14년 5월 30일(음 4월 22일)에 경성출장소에서 은모시자녀(恩母侍子女) 결의식을 불법연구회 사상 최초로 거행하였다

'기사(己巳) 음 4월 22일 은모시녀의 결의식

본일 창신동에서 네 패의 은모시녀간에 결의예식을 거행할 새, 조조(早朝)부터 십수인의 회원이 운집하여 모든 준비에 분망히 지내고 오후 1시경에는 결의연(結義宴)으로 성대한 오찬회가 열리어 대중은 종사주를 모시고 분식(分食)하였다. 3시경에 종사주의 죽비 3타로써 개회하고 엄숙한 결의식이 진행되었다. 기중 먼저 은모 박사시화씨와 시녀 이공주의 결의식이 있었고, 다음은 은모 박사시화씨와 시녀 김삼매화, 다음은 은모 김희순씨[7]와 시녀 이성각, 다음은 은모 민자연화와 시녀 이현공의 결의였더라.[8]'

익산본관에서는 6월12일(음 5월6일) 제9회 정기훈련(기사하선) 결제일에 은부모시자녀의 결의식이 거행되었다.[9]

초기 교단에 있어서는 제도의 상당 부분을 경성에서 먼저 행하고 익산본관과 각 지방으로 이어지는 부분이 있었다.

주7) 김희순(金喜淳, 1864~1936) 원기13년에 민자연화의 연원으로 입교하여 일관된 신심으로 적공하였다.

주8) 〈월말통신〉 제14호, -은부모시자녀 결의법 제정-에 결의식 순서, 생부모 승낙서식, 은부모 시자녀간 결의서 각통 소개 등이 자세히 소개되었다.

주9) 〈월말통신〉 제15호, 익산본관 3 예회록

8. 경복궁에서 조선박람회 감상

이공주 경성출장소 사무 전담

경성교무 이춘풍은 어려서부터 잠재해있던 냉복병[1]이 재발하여 한약으로 다스려도 보고 철도병원에서 치료를 받았으나 낫지 않았다. 이춘풍이 자신의 지병 소식을 익산본관에 전하자 소태산 대종사가 문정규를 대동하고 원기14년 7월 9일(음 6월 3일)에 상경하였다. 이춘풍의 병 상태를 본 소태산 대종사는 약을 지어 가지고 7월 17일(음 6월 11일) 문정규와 익산본관으로 정양차 보냈다.[2] 그리하여 경성출장소에는 조전권과 김삼매화가 관리하고 있었다.[3] 소태산 대종사는 이공주에게 본관에서 교무가 오기까지 경성출장소 사무를 전담토록 하였다. 그리하여 이공주는 6, 16, 26일 예회일뿐만이 아니라 1, 5, 11, 15, 21, 25일에는 경성출장소로 가서 모든 관리를 하였다.

경성출장소 관리를 이공주에게 전담토록 하고, 7월 26일(음 6월 20일) 귀관한 소태산 대종사는 경성출장소로 과일을 보내 8월 10일(음 7월 6일) 예회에 공양케 하여 경성 회원들을 위로하였다. 그 후 소태산 대종사는 익산본관에서 전삼삼으로부터 경성출장소의 상황을 상세히 듣고 곧바로 9월 17일(음 8월 15일) 이공주에게 편지를 썼다.

주1) 하체가 차서 생기는 병.

주2) 〈월말통신〉 제16호, -경성지회의 근황-

주3) 〈월말통신〉 제17호, -경성지회 상황-

이공주는 경성출장소 교무가 공석중에 사무를 전담하였다.

편지에는 이공주의 제반 사정을 생각하여 세 가지를 제시하고, 영광을 다녀와서 상경할 때까지 진행하라고 하였다. '한 달에 9일간 출근 시무하기가 곤란할 터인즉 조전권이 연습도 시킬 겸 예회일 말고는 한 달에 한 번만 가서 문서와 부기를 하며 검사하라'[4]는 등의 말을 전한다.

주4) 청하문총 2《세계가 함께보는 구슬》 17~19쪽, 위 책에 소태산 대종사가 편지 보낸 날이 정묘 8월 15일이라고 되어 있다. 그러나 정묘년은 원기12년이다. 그러나 편지내용과는 여러 가지 상황이 맞지 않는다. 조전권은 원기13년에 경성 공양주로 가서 근무를 시작했고 원기12년 8월에는 익산본관에 오지도 않을 때이다. 그리고 경성교무 이춘풍이 신병으로 경성교무가 부재하여 소태산 대종사가 상경하여 이공주에게 경성출장소를 관리토록 하고 익산으로 귀관했었다. 정묘년이라는 것은 필자가 편지 원본을 확인할 수 없었으나 전체적인 상황으로 보아 오자로 보이며 원기14년인 기사년에 이공주에게 편지한 것으로 볼 수 있다.

남바우 소나무 법문

소태산 대종사는 9월 19일(음 8월 17일)에 익산에서 열차로 영광으로 가서 음 18일 신흥출장소 예회에 참석하였다가 영광(영산)에 갔다. 본관으로 귀관하여 원기14년 10월 28일(음 9월 26일) 추기제사 기념식을 마치고 이튿날 경성을 가기 위해 본관을 나섰다.[5] 기념행사에 참석하였다가 원평집으로 가는 불법연구회 조송광 회장과 이리역까지 배웅차 전음광이 동행하였다.

주5) 〈월말통신〉 제19호, -인사 동정란-

소태산 대종사와 일행은 익산본관을 나와 꽃밭재를 넘어 남바우 등성이를 오르면서 조송광이 마을 뒤 소나무 숲 속에서 서너 그루가 용틀임하며 뻗어 오른 아름다운 소나무를 보고 감탄하며 말했다.

"저 소나무는 항상 보아도 아름다워라. 우리 회관에 옮겨갔으면 좋겠다."

소태산 대종사는 조송광의 소리를 듣고 "좁은 생각과 적은 자리를 뛰어넘지 못함을 말하며 우주의 본가

를 보고 국한 없는 큰살림을 하라"고 역설한다.

이때의 법문을 동행했던 전음광이 수필하여 〈월말통신〉 제21호에 '대우주의 본가를 찾아 초인간적 생활을 하라'[6]는 내용의 법문으로 소개하였다.

주6) 《원불교교전》 〈대종경〉 불지품 20장에 요약정리 되어있다.

익산 남바우 소나무 숲 도면도

원불교 남중교당에서는 《남중교당 30년사》를 정리하면서 남바우 소나무가 있던 위치는 현재 원불교 남중교당 인근으로 당시 재실 옆에 소나무 숲들이 있었던 것을 고증과 옛 지적도 등을 참조하여 확인하였다. 그리하여 원광대학교 남궁문 교수의 도움으로 당시 상황도를 원불교 남중교당 30년사에 실었다.

원불교 남중교당 앞길을 소나무 길이라 이름한다.

소나무 동산이 있었던 현재 위치는 원불교 남중교당 옆 도로가 익산총부와 익산역 간의 옛 길이다. 옛 길가에 있는 남중 목욕탕 앞 도로 건너편 인근으로 추정하고 있다.

소태산 대종사는 열차로 상경하여 경성출장소의 제반 형편을 살피고 익산본관 서무부 감원인 김광선을 경성교무로, 서무부 서기 김영신을 경성출장소에 주재케 하였으며, 최상옥[7]도 같이 주재토록 내정하여 익산본관으로 편지를 보내었다. 그리하여 11월 17일 (음 10월 17일) 3인이 익산에서 열차로 상경하였다.

교무 김광선, 서기(부교무) 김영신 그리고 최상옥이 경성출장소에 부임하여 첫 예회인 11월 26일(음 10월 26일) 예회는 28명이 참석한 가운데 신임교무 김광선의 사회로 시작하였다. 이공주가 월말통신을 낭독 소개하였고, 소태산 대종사의 법문을 받든 후 휴회하여 권제중화의 대중공양이 있어 공양을 함께 하였다. 오후에 소태산 대종사는 "인(因)을 지으면 과(果)를 받는 것은 의심할 여지가 없나니 아무쪼록 선인을 지어 선과를 받게 하라. 또는 불생불멸의 진리를 각득하지 못한 자는 나의 말을 똑똑히 듣고 믿어 후일의 복과(福果)를 여비(予備)하라."고 설법하였다. 설법을 마친 후 지난해 음 11월부터 벙어리저금통에 모우기 시작한 것을 소태산 대종사와 6~7인이 함께한 자리에서 토고

주7) 최상옥 : ≪원불교교전≫ 〈대종경〉 신성품 16장 '심고 올리는 재미로 산다'고 한 정석현의 장녀로 1896년 대전에서 태어났다. 최상옥은 17세에 결혼 하였으나 27세 때 부군이 열반하여 전주 친정에서 살다가, 원기9년 29세 때 전주 전음광가에서 소태산 대종사를 배알하고 제자가 되었다. 총부가 건설되자 무남독녀를 데리고 총부로 이사하여 소태산 대종사의 의복에 관한 일체를 담당하며 시봉을 하였다. 그는 총부 동·하선에 참여하여 전문공부를 하였으며 모친 정석현을 입교시켰다.

(土庫: 흙으로 만든 벙어리저금통)를 깨트렸다. 저금통에서는 29원 50전이 나왔다.

경성출장소의 벙어리저금통은 경성출장소 제2대 교무였던 송규가 경성출장소 재직시 의견을 제출하여 각 지부와 출장소에서 모우기 시작하였다. 경성 회원들은 저금통에서 나온 돈을 보며 이소성대와 티끌모아 태산이라는 옛 말을 회상하며 앞으로 사업도 이러한 정신으로 하리라 하였다. 경성출장소는 저금통에서 나온 돈을 지난해까지는 농업부 창립자금과 인재양성소 자금 적립에 나누어 익산본관으로 보냈으나 이번 저금통에서 모아진 29원 50전은 소태산 대종사의 말씀에 따라 전부 농업부 창립자금 적립에 후원키로 하여 익산본관으로 보내었다.

조선박람회

일제는 조선을 강탈한 후 그들의 치적을 내외에 과시하고 일본 제품을 홍보하기 위하여 1915년 9월 11일~10월 13일까지 시정 5주년 기념 조선물산공진회를 경복궁에서 열었다.

이를 준비하기 위해 경복궁 건물 3분의 1정도를 뜯어 일본인들의 별장, 사찰, 요리집, 주택으로 옮겨지었다. 자선당 건물은 통째로 일본으로 무단 방출하였다. 이때부터 1929년 시정 20주년 기념 조선박람회까지

주8) 서울시사 편찬위원회 《서울육백년사》 제 4권 433~436쪽에 상세하게 설명되어 있다.

경복궁 건물 중 근정전을 비롯 6개의 전각을 제외하고 철거하려는 계획 아래 4,000여 간을 철거하였다.[8)] 1915년 조선물산공진회에 조선의 많은 백성들이 임금님의 집도 구경하고 단풍놀이 가듯 구경을 가서 110만이 넘는 사람이 구경을 하였다.

당시 전 조선의 인구가 1천 500만명, 경성의 인구가 30여 만명 정도였던 것을 생각하면 얼마나 많은 사람이 관람하였는가를 알 수 있다.

1929년 경복궁에서 열린 조선박람회를 구경하는 사람들

주9) 《서울육백년사》등에는 1929년 조선박람회에 대하여 자세히 기록하지 않았다. 조선일보 1929년 10월 1일자와 30일자 신문에 자세히 보도되었다.

1929년이 되자 일제는 시정 20주년을 기념하기 위하여 경복궁에서 대대적으로 조선박람회를 준비하여 양 10월 1일~10월 31일까지[9)] 개관하였다. 경성에서

열리는 조선박람회 소식은 익산까지 전해져 익산본관 회원들은 소태산 대종사께 박람회를 한번 구경하도록 권했다. 그리하자 소태산 대종사는 '천조(天造)의 무궁한 박람회'[10]에 대하여 법설을 하였다.

주10) ① 〈월말통신〉 제21호, 송도성 수필 -법설항-
② 《원불교교전》 〈대종경〉 불지품 19장

소태산 대종사는 앞에서 언급하였듯이 원기14년 10월 29일(음 9월 27일)에 경성을 가기 위해 이리역으로 가는 도중 조송광에게 〈대종경〉 불지품 20장인 남중리 소나무 법문을 하고 이리역에서 경성 가는 열차를 타, 경성에 저녁때 도착하였는데 박람회가 폐막되기 이틀 전이었다.

소태산 대종사는 경성 회원들과 경복궁에서 열리는 조선박람회를 10월 30일(음 9월 28일) 혹은 31일에 관람하였다. 당시 얼마나 많은 사람들이 박람회장을 찾아 관람했는지 알 수 없으나 경제불황과 사회적 여건으로 조선박람회는 성공하지 못했다고 전한다.

남산에서 청년들과 대화

소태산 대종사는 경성출장소에서 1개월여 있으며 11월 어느 날 혼자 남산을 올랐다. 며칠 전 조선박람회장에 다녀왔던 경복궁을 바라보며 그리고 새롭게 변해가는 경성 시내를 바라보며 조국의 장래를 걱정하고 있었다. 이때 마침 청년 두 사람이 남산 위에 올라 산책을 하다 소태산 대종사를 보게 되었다. 이들은 사회주

의를 신봉하는 청년들로 당시 사회적 물의를 일으키고 있는 보천교의 박멸운동에 앞장서고 있었다.

남산공원의 옛 모습

남산에서 바라본 경성 모습 (1930년)

청년들은 소태산 대종사에게 보천교를 성토하며 박멸하려 보천교 본부가 있는 전라도로 내려가려 한다는 이야기를 하였다. 청년들의 이야기를 들은 소태산 대종사는 정도와 사도에 대하여 이야기 한 후 보천교도 세계 사업을 하고, 청년들도 세계 사업을 하고 있다며 사냥의 몰이꾼 예를 들어 이야기 하자 청년들은 소태산 대종사께서는 두루 통달하여 하나도 막힘이 없다[11]고 하였다

주11) 《원불교교전》〈대종경〉 전망품 10~11장에 요약정리 되었으며, 손정윤의 《원각성존 소태산 대종사 일화집》에 상세히 소개하고 있다.

당시 보천교[12]는 1923년 물산장려운동을 통하여 민족운동 진영에 진출을 모색하다가 좌파 진영의 공략의 대상이 되었고, 〈시대일보〉를 인수하였다가 보천교를 성토하는 여론이 들끓기 시작하여 좌우진영의 인사들이 보천교 성토회를 조직하였다.

정읍 보천교본부

소태산 대종사는 경성에서 1개월여 동안 경성교무 김광선, 서기 김영신, 최상옥의 부임 등으로 경성출장소가 안정되자 11월28일(음 10월28일) 조전권을 데리고 익산본관으로 출발하였다. 조전권은 익산본관 제10회 정기훈련(기사동선)에 입선하여 훈련을 마치고 다시 상경하여 경성출장소에서 계속 근무하였다.

박람회 관람 소감

소태산 대종사는 경성에서 조선박람회를 관람한 소감을 익산본관에 돌아와 기사동선(음 원기14년 11월 6

주12) 보천교(普天敎): 증산교 교단중의 하나, 1911년 차경석(車京石)이 전북 정읍군 입암면 대흥리에서 창립하였다. 증산교의 강일순이 죽자 고판례가 대흥리에 종교 활동을 시작하여 신자가 모이자 차경석이 교권을 장악하였다. 1920년 신도를 60방주(方主)로 묶고 황석산에서 천재를 올렸다. 이 때 국호를 시국(時國)으로, 교명을 보화교로 선포하였다. 1922년에는 백두산의 원목을 사용하여 대규모 본부를 신축하였다. 종교 활동을 보장 받기 위해 시국대동단을 조직하여 친일행위를 하였다. 차경석이 1936년 죽자 신파와 구파로 분열되었다. 신파는 차경석의 아들 용남이 이끌었다.

일~원기15년 2월 6일) 중 12월 26일(음 11월 26일) 예회에서 '기틀을 보면 편안할 것이다' 라는 주제로 화재보험회사의 선전시설을 본 감상을 익산본관 공회당에서 동선에 참여한 50여 명과 본관 회원들에게 설법하였다.[13]

주13) 〈월말통신〉 제28호, 29호 합본, 송도성 수필 -법설항-《원불교교전》〈대종경〉 천도품 6장에 요약 정리

이때 법문을 받들었던 송도성은 법문 수필에서 '무진 9월경 종사주께옵서 상경하시어 당시 개최 중에 있든 조선박람회를 보시고…중략…감상을 말씀 하시니 아래와 같더라' 라고 기록하였다.

여기서 무진년(戊辰年)은 원기13년이 된다. 원기13년 추계기념제사를 마치고 소태산 대종사는 영광으로 출발하였다. 또한 조선박람회는 기사년(己巳年)인 원기14년에 열렸으므로 무진년이라는 것은 오기이다.

소태산 대종사의 설법에 '김남천은 환희에 넘쳐 성성한 백발을 흩날리며 춤을 추고, 전삼삼의 감탄에서 우러나는 묵묵한 재배(절)는 만장의 흥기(興氣)를 고무시켰다' 라고 그 당시 상황을 익산본관 예회록[14]은 기록하고 있다.

주14) 〈월말통신〉 제21호, -익산본관 예회록-

9. 여자수위단을 조직하다

경성출장소에는 회원이 조금씩 늘어나고 회원들끼리 모이면 항상 낙도생활을 하였다. 이는 이공주의 역할이 컸다. 원기15년 3월 24일(음 2월 24일) 계동 이공주가에 경성회원 20여 명이 모였다. 이날은 이공주 장남인 박창기의 고등학교 입학을 축하하는 자리였다. 경성 회원들은 하루 종일 법설 혹은 경축가를 부르며 즐겼다. 이공주는 경성출장소가 생기기 전인 원기10년부터 경성주무로 발령을 받은 후 교화와 문서처리 및 일체 사무를 맡아 역대교무와 함께 헌신 노력했다.

익산본관에서 원기15년 4월 23일(음 3월 25일) 열린 제8회 평의회에서 이공주가 경성교무로, 조송광이 김제(원평) 교무로 선임되었다. 이는 출가 교무가 아닌 재가가 교무로 임명[1]된 것으로 중요한 의미를 갖는다.

이튿날 열린 제3회 정기총회에서 이공주는 경성출장소 상황을 대중에게 보고함으로써 교무로서 첫 발을 내딛었다. 이날 정기총회에는 77명의 회원이 참석하였는데 이리경찰서 경무주임과 형사 2인이 총회 상황을 보기 위해 참석하였다.[2]

총회를 마치는 4월 26일(음 3월 28일), 총회에 참석한 익산본관 간부 및 지방 요인 60여 명이 '선서문(宣誓文)'[3]에 서약하고 본관 및 지방에서는 매월 첫 예회

주1) 《원불교교고총간》 제6권 189 –제8회 평의원회 회록–

주2) 〈월말통신〉 제24,25호, –익산본관 3 예회록–

주3) 선서전문
본인 등은 종사주의 대법하에 심(心)을 헌(獻)하고 삼계의 대사업에 신(身)을 허(許)하야 기어코 그 목적을 달(達)키로 발원이온바 현재의 입장에서 영원한 장래를 바라보면 천도(千刀)의 거산(巨山)을 조성하난대 아즉 일궤의 토(土)요, 만리의 원정(遠程)을 행하랴는대 게우 수적(數跡)의 보(步)라, 여기 웅위(雄威)한 포부와 고상한 이상을 실현하기 위하야는 본회 간부 일동과 지부 요인 전체가 상호 심(心)을 속(束)하고 력(力)을 합하야 종사주의 대법을 존봉하고 준익분투(遵益奮鬪)정진하지 아니하면 아니되겠음으로 갱일층(更一層) 심지를 견고하기 위하야 자(玆)에 진심 서원함.

〈선서 조항〉
1. 종사주께옵서 직접 혹은 간접으로 경책하심을 당함에 대하야 추호도 불평불만이 업실사(事)
2. 타인이 종사주 전에 가서 자기의 과실을 주달(奏達)하지 안는가? 하는 의심을 두지말며 설사 주달한 확정을 어덧다 할지라도 절대로 그 사람을 미워하고 원망하지 말사
3. 종사주께옵서 처리하시난 일에 대하야 혹 엇더한 의혹이 생(生)한다 할지라도 직접 품달(稟達)하야 해혹할거시오. 결코 암연(暗然)이 마음가온대 그 의혹을 품어두지 말사
4. 종사주 전에는 대소선악을 물론하고 항상 사실상 직고(直告)할 거시오 결코 암폐(庵蔽) 기망함이 업실 사
5. 동지자가 혹 자기의 과실을 드러 다른 동지에게 전파함을 듯게 된 때에는 맛당이 몬저 각자의 양심을 반성하야 보와서 사실로 그러한 과실이 잇섯거드 그를 참회하고 담당할 뿐이요, 절대로 근심하고 걱정하지 말거시며 만약 사실이 업섯거든 스사로 안심할 뿐이요 결코 분노하고 증오하지 말 사

인 6일 예회에서 정식으로 낭독하기로 하였다. 선서문은 변화되었지만 몇 년 전까지 월초 예회에서 행해졌던 선서문 낭독의 시원이라 할 수 있다.[4)]

경성 회원들은 이공주 교무의 공부와 사업에 대한 열의로 회원들은 낙도생활을 하는 가운데 소태산 대종사가 5월 11일(음 4월 13일) 밤차로 상경하여 음 16일 경성출장소 예회에서 이공주에게 원기14년도 교무부 사업보고서를 낭독케 하고 간간히 설명을 하였다.

5월 24일(음 4월 26일) 경성출장소 예회는 회원 26명이 참석하여 소태산 대종사 입석하에 이공주 교무의 사회로 시작하였다. 이날 이공주 교무는 천지피은·보은·배은과 부모피은·보은·배은에 대하여 강연하였고, 강연 도중 소태산 대종사는 간간히 보설을 하였다.

오전 시간이 끝나자 신원요의 점심공양이 있었다.

오후에 소태산 대종사는 회원들에게 '복 짓고 죄 받는 것이 각자의 육근을 작용하는 데에 곧 달렸느니라.' 는 법문을 하였다.[5)]

이날 소태산 대종사는 경성출장소에서 임시 여자정수위단을 최초로 조직하였다. 단원으로 건방(乾方) 박사시화, 감방(坎方) 전삼삼, 간방(艮方) 장적조, 진방(震方) 최도화, 손방(巽方) 이원화, 이방(異邦) 이청춘, 곤방(坤方) 이동진화, 태방(兌方) 양하운, 중앙(中央) 이공주였다.[6)]

주4) 《원불교전서》〈원불교예전〉 예문편 693~694쪽.

주5) 〈월말통신〉 제26호, -경성지부3 예회록-

주6) ① 《원불교 제1대 창립 유공인 역사》 제1권 1호, 이공주 역사 내력.
② 《원불교 제1대 창립 유공인 역사》 이공주 역사 내력에만 원기15년 음 4월 26일 소태산 대종사 경성출장소에서 임시 여자정수위단을 조직하였다고 되어있다. 이공주는 당시 경성출장소 교무로 중앙단원에 임명되었다. 원불교 제1대 창립 유공인 역사는 이공주가 자신의 필생 사업으로 정리한 것으로 자신의 역사를 상세히 기록하였다.

임시 여자정수위단원 중에 이공주, 이동진화, 박사시화가 경성에서 입회한 경성 회원이고, 최도화는 소태산 대종사 처음 상경시 안내하고 경성 회원들을 인도한 경성 회원들의 총 연원이다.

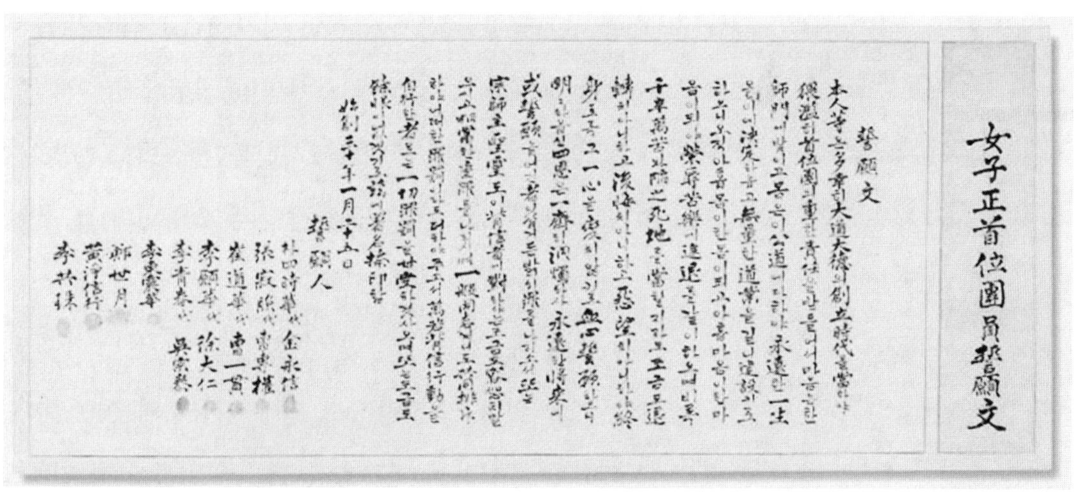

女子正首位團員誓願文

誓願文

誓願人

원기 30년 여자 정수위단 선서문

소태산 대종사는 이듬해 음 2월에 익산본관에서 남자정수위단원 중 단원으로 활동이 어려운 이산 이순순의 대리에 송도성, 육산 박동국의 대리에 전음광, 칠산 유건의 대리에 조갑종, 오산 박세철의 대리에 이동안을 내정하였다. 또한 여자수위단도 새로 조직하였다.[7] 경성출장소에서 임시 조직하였던 단원들 방위를 바꾸고 단원은 이원화 대신 정세월을 내정하는 것으로 조직을 마무리 하였다.[8]

주7) ① 《원불교교고총간》 제5권 100쪽 – 원기15년도 사업보고서 –
② 소태산 대종사는 원기15년부터 모든 교서를 편집케 하여 친감하기 시작하였다. 원기16년 음 2월에 익산총부에서 여자정수위단을 조직하고, 음 7월에 《불법연구회 통치조단 규약》을 발간하였다. 통치조단규약 제2장 〈남녀구별의 조직〉을 명시하여 '남자는 남자대로 여자는 여자대로 단을 조직하고 공부와 사업기관도 각각 설치하기로 함'이라 하였다.

주8) ① 《원불교교고총간》 제6권 11쪽 –역대 수위단보–
② 원기15년도 사업보고서에는 원기16년 2월 여자정수위단을 조직하였다고 하였고, 역대 수위단보에는 원기16년 3월에 여자수위단 시보단을 조직하였다고 하였다. 두 내용 중 교단연표에서는 사업보고서의 내용을 따르고 있다. 2월은 음력이다.
소태산 대종사는 원기28년에 여자정수위단의 각 방위를 바꾸고 단원은 양하운과 전삼삼이 빠지고, 이원화와 황정신행을 내정하였다.

10. 소태산 대종사의 금강산 여행

소태산 대종사는 금강산 탐승을 준비해 원기15년 5월 28일(음 5월 1일) 금강산 탐승 길에 올랐다. 소태산 대종사는 금강산을 가기 전인 원기13년 11월 8일(음 9월 26일) 예회겸 공동제사 기념일 설법에서 '우리의 보물 금강산'[1]이란 주제로 2시간동안 설법을 하였다. 이날의 법문의 요지는 '금강산의 주인이 되라'는 것이었다.

소태산 대종사의 금강산 여행은 오래 전부터 계획되어온 일이었다. 경성출장소 교무 이공주와 이동진화, 신원요가 주선하여 원기15년 5월 28일(음 5월 1일)~6월 5일(음 9일)까지 8박 9일간의 여행이었다.

금강산 신계사 (1930년대)

주1) ① 〈월말통신〉 제7호, –익산본관 3 예회록–
② 《월불교교전》 〈대종경〉 전망품 6장에 요약 정리.

일제는 1929년 경복궁에서 조선박람회를 개최하면서 금강산 관광을 위해 금강산 전철을 임시 개통했다가 그 후 2년 뒤 관광철도를 완전 개통하였다.

소태산 대종사는 5월 28일(음 5월 1일) 경성역에서 경원선 열차를 타고 철원역에서 금강산행 전철을 갈아타고 금강구에 도착하여 내금강과 외금강을 구경하고, 6월 5일(음 5월 9일) 경성에 도착하여 경성출장소로 왔다. 경성출장소에서 여행 여독을 푼 소태산 대종사는 6월 8일 익산본관으로 귀관하였다.

'본관 대중들은 자모(慈母)를 만난 적자(赤子)와 같이 만면의 희열로 좌우에 시립(侍立)하였었다.' 라고 그 당시의 상황을 월말통신은 기록하고 있다.

소태산 대종사가 제자들에게 금강산 다녀온 후 설한 법문을 전음광이 수필하여 〈월말통신〉 제27호 법설란에 기록하였다.

소태산 대종사의 금강산 탐승기는 이공주가 〈월말통신〉 제27호, 제28호, 제30호에 일정별로 상세하게 연재하였다.

금강산 탐승에서 소태산 대종사는 몇 구의 한시와 몇 가지 감상 등을 얻었다.[2)]

'보습금강경(步拾金剛景)

금강개골여(金剛皆骨余)

이것은 금강산 구경을 기념키 위하여 읊은 바이요.

주2) 《원불교교전》 〈대종경〉에 금강산 탐승과 관련된 법문은 전망품 5장, 신성품 12장

금강현세계(金剛現世界)

조선갱조선 (朝鮮更朝鮮)

이것은 속인을 대할 때 금강산을 두고 읊은 바이며,

금강현세계 (金剛現世界)

여래도중생 (如來渡衆生)

이것은 불제자인 승려를 대할 때 금강산을 두고 읊은 바이다.' 라고 하였다.

금강산 여행을 다녀온 이공주 교무는 경성출장소 음 5월 16,26일 예회에서 금강산 여행에 대한 이야기를 재미있게 나누었다.

소태산 대종사의 초상화

각 지부의 회원들이 소태산 대종사를 항상 가까이 모시고 싶은 마음이 간절하였으나 모시지 못하므로 소태산 대종사의 초상화라도 회관에 모시고자 하였다. 그리하여 소태산 대종사의 초상화 작업은 몇 차례에 걸쳐 이루어졌다.

원기14년 9월에 발행된 〈월말통신〉 제19호 광고란에 보면 소태산 대종사의 초상화에 대하여 이공주씨의 특지라 하여 소개되었다.

'수년 전 본회에서 조선명화라 지칭되는 채모(蔡某)를 초빙하여 종사주 영본(影本) 1건을 봉안코자 하였으나 기술이 졸렬하여 원만한 결과를 얻지 못하였음이

유감이더니 금반 경성 이공주씨가 거액을 연출하여 기술 선능(善能) 화가에게 종사주 영본 4건을 작성하는 중 요화(了畵)되는 대로 영광, 익산, 진안, 경성 각처 회소에 1건씩 봉안할 예정이더라.'

첫 번째로 소태산 대종사 초상화를 그린 채모라는 명화가가 누구인지 확실치 않다.

두 번째, 이공주의 경제적 지원으로 소태산 대종사의 초상화를 그린 화가도 누구인지 전해지지 않을 뿐더러 초상화마저 전해지지 않고 있다.

원기26년 음 4월(양 5월) 박장식의 주선으로 남원 오주환에게 초상화를 또 그리게 하였다. 그는 소태산 대종사의 모습을 사실 그대로 자로 재듯 꼼꼼히 그렸다.[3)]

오주환이 그린 초상화 2본은 남원과 총부에 모시기로 한 것이나 남원에 모셨던 초상화가 어떠한 연유에서인지 서울 정각사[4)]에 모시었다가 그 후 소재를 알 수 없었으나 서울교당 수리시 대각전에서 나와 총부로 옮겨와 원기76년 소태산 대종사 기념관이 준공되면서 전시관에 전시되었다가 현재는 수장고에 소장하고 있다.

원기91년까지 종법실(구조실)에 봉안되었던 초상화는 소태산 대종사가 열반하자 제자들이 한국전쟁 뒤에 최규원의 아들 최경산에게 그리게 하여 40여 일간 익

주3) 박장식 구술. 박용덕 《원불교초기교단사》4 〈금강산의 주인이 되라〉 17쪽

주4) 서울 남산 한남동 소재 일인 사찰인 약초관음사를 불하받아 이름을 정각사라 하였다. 이곳 불단에 관음불, 연화 일원상 휘장, 소태산 대종사 영정을 함께 봉안했다.
정각사 자리는 현 원불교 예술인교당 자리이며, 옛 건물은 남아있지 않고 법당 자리는 미군 군목부대 교회가 들어서 있다.

정각사에 모셔졌던 소대산 대종사 초상화(원불교 역사박물관 소장)

주3) 김중묵, 이백철이 필자와 인터뷰에서 구술. 김중묵은 채경산이 초상화 그리는 것을 자주 보았다 하며, 이백철은 채경산이 초상화를 그릴 때 방에 불 때는 책임을 맡았었다고 한다.

산총부 대각전 동쪽방에서 그리게 한 것이다.[5] 종법실(구조실)에서 소태산 대종사 초상화를 모셨던 가구는 소태산 대종사 열반 당시 사용하였던 관으로 만든 것이며, 사적 가치가 있고 종법실의 활용 성격 변화로 인하여 원불교역사박물관에서 소장하기로 하였다.

그 뒤 오늘날까지 많은 사람들이 소태산 대종사의 초상화를 다양하게 그리고 있다.

구조실에 모셔져 있었던 소태산 대종사 초상화(원불교 역사박물관 소장)

11. 경성출장소 창립 유공인들의 열반

감낙원의 열반

원기15년 익산본관은 많은 어려움이 있었다. 7월 1일(음 6월 6일)부터 내린 대홍수는 익산본관 총 13,000여평 작농에 1만여 평이 매몰되어 막대한 피해를 입혔다. 이로 인해 농업부원들이 진안 혹은 사가로 분산되는 등[1] 본관에서는 대홍수 피해로 인하여 많은 어려움을 겪게 되었다. 그리하여 여행시 자동차 또는 인력거 안 타는 것은 물론이요, 가능하면 기차를 타지 말고 걸을 수 있는 거리는 걸어서 다니며 도시락을 지참하여 현금이 들지 않도록 하는 등 여러 가지 안건이 나와 절약하면서 어려운 상황을 감내해 나갔다.[2]

원기15년 8월 11일(윤 6월 17일)에 경성출장소 창립주의 한 사람인 감낙원 회원이 열반하였다.[3] 김낙원은 집도 없이 남의 집 식모살이를 하면서 쌀 두말과 2원을 받아 병든 남편과 외손남매를 키우면서 죽는 날까지 매월 1원씩 유지비를 내었다.

그는 어려운 생활 속에서도 낙도생활을 하면서도 병으로 고생할 때 동지들에게 "현재 내가 있는 곳은 남의 집이요, 나의 참 집은 불법연구회니 만약 내가 죽게 되면 우리 집인 창신동 회관에 가서 죽게 하여 달라."[4]고 하였다. 그러나 아쉽게도 남의 집에서 열반하였다. 그

주1) ① 《원불교교고총간》 제5권 107쪽 –원기15년도 사업보고서, 농업부항–
② 〈월말통신〉 제28,29합본호, 익산근황에서 6월30일 수해조사보고에 의하면 총 피해액이 1,506원이었다고 했다.

주2) 〈월말통신〉 제33호, –결의요항–

주3) 〈월말통신〉 제30호, –고 김낙원여사 역사선–

주4) 〈월말통신〉 제30호, –고 김낙원여사 역사선–

러나 가산도 없고 또 딸인 안씨 혼자 어찌 할 수 없어, 경성출장소에서는 이공주 교무를 중심으로 6,7인 회원이 달려가 김낙원의 딸인 안씨와 치상절차를 상의하였다. 그러나 출상대책이 없다하여 그 자리에서 회원들이 출상비로 20여 원을 내었다. 다음날(윤 18일) 경성출장소에 회원 5인이 모여 추도식을 거행하고 윤 19일 발인하여 화장장으로 가서 치상절차를 마무리하고, 알뜰한 동지를 잃음에 모두들 눈물짓고 섭섭해 하였다.

익산본관에서 김낙원의 부음을 접한 소태산 대종사는 윤 20일 친히 상경하여 추도한 후 경성출장소 회원들에게 "수많은 회원이 있는데 회원이 죽을 때마다 내가 다닐 수 없으나 김낙원의 열반은 경성지부에서 처음 당하는 일로 복제법을 실시한 지 얼마 되지 않아서 일반 회원의 이해가 부족하므로 특별히 내가 왔다"고 상경한 뜻을 밝혔다. 그리고 김낙원의 역사 발간과 사진을 준비하라 하고 복제법을 '4등 복인이 13이요, 5등 복인이 3인이요, 합하여 16인이다.' 고 하였다.

이어 윤 27일 김낙원 복제일에 10여 회원이 경성출장소에 모이여 오후 3시부터 복제식을 시작하여 개회가 끝나자 소태산 대종사 말씀하였다.

"너희가 오늘 김낙원의 복(服)을 입으려 왔으니 물론이 복기(服旗)를 가져 갈 것이다. 그러면 외인(外人)들

은 처음 보는 것이라 그것이 무엇이냐고 혹 물을 것이니 그대들은 무엇이라 대답하겠는가? 우선 그것 먼저 각각 말하여 보라."

회원들이 각자 생각대로 말을 하는 중 민자연화가 말했다.

"복기를 가지고 집에 가서 누구든지 물으면 이 복기는 낙원이의 복(服)이다. 우리 불법연구회에서는 회원이 죽으면 서로 복을 입어주는 법이 있는데 복을 의복으로 입는 것이 아니라 이와 같이 복기를 제작하여 정한 날짜동안 각각 집에 꽂아두는 것이다 하겠습니다."

소태산 대종사 여러 회원들의 말을 들은 후, "너희들 대답 중에 자연화의 대답이 제일 간단하고 막힐 곳이 없다. 이번 대답에는 자연화가 1등이다."고 하였다.

이어서 복 입는 내력에 대하여 유교의 복제법을 들어 설명한 후 불법연구회에서 복을 입어주는 것도 복의 제도와 복제일은 변경하였으나 복제의 본래 뜻은 같다하며 말씀하였다.

'복기일은 본회의 공부계와 사업계에 실헌(實獻)이 많은 회원에게는 1등복 49일, 그보다 조금 못한 회원은 2등복 28일, 3등급 14일, 4등급 3일, 5등급 당일. 이와 같이 각자의 공도를 보아 입어준다. 금번 김낙원은 공부와 사업계의 중대한 유공인이라고 말할 수 없으나 경성지부에 한하여서는 공도가 많은 창립주고 또

주5) 〈월말통신〉 제30호, -경성근황-

한 같은 뜻 같은 발원으로 동고동락한 동지로 4등복에 해당하며, 같은 단원은 일신을 같은 형제와 같은 중한 의를 맺었으니 5등복을 입어줌이 마땅하다.' [5)]

김낙원의 탈복식은 윤 29일 오후 3시부터 22인의 회원이 참석한 가운데 김영신의 사회로 시작하였다. 이공주 교무가 각지의 추도문과 경성출장소 위령문을 낭독할 때는 탈복식에 참석한 회원들이 김낙원을 생각하며 섭섭한 눈물을 흘리었다. 소태산 대종사 김낙원의 탈복식에 참여하였다는 기록은 없으나 참여한 것으로 보인다.

불법연구회 복제법은 원기15년 음 5월 6일 불법연구회 초대 회장을 역임한 서중안의 열반 전에 상장에 관한 각 예식을 제정하였으나 발표하지 못하였다가 서중안이 열반하자 복제법을 시행하고, 음 6월 25일자로 교무부에서 〈월말통신〉 제 28,29 합본호에 발표하였다. 이로서 김낙원 열반시 상장예식은 지방에서 처음 행해졌으며 소태산 대종사의 직접 지도하에 행해졌으므로 큰 의미를 가진다.

박공명선의 열반

김낙원의 열반으로 상경한 소태산 대종사는 경성출장소 8월 29일(음 7월 6일) 예회에서 '공부를 하기로 할진데 배워 갈 줄을 알라' 란 법문을 하였다.

당시 예회 후에 있었던 일을 김영신은 후에 회고하였다.

'예회가 끝나고 나자 박공명선이 대중공양을 하기 위하여 부엌으로 들어간 후 소태산 대종사는 회원들에게 말했다.

"공명선이 곧 죽게 생겼다."

때 아닌 말씀에 모두들 어안이 벙벙했다.

"만일에 죽거들랑 공주는 돈을 대고, 자연화는 총 감독을 하고, 성각이는 바느질하고, 삼매화는 식사 대접을 하고 영신이는 심부름을 해라."

"어떻게 예회 보러 온 사람에게 그러십니까?"

"어허. 모르는 소리. 너희들은 모른다. 내가 쉽게 얘기해주마. 식은 밥하고 갓 지은 밥을 봐라. 갓 지은 밥은 멀리서나 가까이서나 김이 올라가는 것이 보이고 식은 밥은 가까이에서도 김 오르는 것이 보이지 않는다. 너희들이 모르니까 그렇지. 공명선이는 식은 밥이 되어간다."[6]라고 말씀하였으나 회원들은 믿질 않았다.'

여자들만 거주하는 경성출장소인 창신동회관은 울타리가 허술하여 동네아이들이 동산으로 무상출입하여 걱정이었다. 이를 본 소태산 대종사는 8월 27일(음 7월 4일)부터 노진허[7]와 김영신을 데리고 직접 목재와 철주 및 소용물품을 구입하고 사람을 구해 바위에 구

주6) 원불교신보신서 《구도역정기》 305쪽 -융타원 김영신 법사 편-

주7) 노진허(盧盡虛 1896~?) 원기14년 조전권의 연원으로 입교하여 상업에 종사하며 독실한 신심으로 경성지부 발전에 음으로 양으로 이바지하였다.

멍을 뚫고 목재로 기둥을 세워 판자로 담을 만드는 5일간의 공사를 마치고, 9월 1일(음 7월 9일) 정신 소창차 열차로 안양역까지 가서 관악산 망해암[8]에 갔다가 다음날 창신동 회관으로 돌아왔다.[9]

주8) 망해암(望海庵)은 경기도 안양 관악산에 있는 암자로 665년(신라 문무왕 5년) 원효대사가 창건하여 망해암이라 했다. 1922년 화재로 전소되어 소태산 대종사가 망해암을 찾은 원기15년(1930)에는 법당과 요사채만이 신축되어 암자가 어수선한 상태였던 것으로 여겨진다.

주9) 〈월말통신〉 제30호, -경성근황-

망해암을 어떤 인연으로 가서 무슨 사정으로 다음날 돌아왔는지는 정확히 알 수는 없으나, 망해암은 1922년 화재로 전소되어 겨우 법당과 요사를 신축한 상태여서 일반인이 며칠 머물 수 있는 상황이 아니었던 것으로 추정된다.

안양 관악산 망해암 전경

소태산 대종사는 망해암에서 돌아온 다음날(음 7월 11일) 익산본관으로 귀관하였다.

박공명선은 원기15년 음 5월에 복통이 발병하여 각방으로 치료하였으나 효차를 보지 못하여 6월부터는 식음을 전폐하다시피 했다.[10] 그러면서도 박공명선은

주10) 이공주, 《원불교 제1대 창립 유공인 역사》 제2권 60호, 박공명선의 역사내력.

예회에 참석하여 대중공양을 하는 등 몸을 아끼지 않았다.

무남독녀인 성성원의 집에서 살고 있던 공명선은 딸이 임신하여 해산을 기다리고 있어 임실에서 시어머니가 상경하여 있었다. 그리하여 병원에 입원을 하게 되었다.[11] 그의 병은 위암이었다. 병간호할 사람이 없자, 본관에서 경오하선(원기15년 음 6월 6일~8월 6일)에 입선 중이던 쌍둥이 언니인 박사시화가 9월 11일(음 7월 25일)에 상경하여 간호를 하였다. 자신의 병이 지중하여 회생치 못할 줄을 안 공명선은 아이를 출산한 지 사흘 된 딸 성성원을 불러 간곡히 말했다.

"내가 죽은 후에도 종사주께 더욱 정성을 더하고 이 모님(박사시화)을 나와 같이 극진히 시봉하라. 내가 평소 금전이 없어 회중 사업에 보조를 못한 것이 철천(徹天)의 한이니, 나 죽은 후라도 본관 법상보(法床褓) 하나는 네가 꼭 해드리고……"라는 유언을 남기고 10월 20일(음 8월 28일) 밤에 염불을 하며 열반하였다.[12] 성성원이 해산한지 며칠 되지 않아 소태산 대종사가 미리 일러 준대로 경성 회원들이 상장을 맡아 치렀다.

익산본관에 박공명선의 열반 소식이 전해졌다. 〈월말통신〉 제33호는 –박공명선 여사의 인상과 진정루– 라는 글에서 아래와 같이 기록하고 있다.

주11) 원불교신보신서 2 상게서 동일

주12) 이공주, 《원불교 제1대 창립 유공인 역사》 제2권 상동

박공명선

'월전에 열반하신 경성의 고 박공명선씨는 실로 인간에서 보기 드문 천진심(天眞心)을 키우신 분이었습니다. 그 어느 날 경성지부에서 발간한 씨의 열반에 관한 서류가 익산본관에 도착되어 각 통의 추도문이며, 씨의 열반에 대한 감상을 낭독 소개하던 중 그 최후의 일식(一息)이 있을 때까지 종사주를 존숭하고 본회를 사랑하고 동지를 애호하신 그 열정에 대하여 듣는 자 누구나 다 진정으로 눈물을 흘리지 않는 자가 없었습니다. 그리고 평소에 씨와 다만 한 번이라고 면분(面分)이 있는 이로서는 모두 다 씨의 생전 동작이 눈앞에 나타나며, 뼈골이 저리게 마음이 아팠습니다.

멀리 있는 우리의 마음이 이다지 아프고 늦게 들은 우리의 눈물이 이다지 많을 제 경성에 계셔서 직접 당변(當變)하신 여러분이야 그 얼마나 통심낙루(痛心落淚)하였을까요.

그 뿐만 아니라 그 서류의 감정을 받기 위하여 기자가 종사주께 독고(獨告)하던 중 친형 사시화씨의 추도문에 이르러서는 종사주께옵서도 성안이 몽롱하여지시며 자연히 눈물을 내리시었습니다.

그런즉 금력을 가지고도 사오지 못할 진정의 눈물, 권력을 가지고도 얻어 오지 못할 그 진정의 눈물, 과연 이 세상에는 자기의 신후(身後)에 다른 사람으로 하여금 그 진정의 눈물을 흘리게 할 자가 몇이나 되는고,

어 다복할손 공명선 씨.'

박공명선 49종재

경성출장소에서는 12월 5일(음 10월 16일) 단회를 마치고 다음날 있을 고 박공명선의 49종재를 상의하였다.[13]

주13) 〈월말통신〉 제33호, -경성출상소 3 예회록-

음 10월 17일 행해진 고 박공명선의 49종재식장의 모습에서 불법연구회 초창기의 종재식과 오늘날 종재식의 차이점을 발견할 수 있다.

'…창신동 회관 벽상에는 공명선씨의 사진과 탈복식 순서를 걸고 기전(其前) 면상(面上) 위에는 떡, 과종(果種), 헌공비, 청수, 향촉 등을 바친 후 오전 12시부터 개식하고……'

참석한 회원들이 각각 일희일비(一喜一悲)란 주제로 감상담을 하고 탈복식을 마쳤다.

당일 헌공비 총액은 23원 20전이었다. 이중 당일 비용 3원 70전을 제하고 19원 50전을 익산본관 공익구좌에 예입하였다.[14]

주14) 〈월말통신〉 제33호, 각지근황 -경성출장소 항-

불법연구회 초창기에는 불전에 떡과 과일을 진설하고 공인에 대한 감상담을 하며 49종재식을 하였음을 알 수 있다. 어느 시기부터 오늘날처럼 꽃 공양만으로 천도재를 지냈는지 원불교 예식의 변천사를 연구하는데 좋은 자료가 될 것이다.

12. 은부시녀 결의

소태산 대종사 원기15년 10월 3일(음 8월 12일) 익산 본관을 출발하여 신흥출장소를 거쳐 영광(영산)에서 11월 26일(음 10월 7일)까지 영광 회원들의 공부를 북돋으며 점검했다. 이튿날 본관으로 귀관하여 밀린 사무를 마친 후 12월 6일(음 10월 17일) 저녁 열차를 타고 상경하여 계동 이공주 집에서 아침 공양을 한 후 경성출장소로 갔다.

성성원이 경성출장소로 소태산 대종사를 찾아와 어머니 박공명선의 유언을 전했다.

"내가 일찍부터 종사주 전에 너를 시녀로 바쳐 믿고 의지하려고 하였더니 그 뜻을 이루지 못해, 죽어도 또한 한이 있다"라는 박공명선의 유언을 들은 소태산 대종사는 박공명선의 신성을 가상히 생각하고 또 성성원의 애정(哀情)에 느낀 바 있어 은부시녀의 결의를 허락하였다.[1)]

지난해 발표한 은부모시자녀법(恩父母侍子女法)에는 남녀계통에 한하여 남자는 은부를 정할 수 있으나 은모는 정할 수 없고, 여자는 은모를 정할 수 있으나 은부는 정할 수 없도록 하고 있었다. 그러나 경성출장소에서 원기15년 12월 15일(음 10월 26일) 소태산 대종사와 여자 회원간에 처음으로 은부시녀 결의식을 거

주1) 〈월말통신〉 제33호, 광고란 -법칙 제정의 건-

행하게 된 것이다.

음 10월 26일은 경성출장소 예회일이다. 예회에서 소태산 대종사는 '도덕' 이란 주제로 설법하고 성성원의 대중공양이 있었다. 이 공양은 오후에 소태산 대종사와 은부시녀 결의식을 하는 기념으로 공양을 한 것이다.

오후 3시경에 일동이 좌정한 후 결의식을 행하려 할 때 이공주 교무가 소태산 대종사께 말했다.

"공주가 영신을 시녀로 정한 본의는 전에 말씀드린 바와 같이 은모의 안일과 명예를 구함이 아니오라, 오직 영신이 전무출신을 하여 공사에 헌신하려하지만 무산하여 공부를 할 수 없음으로 영신을 공부시키기 위하여 소위 은모시녀가 되었었고, 또 전권도 공주에게 뜻이 없지 않다 하여 또 결의식이라도 할까 하였었더니, 이제 오늘날 종사주께옵서 성원을 시녀로 정하시니 이러한 법이 있을진대 영신과 전권을 종사주전에 시녀로 바치옵고 공주는 힘 미치는 데까지 이전과 다름없이 원조하여 주겠습니다. 그러면 공주는 개인의 시녀를 둔 것이 아니라 일보 나아가 사요(四要) 중 하나인 타자녀교양을 하는 세음(細音)이 되오며 영신, 전권으로 말하면 종사주를 아버님으로 모시게 되오니 또한 공주를 은모로 하는 것보다 전진상(前進上) 얼마나 유익이 있을 줄 압니다."

소태산 대종사 들으시고 말씀하셨다.

"너의 말이 좋다. 그러나 영신은 기왕에 너와 결의식을 하였는데 나의 딸을 삼으라 하니 너의 딸도 되고 나의 딸도 되란 말이냐? 만일 전에 결의서를 취소시킨다면 그리하여도 좋으나 만약 그대로 둔다면 못한다."

이공주가 즉석에서 결의서를 취소하기로 영신, 전권에게 의견을 물으니, 다시 말할 것도 없이 소원이라 하여 일시에 신 삼형제가 되었다. 성원, 영신, 전권은 소태산 대종사께 사배를 드려 부녀지례를 드린 다음 신형제간에 예를 마친 후 세 사람에게 최초법어를 낭독하고 소태산 대종사의 훈시를 끝으로 결의식을 마치었다.[2)]

주2) 〈월말통신〉 제33호, 각지현황 -경성출장소 항-

소태산 대종사와 최초로 은부시녀 결의를 한 신 삼형제 좌로부터 성성원, 경영신, 조전권

성성원은 소태산 대종사가 처음 상경하여 계동 자신의 집에서 2~3일간 머무를 때 어머니와 이모(박공명선, 박사시화)는 귀의하였으나 20세의 갓 결혼한 새색

시의 몸으로 당시는 특별한 관심이 없었으나 이듬해 최도화의 연원으로 입교하였다. 원기10년 말, 소태산 대종사 상경하여 이공주의 30회 생일을 축하해 주고 계동 이공주가에서 새해를 맞이할 때인 원기11년 2월 17일(음 1월 5일) 이공주가로 찾아가 성원(聖願)이라는 법명을 받았었다.[3] 이때 받은 소태산 대종사의 친필 법명증이 원불교역사박물관 봉래제법실에 전시되어있다. 현재 전해지는 법명증 중 가장 오래된 것이다.

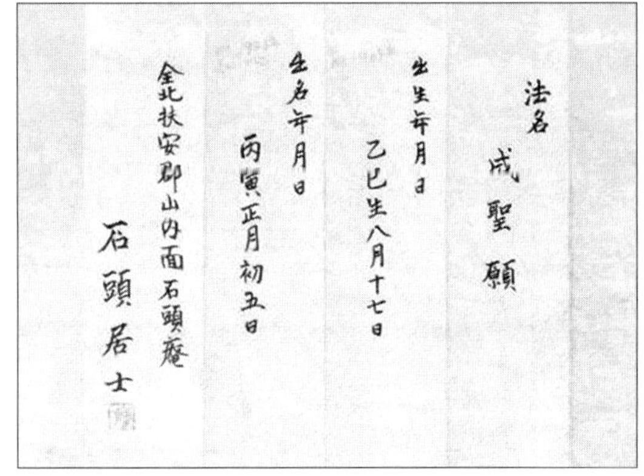
法名 成聖願
出生年月日 乙巳生八月十七日
出名年月日 丙寅正月初五日
全北扶安郡山內面石頭庵
石頭居士

성성원의 법명증(원불교 역사박물관 소장)

소태산 대종사 성성원의 법명을 지을 때의 일화가 전해진다. 성성원의 속명은 성성현(成聖鉉)이다. 소태산 대종사 그 이름에 무슨 뜻이 있는지 물었다. 성성원은 "저의 집은 딸부자집입니다. 딸 여섯을 낳은 부모님이 이번에는 꼭 아들 낳기를 바랐는데 또 딸이라 비록 여자이기는 하지만 성인(聖人)같은 인물로 키워야겠다고 해서 성현으로 지었답니다." 이에 소태산 대종

주3) 이공주, 《원불교 제1대 창립 유공인 역사》제2권 25호, 성성원의 역사내력

사는 "이제부터는 그런 뜻에서 성원(聖願)이라 하자." 며 법명을 지어주었다.

소태산 대종사는 성성원에게 법명증을 주며 익산본관을 건설한 후임에도 자신의 주소를 전북 부안군 산내면 석두암이라 하고, 자신을 석두거사라하여 법명증에 박중빈이라는 사각인장을 사용하였다.

익산본관에서 원기16년 2월 14일(원기15년 음 12월 27일) 소태산 대종사와 전음광, 김대거가 은부시자 결의식을, 정라선이 은부시녀 결의식을 가졌다.

원기15년 불경기로 익산본관의 유지대책에 큰 타격을 입는 어려움과 교서편찬 등 사무관계로 인하여 교화 기관지인 〈월말통신〉이 원기15년 말 제34호를 내고 부득이 원기16년부터 중단되어 원기17년 음 4월 〈월말통신〉 제35호(제36호부터는 월보로 개칭)가 복간될 때까지의 시기는 익산본관이나 각 지방의 소식이 사업보고서에 조금씩 전해질 뿐 상세히 전해지지 못하고 있다.

법으로 은부모시자녀 결의하는 예규(例規)가 있었으나 남녀 계통에 의하여 남자로서 은부(恩父)는 정할 수 있으나 은모(恩母)는 정하지 못하고 여자는 은모는 정할 수 있으나 은부는 정할 수 없었다. 그러나 소태산 대종사 성성원, 김영신, 조전권과 은부시자녀 결의를 한 후 은부시자녀 결의하는 법칙이 개정되었다. 그러

나 남녀 관계없이 은부시자녀 결의는 소태산 대종사에 한 할뿐 이 외에는 절대 허락하지 않았다.[4)]

주4) 〈월말통신〉 제33호, -법칙 신정의 건-

원기19년 칠월 칠석날 소태산 대종사와 은자녀들의 은법회(恩法會) 결성 기념촬영

13. 교서편집 발간

원기15년부터 소태산 대종사는 송규, 송도성, 전음광, 유허일에게 그 동안 편편으로 제정 발표한 교리제도의 강령들을 편집케 하였다.[1]

4월 5일(음 3월 7일)에는 전음광이 수정한 전단규(前團規) 원세칙(原細則)을 소태산 대종사 일일이 친감완정하여[2] 7월 10일(음 6월 15일) 경성교무 이공주가 자비로 인쇄하여 발간하였다.[3]

그 후 원기16년 5월 17일(음 3월 30일)에 본교 교과서 단규, 육대요령 등 법설을 총괄적으로 수집편찬하기 위하여 교무부 서기 전음광을 한적한 영광(영산)으로 파견할 것을 결의하여[4] 본격적으로 교서편찬에 들어갔다.

원기15년부터 교리와 제도를 편집케 했던 것을 소태산 대종사 일일이 친감을 거쳐 원기16년 7월에 〈불법연구회 통치조단규약〉을 발간하였다. 통치 조단규약 제2장 남녀구별의 조직에 회원으로 단을 조직한 때에는 남녀를 구별하고 남자는 남자대로 여자는 여자대로 단을 조직하고 공부와 사업의 기관도 각각 설치하기로 함이라 하였다.

소태산 대종사는 통치조단규약을 친감하며 원기15년에 경성출장소에서 임시 여자정수위단을 조직하고

주1) 《원불교전서》 1081쪽 〈원불교교사〉 제2편, 제3장 –교화 기관지의 발행–

주2) 《원불교교고총간》 제5권 103쪽 –원기15년도 사업보고서–

주3) 《원불교교고총간》 제5권 114쪽 –원기16년도 사업보고서–

주4) 《원불교교고총간》 제5권 112쪽 –원기16년도 사업보고서–

원기16년 음 2월에 익산본관에서 여자정수위단을 조직하였다.

원기17년 4월에는 불법연구회 교리 전체를 편집한 〈보경육대요령〉이 발간되었다. 이 또한 경성교무 이공주의 자비로 인쇄되어 발간하였다.[5]

주5) 《원불교전서》 1082쪽 〈원불교교사〉 제2편 제3장 -초기 교서들의 발간-
《원불교교고총간》 제5권 114쪽 원기16년도 사업보고서에 의하면 '익년 임신 1월 전년부터 근 1개년간 원고 정리에 몰두한 본회 교리 전체를 총괄적으로 망라하야 편집된 《보경육대요령》을 경성 이공주씨가 자비 인쇄하다.' 라고 되어있다.

昭和七年四月二十九日 印刷
昭和七年五月一日 發行

人道
華新

編輯兼發行人 京城府桂洞十五ノ五番地 李瓊吉
印刷人 京城府壽松洞二七 趙鎭周
印刷所 京城府壽松洞二七 鮮光印刷株式會社
發行所 全羅北道益山郡北一面新龍里 佛法研究會

육대요령 판권

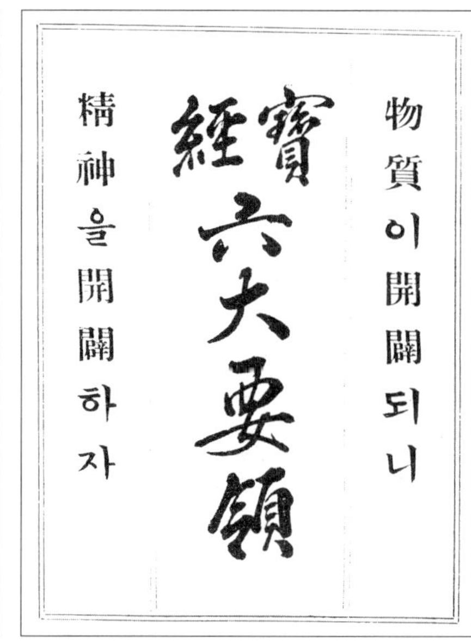

육대요령 표지

원기15년 음 11,12월 〈월말통신〉 제34호를 끝으로 당분간 중단되었던 월말통신을 제9회 평의원회에서 경비를 승인받아 원기17년 음 4월부터 계속 발간하기로 하여 제35호는 〈월말통신〉으로 발간하고, 제36호부터는 명칭을 〈월보〉로 개정[6]하여 발간하였다.

주6) 《원불교교고총간》 제5권 119쪽 -원기17년도 사업보고서-
원기17년도 사업보고서에서는 제8회 평의원회 승인을 받았다고 되어있으나 제8회 평의원회는 원기15년 음 3월 25일 개최되었으므로, 원기17년 음 3월 27일 열린 제9회 평의회에서 논의된 것로 보아야 한다. 그러나 제9회 평의원회 회록에는 〈월말통신〉을 발간하는 내용과 〈월보〉로 개칭발간에 대한 내용이 기록되어 있지 않다 ≪원불교교고총간≫ 제6권, 193쪽

14. 이공주 · 박창기 모자(母子)의 출가

전무출신 사가 보장 문제

원기17년 5월 2일(음 3월 27일) 제9회 평의원회에서 다년간 문제시 되어온 간부(전무출신) 사가생활 보장의 건을 조송광 회장이 제의하였다. 당장 시급한 간부 이재철 · 송도성의 사가생활 보장 문제가 대안이 없을 때 이공주가 두 사람의 생활비를 담당하겠다고 하여 해결되었다.[1]

주1) 《원불교교고총간》 제6권 194쪽 -제9회 평의회 회록-

회의실 대중은 박수로 감사를 표하고 회의실 서쪽에 좌정하였던 소태산 대종사는 "내가 지금까지 10여 년 전 동지 몇 사람인 그들과 영산서부터 부안, 부안에서부터 익산에 나올 때는 우리의 정신과 몸까지 희생하여서라도 일체 인류에게 이익됨을 깨쳐주고자 굳게 맹세하였더니 세상사는 과연 뜻과 같이 되지 못하는구나. 남에게 이익을 끼쳐준 것은 아직 없고 도리어 각 방면으로 소소한 생활까지 남의 의뢰를 받게 되니 이 어찌 우리의 본 뜻이겠는가."하며 처연한 어조에 눈물이 어렸다.[2] 소태산 대종사의 말씀과 광경을 본 회원들은 뼈끝이 저미는 감동을 받았다.

주2) 〈월말통신〉 제35호, 전음광 회설 -지절지충(至切至忠)하신 종사주의 대봉공심을 뵈옵고-

원기17년 5월 7일(음 4월 2일) 소태산 대종사는 이

공주 · 박창기 모자, 그리고 금강산 여행에 같이 했던 경성 회원 신원요와 함께 변산 봉래정사를 찾았다.

봉래정사는 소태산 대종사가 익산본관 건설로 하산한 후 이춘풍 가족이 수호하였으나 이춘풍이 출가한 후 춘풍의 아들인 이총순이 수호하고 있었다. 이춘풍은 경성교무로 근무하다 신병이 재발하여 원기16년 말에 봉래정사에서 열반하였다. 이공주는 봉래정사에서 5월 8일(음 4월 3일)날 '봉래정사가'[3]를 지어 〈월보〉 제35호에 소개하여 오늘날 봉래정사 옛 모습을 헤아려 볼 수 있는 중요한 자료가 되었다. 변산 봉래정사에서 일주일 만에 익산총부(본관)로 귀관하여 이튿날인 14일(음 9일)에 이공주, 박창기, 신원요는 상경하였다.

신원요는 원기13년 음 7월에 딸의 친구인 성성원의 연원으로 입교하여 원기15년 64세시 소태산 대종사 금강산 탐승길에 이공주, 이동진화와 함께 하였으며 경성 초창교화에 많은 공훈을 쌓았다.[4]

소태산 대종사는 원기17년 7월12일(음 6월9일) 익산 황등역에서 경성행 열차로 상경하여 경성출장소에 계시었다. 음 16일 예회에서 소태산 대종사 말씀 받들어 법어를 '심고에 대한 법어'을 봉독하였다. 법어봉독이 끝나자 소태산 대종사 심고에 대하여 법설을 하자 예회에 참석한 회원들은 사은의 위력에 대한 깨달음을

주3) '봉래정사가'는 6절로 되어 있다.
一. 정쇄하고 깨끗한 봉래정사는 도덕주인 종사주의 수양처라오.
산상에다 초옥수간 건립하고서 방문위엔 석두암의 현판 달렸다
二. 전면에는 사시 푸른 죽전이고요 후면에는 층암절벽 장쾌하도다
감나무며 밤나무등도 무성했으니 이것이 방가위지선과(方可謂之仙果)이로다.
三. 와편에 긱색와쵸 세씩이 니고 이곳저곳 고목끌텅 놓여 있으며
기암괴석 여러 가지 늘려 있으니 우리들이 그리우는 선경이라오
-중략-

주4) 이공주, 《원불교 제1대 창립 유공인 역사》 제2권 204호, 신원요의 역사내력.

얻었다. 음 26일은 예회일임과 동시에 본회 4기념 중 하나인 명절기념일이었다. 소태산 대종사는 이 날 '부처와 성현군자 되기를 원하는 이유' 등의 설법을 하였고, 또한 명절기념에 대한 간단한 설명을 하여 경성 회원들의 공부를 진작시켰다.

소태산 대종사가 경성에 계실 때 이공주의 차자 박원기(朴圓基)가 8월 3일(음 7월 2일) 열반하였다.[5)]

박원기는 경성출장소 초대교무 송도성으로부터 장래 도덕박사, 꼬마박사라 칭찬을 받을 정도로 총명하였으나 3살 때 허리를 다쳐 수술 등 많은 치료로 정성을 다했었다. 박원기가 위독하다는 소식에 본관에서 제14회 정기훈련(임신하선)에 입선 중이던 친형인 박창기, 이모인 이성각이 상경하여 간호하였으나 초등학교 5학년 13살의 나이로 열반한 것이다.[6)]

소태산 대종사는 8월 6일(음 7월 5일) 익산총부로 귀관하였다. 이때 박창기가 함께 총부로 귀관하여 하선에 다시 동참하였고, 건강이 좋지 않아 가회동 집에서 치료 중에 효차를 보인 이동진화도 함께 귀관하여 입선하였다.

민자연화의 열반

소태산 대종사가 익산총부로 귀관한 지 얼마 되지 않아 이공주 · 이성각 자매의 모친이며 경성출장소 창

주5) 〈월보〉 제37호, -경성지부 예회록 인사동정-

주6) 청하문총3 《한 마음 한 길로》 84쪽

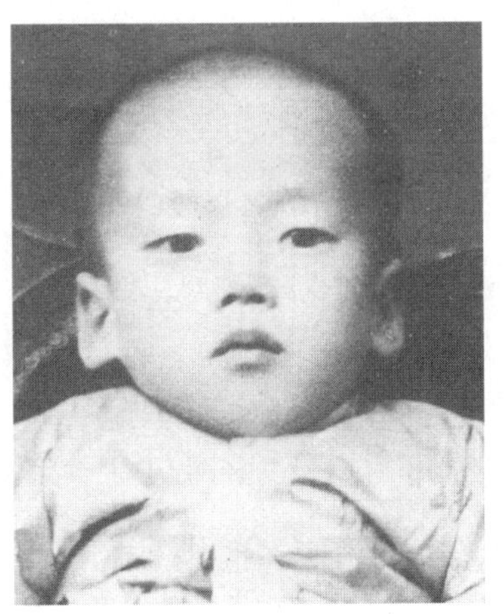

박원기

립발기인 중 한 사람인 민자연화가 8월 19일(음 7월 18일)에 열반하였다.

민자연화는 음 7월부터는 복통이 심하여 위험한 지경에 이르자 시봉하던 친녀 이성각, 이공주가 "이와 같이 고통이 심하시니 종사주께 상서하여 일차 배견(拜見) 함이 위안이 될까 하나이다."하고 권하니 손을 저으며 말했다.

"너희들의 마음은 무한히 고마우나 종사주께서는 수천인을 지도하시는 어른이시다. 더욱이 나이 많은 제자들이 많거늘, 내가 만약 그리한다면 허다한 사람들이 다 그와 같이 바랄 것이요, 아니 보아주신다면 또한 섭섭한 마음이 생길 것이니 나 하나로 말미암아 많은 사람들을 죄짓게 하고 종사주께는 죄송스런 일이니 너희들은 단념하라."하고 묻기를 "나의 위독함을 종사주께서 알으시냐?"

민자연화

공주 답하기를 "전일에 상서하였습니다."고 하매 매우 놀라며 말하기를 "종사주께서는 평소에 자연화를 특별히 생각하여 주시었는데 만일 병이 위독하다는 소식을 들으시면 염려를 더 하시리니 곧 상서하여 염려를 덜으시도록 하라. 나의 생사는 오직 자연의 공도에 맡겼으니 죽는다 하여도 섭섭할 일이 없으며……"

민자연화의 열반 소식을 접한 소태산 대종사는 전

음광을 경성으로 보냈다. 민자연화의 열반은 전음광의 지휘로 신정예법에 의해 경성지방장으로 추도식 및 착복식을 거행한 뒤 경성 회원들이 열반기를 들고 장지까지 다녀옴으로 치상절차를 엄숙한 가운데 마쳤다.[7]

주7) 이공주, 《원불교 제1대 창립 유공인 역사》 제2권 40호, 민자연화의 역사내력.

민자연화는 평소에 소태산 대종사를 뵈올 때 마다 후생에는 남자로 태어나겠다고 서원하였다. 소태산 대종사께 올리는 물건은 상점에서도 제일 좋은 물건으로 골랐고, 값을 깎는 일이 없었다. 소태산 대종사는 민자연화를 칭찬하며 말했다.

"자연화의 신심은 진리가 인증할 것이다. 그는 남자보다 더 굳센 기상을 가졌다. 후생에는 남자로 태어나 많은 사람을 호령할 것이다."[8]

주8) 손정윤, 《원각성존 소태산 대종사 일화집》 200쪽

민자연화는 소태산 대종사가 상경하면 늘 가까이 모시고 식사수발을 하였다. 그때 소태산 대종사가 공양하고 남은 밥을 즐겨 먹었다. 소태산 대종사 연유를 묻자 "불서에 부처님 공양하고 남은 음식을 먹으면 천도도 받고 성불할 수 있다."는 말씀을 따라 한다고 하자 "과거 불성(佛聖)의 말씀이라도 진의를 알고 믿으라"는 법설을 하였다.

이 당시 법문을 송도성이 수필하여 원기15년 5월호 〈월말통신〉 제27호에 발표하였다. 송도성이 당시 수필한 법문으로 보아 이 법문은 송도성이 경성출장소 초대 교무로 근무 할 때인 (원기11년 음 8월~12년 4

월)에 수필하였다가 후에 연구부 서기로 〈월말통신〉을 간행을 담당할 때 발표한 것으로 보인다. 이 법문이 〈대종경〉 변의품 16장이 되었다.

이공주 · 박창기 모자의 출가

이공주는 20여일 사이에 차자 박원기와 모친 민자연화가 차례로 열반하여 심신이 피로에 지쳐 있었다. 이공주는 모친 열반으로 상경한 전음광과 함께 박창기를 데리고 8월31일(음 7월30일) 호남선 밤 열차에 몸을 싣고 익산총부로 떠났다. 이것이 이공주의 출가였다.

이공주 · 박창기 모자

이공주는 원기15년 9월 경성교무로 명을 받아 재가 교무로서 경성교화에 심혈을 기울이며 전무출신이나 다름이 없는 생활을 하였으나, 이공주가 홀가분하게 출가할 수 있었던 것은 유일한 가족이었던 박창기가 병으로 학교를 중지하였다가 전무출신을 서원하고 원기17년 2월 20일(음 1월 15일)에 익산총부로 가서 소태산 대종사를 시봉하고 있었기 때문이기도 하다.[9)]

이공주는 가산집물 일체를 정리하고, 창간호부터 모아온 〈동아일보〉를 고려대학교에 기증하자 당시 동아일보에서는 기증 사실을 보도하기도 하였다. 이공주가 익산으로 떠나려 하자 주위에서 이웃과 친척들의 반대가 심하였으나 이공주 · 박창기 모자는 조금도 흔들리지 않았다.

이공주가 9월 1일(음 8월 1일) 아침 익산총부에 도착하자 소태산 대종사와 대중들은 크게 기뻐하며 환영하였다.

소태산 대종사는 도치원 동아실 방을 쓰라며 말했다.

"이 방은 전일에 공주가 보내준 돈으로 만든 방이니 공주가 쓰도록 하시오."[10)]

이공주의 출가생활은 이렇게 시작되었다. 이공주가 원기15년 음 3월 총회에 참석하였을 당시 소태산 대종사가 엿을 고아 팔던 부엌을 가리키며 이공주에게 "여

주9) ① 〈월보〉 제43호, 이공주 -임신년을 보내고 계유를 마지며 나의…-
② 《원불교 제1대 창립 유공인 역사》 제1권, 22호 박창기의 역사기록에는 어머니 이공주가 출가한 원기17년 음 7월 30일을 출가로 적고 있다. 그러나 이미 박창기는 건강상 학업을 중단하고 익산총부로 와서 소태산 대종사를 시봉하다 임신하선 등에 입선하여 출가로서 익산총부에서 생활하고 있었다. 음 7월 30일은 공식적인 출가일이다.

주10) 청하문총 3 《한 마음 한 길로》 88쪽

기에 방을 들이면 10여 명이 기거할 큰 선방이 될 텐데 못하고 있다."고 하였다. 이공주가 비용을 묻자 70원 가량 든다하여 이공주는 상경하여 1백원을 익산본관으로 보냈다.[11] 이공주가 보낸 돈으로 엿을 고아 팔던 엿 방을 새롭게 방으로 들이고 동아실 방을 넓혀 새롭게 만든 것으로 여겨진다. 이공주는 이듬해 청하원을 신축하여 이사할 때까지 동아실을 사용하였다.

이공주는 출가 당시의 심경을 〈월보〉 제45호에 '출가곡' 이라 하여 발표하였다.

기쁘고도 기쁘구나 상쾌하구나
저 세상의 모든 고통 떼어버리고
전무출신 수도하러 출가한 것이
오직 가장 다행하고 즐거웁도다.

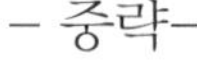

– 중략–

주11) ① 원불교신보신서2 《구도역정기》 86쪽 – 구타원 이공주 법사편–
② 청하문총3 《한 마음 한 길로》 88~89쪽
③ 원기9년 익산본관(도치원)을 건설하였으나 생활방도가 막연하여 원기10년 엿을 고아 팔던 엿방은 현 세탁부 건물이다. 그러나 현 본원실 동아실방 불 때는 부엌 솥에서도 엿을 고왔던 것으로 여겨진다.

이공주의 사가 청하원, 낙성기념(원기19년 8월 20일)

박창기가 출가하여 처음 한 일이 소태산 대종사 기거하는 금강원 방 청소였다. 박창기는 방 청소에 걸레를 꽉 짜서 하는 것이 아니고 건성으로 닦았다. 소태산 대종사는 창기의 방 청소를 보시고 걸레를 받아 구석구석 야무지게 닦으니 창기가 말했다.

"아니 종사님 같이 복족족 혜족족 하신 성인이 무슨 그까짓 청소를 하십니까? 저 같은 중생이나 복 짓게 주세요."

창기의 말에 소태산 대종사가 말하였다.

"너와 나의 차이가 너는 안 닦더라도 그것이 계속될 줄 알지만, 나는 아무리 부처를 이루었다 하더라도 계속 닦지 않으면 안 되는 것을 확실히 알기 때문에 닦는다."[12)]

박창기는 출가하여 청소하는 것부터 하나하나 배우기 시작했다.

주12 서문 성, 《원불교 일화집》 315쪽

Ⅲ. 경성지부 돈암동 회관

1. 경성출장소 돈암동 새기지 매입

수도원 기지로 하늘이 주신 곳

이공주는 경성출장소 교무로 원기15년부터 업무수행을 하면서 전무출신 생활이 실질적으로 시작된 것이

경성지부(돈암동회관) 옛 터. 현재는 성북구 삼선공원 내 어린이 놀이터로 변했다.

다. 그러나 재가가 아닌 출가해 전무출신을 해야겠다는 생각에 이르자 소태산 대종사께 익산총부로 갈 뜻을 말씀드렸다.

경성지부는 회원이 점차 늘어나기 시작했다. 〈월말통신〉 경성출장소 예회록에 의하면 원기15년 음 8월 예회부터 출석 회원이 20여 명이 넘어 30여 명에 가까워지자 예회 보는 법당이 비좁아 많은 불편을 겪고 있었다. 그런가 하면 상주하는 사람이 4~5명에 이르러 새로운 장소에 회관을 물색하지 않을 수 없는 상황이었다.

소태산 대종사는 이러한 처지를 감안하여 이공주가 익산총부로 출가할 뜻을 밝히자 출가를 조금 뒤로 미루라하며 말했다.

"경성지부는 집도 협착하고 유지형편도 어려우니 공주가 여기 있어서 집이라도 하나 마련해 놓고 유지대책을 세워 놓은 뒤에 나오는 것이 좋을 것 같다."[1]

이공주는 소태산 대종사의 뜻을 받들어 출가를 잠시 미루었다.

경성 회원들이 비좁은 회관 문제를 해결하기 위해 새로운 기지를 물색하기 시작했다. 원기17년 초, 마침 경성시내에서 조금 벗어난 창신동 출장소 뒤 낙산 너머 돈암동에 600여 평의 기지가 있다는 말을 듣고 답사하였다. 그 후 소태산 대종사가 상경하자(원기17년

주1) ① 청하문총3 《한 마음 한 길로》 70쪽
② 원불교신보신서2 《구도역정기》 84쪽
–구타원 이공주 법사 편–

음4월 이전으로 추정)[2] 이공주는 경성 요인들과 함께 소태산 대종사를 모시고 낙산을 넘어 미리 답사한 돈암동 땅을 가보았다.

소태산 대종사는 이 땅을 둘러보고 "수도원 기지로는 하늘이 주신 곳이다."하며 기뻐하였다. 그리하여 새로운 경성출장소 신축기지가 확정되었다.[3]

이공주는 자신의 사가인 계동집(계동15-3)을 처분하여 과거 경기도 고양군 숭인면에서 경성부에 편입된 돈암동 509번지 14평과 510번지 571평 총 585평의 장희수씨 소유지를 1,400여 원에 매입하였다.

이곳은 그 후 행정구역이 서울 성북구 돈암동으로 편입되었다가, 510번지는 현재 성북구 삼선동 1가 288-1번지로 지번이 바뀌어 삼선공원으로, 509번지는 지번이 288-2번지로 바뀌어 학교법인 한성학원으로 편입되었다.[4]

교무 공석에도 공부는 깊어가고

이공주는 기지를 매입하고 경성생활을 청산한 후 익산총부로 출가의 길을 떠났다. 이공주 교무가 익산총부로 떠나자 교무가 없는 상태에서 소태산 대종사는 9월 11일(음 8월 11일) 이동진화와 함께 상경하여 9월 16일 예회에 참석하였다. 오전 예회에는 소태산 대종사 설법이 있었고 오후 단회에서 경성 회원들은 스스

주2) 원기17년 음 4월은 소태산 대종사가 상경하지 않고 경성교무 이공주와 박창기, 신원요가 익산총부와 변산 봉래정사를 방문하였다가 상경하였다. 음 5월 26일 경성 예회에 조송광이 참석하여 감상담을 발표하였다. 이때 회관 기지를 가보고 수양원 입구라고 자연석에 쓴 것으로 볼 수 있다. 이러한 정황으로 보아 원기17년 초에 돈암동 터를 소태산 대종사와 답사한 후 매입한 것으로 볼 수 있다. 그러나 구 등기부등본에 이공주의 계동집은 원기21년에 이오국에게 소유권이 이전되었고, 돈암동 새 회관 터는 원기18년 송도열(도성) 앞으로 이전등기를 마쳤다.

주3) 청하문총 상게서 71쪽

주4) 구 등기부등본과 구 토지대장

로 경성출장소에 관한 4가지 안건을 상의하였다.

'예회날 점심식사는 여름은 먹기로 하고, 겨울에는 먹지 않기로 했다. 두 번째 회관 건축에 대하여는 원기 18년 봄에 건축하기로 하였으며, 세 번째 다년간 활동하신 회원들이 열반에 들고 생활이 허락지 못해 유지비를 못내는 회원들이 있어 부족한 유지비를 지환선·이현국[5] 모녀가 부족액을 부담하기로 하여 해결되었다. 네 번째 안건인 교무 초빙에 대하여는 당분간 이동진화가 선출되어 주관하기로 하고 내년 봄에 정식 교무를 모시기로 하였다.'[6]

주5) 이현국은 지환선의 무남독녀로 경성 삼청동에서 태어나 원기17년에 모친 지환선의 인도로 입교하여 교법에 대한 특별한 이해는 없었으나 모친의 권유로 교도의 의무를 이행하였다.

주6) 〈월보〉 제39호, -경성지부 예회록-

정식으로 교무가 부임하기까지 경성출장소 예회는 대리교무 이동진화와 서기 김영신, 이철옥 등이 주관하고 김삼매화, 이성각 등의 지극한 노력으로 흔들림 없이 공부하며 예회가 진행되었다.

그 당시 예회록을 통하여 경성 회원들이 어떻게 공부하고 생활하였는지를 알 수 있다.

'원기17년 10월 5일(음 9월 6일)

오전10시 이철옥씨 죽비하에 개회하고 김영신 출석원을 점검하니 15인이러라.

정예(定例)에 의하야 일동 심고가 있은 후 김영신씨의 법어봉독이 있었다. 그 다음은 이동진화의 주체하에 경의문답키로 되었는데 그 보다도 먼저 말씀하고자 함은 우리가 매월 3.6일이면 공부를 하고 예회를 본다

고 하나 그날 와서 보면 항상 하는 사람들만 말도 하고 읽기도 하지 각자의 공부는 늘어가는 것도 없고 특별히 알아지는 것도 없으니 어떻게 하면 3.6일을 진행하는 가운데 자미(滋味)도 나며 6일을 굴지고대(屈指苦待)[7]케 하며 알아지도록 할까. 그러자면 그 방법을 어떻게 하여야만 좋겠습니까 하는 문제를 제출하니 일동은 다 각각 의견을 발표한바 이성각씨는 "우리가 연습하는 것이 교과서 3권이온바 처음 규약서 1권만 가지고 독서할 때는 전권을 통강까지 하였으나 지금에 이르러서는 점차 노둔(魯鈍)[8]한 정신에 사무는 복잡한 사람이 3권을 다 읽으려하면 이 책도 저 책도 다 모르고 그저 마음만 바쁘고도 오히려 먼저 통강한 규약까지 잃어버릴 지경이오니 본인의 우견(愚見)으로는 이 3권을 고루 연습키 위하여 반 7일로 익월초 6일 까지 즉 10일간은 사가에서 규약서를 가지고 복습 혹은 자습을 하다가 초 6일에 와서 규약서를 가지고 문답 혹은 통강케 하고 또 초 7일로 위시하여 16일 단회시까지는 단규를 가지고 연습하고 또 17일부터는 육대요령을 가지고 상(上)과 여(如)히 한다면 3종 교과서가 고로 훈련이 되겠다"는 의견을 말하니 김삼매화 · 성성원 양씨는 "사가에서도 방심할 것이 아니라 공부하는 관념을 망각치 않은 주의까지 되겠다"하며 일반이 서로 즐겨하였다.

주7) 굴지고대는 굴지계일(屈指計日)의 북한 말로 손가락을 꼽아가며 예정된 날을 기다린다는 뜻이다.

주8) 어리석고 아둔함

교무 말이 "그럼, 이러한 좋은 말이 있은 즉 금일부터라도 그것을 실행하려면 규약서를 합시다"하고 장시간 문답을 하다가 김영신씨 선서문 낭독을 하고 폐회하니 시(時)는 오후 1시이더라. 오후 2시경에 속회하여 각종 법문 기재한 것을 낭독설명 후 4시경에 산회하다.'[9)]

주9) 〈월보〉 제40호, -경성지부 예회록-

소태산 대종사는 자주 상경하여 경성출장소 예회에 입석하여 회원들의 공부를 북돋는 한편 머리에 있는 습종을 병원에 다니며 치료를 하였으나 치료에는 큰 효과를 보지 못하였다.

2. 경성지부 신축

이동진화의 출가

경성출장소 대리교무 이동진화는 11월이 되자 출가하기 위해 가산을 정리하기 시작하였다. 그리하여 침모인 김삼매화와 익산총부로 함께 내려갔다.[1)]

주1) 이동진화와 김삼매화의 출가를 원기18년이라고 선진문집과 《원불교 제1대 창립 유공인 역사》에 밝히고 있다. 〈월보〉 경성출장소 예회록에 의하면 이동진화는 10월에는 예회를 주관하였으나 11월부터는 기록에 나타나지 않는다. 여러 가지 정황으로 보아 원기17년 11월에 경성생활을 정리하여 익산총부로 내려와 원기18년에 정식 출가하였다. 구 토지대장에 의하면 이동진화의 가회동 79-4번지 집은 원기10년에 매매된 것으로 되어있다.

제1대 제1회에 1등 유공인이 된 이동진화는 출가하여 경성 여자담당교무로 부임하였다.

출가한 이동진화는 가산 일체를 정리한 4,000여 원을 상조부에 맡겨 놓고 어려운 회중 살림에 썼다.[2)] 이동진화는 제1대 제1회 기념총회 전에도 소태산 대종사가 사가를 전혀 돌볼 수 없음을 알고 2,000여 원을 내

주2) 선진문집 5권 《육타원종사문집》 470쪽

놓아 소태산 대종사 자녀 교육비와 생활비에 사용하도록 하였다. 그리하여 제1대 제1회 내 1등 유공인이 되었다.

소태산 대종사는 남자인재양성단 수시양성금으로 적립하여 박광전 형제의 학비를 우선 대어주고 그 뒤에는 공금으로 만들도록 하였다.[3] 그리하여 광전은 경성 배재고보에 진학하여 처음에는 계동 이공주가에서 다니다가 창신동 경성출장소와 돈암동 경성지부에서 학교를 다녔다. 이동진화는 모든 것을 회중에 내놓아 돈 한 푼 지닌 것 없이 살았다.

주3) 《원불교교고총간》 제5권 102쪽 -원기15년도 사업보고서-

경성출장소를 이끌었던 두 기둥인 이공주, 이동진화가 출가하고 익산총부로 내려가자 회원들은 어려운 가운데 더욱 결속되었다.

원기18년 새해 첫 예회(음 1월 6일, 양 1월 31일)에 참석한 회원들은 현안인 회관 신축 문제를 더 이상 미룰 수 없다면서 각자 형편에 따라 성금을 내자고 하여 회관신축 발기인 모임을 결성하였다.

오전 예회를 마치고 오후에 다시 시작하여 새해를 맞이하는 감상담이 있은 후, 회관 신축에 대하여 토의를 하였다. 여러 의견이 나왔다.

'그중 김영신이 말하기를 "우리가 다 각자의 마음만큼은 타인의 원조 없이 일인독당(一人獨當)하여 웅장한 건물을 세우고자 하는 것은 불문가지(不問可知)의

사(事)이나 무엇보담도 자유를 막는 것은 무산(無産)의 두 자이오니 그럴 것이 아니라 본인은 1차에 돈10원 하나 내어놓을 능력이 없사오나 이와 같이 하려합니다. 암만 하여도 짓기로 하면 4,5월경이 될듯하오니 저는 10원을 적어 놓고 월부 붙듯 하려 합니다." 하고 창신지부 건축 발기인이라 명칭하였다.

다들 그것이 좋으니 나도 한다 하여 즉석에서 발기된 금액이 백여 원에 달하였더라. 이 후 지원(志願)이 있으면 또 가입키로 하고 선서문을 낭독한 후 폐회를 선언하니 오후 4시이러라.'[4] 원기18년 초부터 돈암동에 새 회관 짓는 준비가 본격적으로 준비되어 갔다.

4월 20일(음 3월 26일) 익산총부에서 열린 제5회 정기총회에서 소태산 대종사는 원기18년도 임원록을 발표하였다. 영산지부장 겸 교무부장이던 송규 교무를 총부 총무부장으로, 총부 교무부장이던 송도성 교무를 영광지부장 겸 교무부장으로 자리를 서로 바꾸고 총부 학원 교무였던 37세의 이완철을 경성교무로, 이동진화가 경성 여자담당교무로 임명되었다.[5]

총회가 끝나고 5월 6일(음 4월 12일) 경성교무 이완철, 경성 여자담당교무 이동진화는 열차로 상경하여 경성출장소에 부임하였다. 이동진화는 전무출신을 서원하고 익산총부로 간 지 몇 개월 만에 경성 여자담당교무로 임명되어 다시 경성출장소로 오게 되었으나 경

주4) 〈월보〉 제44호, -경성지부 예회록-

주5) 《원불교교고총간》 제6권 196쪽 -제5회 정기총회 회록-

성출장소가 협소한 관계로 돈암동 신축 회관이 완공된 후부터 근무하기 시작하였다.

이완철 교무가 부임한 후 첫 예회인 5월 10일(음 4월 16일) 예회록이다.

'음 4월 16일 신임교무 이완철씨를 영(迎)하여 회장은 한층 긴장미를 가한 중 11시경 이철옥씨의 사회로 출석원을 점명하니 20인이다.

예행순서를 밟은 후 5,6인의 단규 음강이 있고 휴회하였다가 오후 2시 반에 속개하여 망어(妄語)라는 문제로 각자의 실험과 소감을 진술하고 4시 반에 산회하다.'[6)]

주6) 〈월보〉 제46호, 각지회합 -경성지부-

경성 교무로 근무한 이완철

돈암동회관 건축 시작

소태산 대종사 5월 13일(음 4월 19일) 상경하고, 익산총부에서 이공주 교무가 21일 상경하자 돈암동회관 건축준비가 본격적으로 진행되었다.

창신동 경성출장소를 750원에 매매한 돈과 그동안 적립해온 수백 원을 합하여 총공사비 1,300여원으로 건축예산을 잡았다.[7)]

익산총부에서는 경성출장소 신축문제와 관련해서 7월5일(윤 5월13일) 제2회 임원회의를 통해 경성출장소 옥사(屋舍 : 집을 달리 이르는 말) 건축위원에 오창건이 임명되어,[8)] 오창건이 윤 5월 16일 상경하여 공사가 착수되었다. 윤 27일에 소태산 대종사가 상경하여 신축현장을 찾아 감역(監役)하기 시작하였다. 공사현장에는 토막집 셋 채가 있었다. 이성각 · 김영신 모녀가 아래채에서 공사 뒷바라지를 하였다. 이성각은 바느질품을 팔아가며 소태산 대종사, 오창건, 정일지[9)] 등에게 공양을 올렸다.

소태산 대종사는 공사 감역이 끝나면 공양을 마친 후 뒷산인 낙산에 올라 돗자리를 깔고 두 제자와 함께 온 산이 울리도록 염불을 하였다.[10)]

오창건은 경성에 우리 회관이 건축된다는 사실에 재미를 느껴 힘든 줄도 모르고 인부들을 부리며 공사해 나갔다. 오창건은 우리 불법연구회가 영광 일우(一隅 :

주7) ① 〈월보〉 제47호, 각지상황 -경성지부- ② 창신동 경성출장소는 원기18년 7월 5일 자로 원용례에게 소유권이 이전되었다.

주8) 〈월보〉 제47호, 광고

주9) 만덕산 임원으로 근무 중 경성회관 신축공사에 조력한 것으로 추정됨.

주10) 원불교신보신서2 《구도역정기》 302쪽 -융타원 김영신 법사편-

한쪽 구석 또는 한 모퉁이)에서 유야무야 중에 있다가 갑자년에 익산총부를 건설하고 이제 경성에 지부까지 건축케 되니 빈약하던 과거가 회고되는 동시에 앞으로 발전을 생각하며 기뻐서 잠이 오지 않아 밤새워 공사를 하였다.[11]고 하였다.

주11) 〈회보〉 제42호, 김영신 –사산선생님의 공심–

경성출장소 신축 낙성식이 끝나고 익산총부에 귀관한 오창건이 참석한 원기18년 11월 13일(음 9월 26일) 총부 예회에서 소태산 대종사는 '어떠한 고라도 낙을 삼을 줄 아는 자가 행복자이니라'는 설법을 하며 경성출장소 건축 당시 오창건의 예를 들었다. "…이번에도 창건이를 데리고 경성가서 그 하는 양을 본즉 과연 본회의 참주인 같으며 실로 알뜰한 동지라는 감상이 나더라. 이전 영광에서 방언공사할 때와 조금도 틀림없이 종일 쉴 틈도 없이 그 노동을 하면서도 늙은 사람이 기운이 팔팔 나며 항상 희색이 만면하여 가지고 밤으로는 밖으로 나가서 한 바퀴씩 둘러보고 오기에 그 연유를 물은즉 첫째는 경성에 우리 지부를 건축하는 일이 재미가 나며 둘째는 과외에 제가 와서 조력하게 된 일이 또한 재미가 커서 밤에 잠도 아니옵니다. 하고 대답을 하는 것을 들었다."[12]

주12) 〈회보〉 제9호 이공주 수필 –법설–

소태산 대종사 공사 감역

소태산 대종사는 경성출장소 신축 공사에 윤 5월 27

일~6월 20일까지와, 음 7월 12일~8월 24일까지 두 번 상경하여 감역을 하였다.

소태산 대종사는 공사 감역을 하면서 여러 노동자들과 접촉을 하게 되었다. 어느날, "아무리 하여도 그저 도와주는 것이 있어야 해. 암만 애를 써도 억지로는 살 수 없는 거야."라는 공사 인부들의 말을 들은 다음날, 경성출장소 회원들에게 '음조와 음해의 출처에 대하여' 라는 주제로 "우리에게 돌아오는 복불복 죄불죄는 부처도 조상도 귀신도 아닌 다만 우리 마음작용 육근작용에 있다"[13]라고 설법하였다.

소태산 대종사 경성출장소 신축을 감역하던 당시 일화다. 김영신은 어머니 이성각을 도와 식당일에 조력하였다. 영신이 콩을 까고 있을 때 소태산 대종사도 콩 까는 것을 도왔다. 소태산 대종사 한참동안 콩을 까다가 갑자기 말했다.

"이것 봐라. 총부에 초상이 났다."

"예! 초상이라니요."

"청춘이 모친 설상화가 열반했다."

"어떻게 그리 아십니까?"

"다 아는 수가 있다."

김영신은 이해할 수가 없었다. 그러나 그 날 9월 5일(음 7월 16일) 이청춘의 모친 김설상화가 총부 이청춘의 집에서 열반했다.[14]

주13) ① 〈회보〉 제60호, 이공주 수필 -법설-
② 《원불교교전》 〈대종경〉 인과품 15장에 요약 정리됨.

주14) 원불교신보신서2 《구도역정기》 302~303쪽 - 융타원 김영신 법사 편-

이완철 경성교무는 예회시간에 전라도 영광 사투리에다 분명치 않은 발음으로 설교를 하니 경성 회원들이 소태산 대종사께 항의하는 회원들도 있었다.

"완철 선생은 시골로 보내는 게 좋겠습니다."

그 말을 들은 소태산 대종사는 타이르듯 말했다.

"완철이가 이적이 난 줄 모르네."

경성 회원들은 시간이 지날수록 이완철 교무가 발음은 분명치 않았지만 설교 내용이 고준하고 무진장한 뜻이 있어 그 순진한 열성에 감복하지 않은 사람이 없었다.[15)]

주15) 상게서 303쪽 -융타원 김영신 법사 편-

짐을 지고 경성역에 다녀오다

경성출장소 돈암동 신축 공사는 오창건의 감역으로 순조롭게 진행되고, 경성교무 이완철은 창신동 출장소에서 예회를 보며 회원들에게 순교를 다녔다. 또한 틈나는 데로 산 넘어 공사현장을 왕래하며 인부들을 독려는 등 바쁜 나날을 보냈다.

하루는 건축 공사 현장에서 소태산 대종사 이완철 교무를 불러

"이 짐을 지고 역까지 가자."하였다.

이완철 교무는 난색을 보였다.

"제가 지금 회관 수축관계로 10여 명의 인부를 부리고 있을 뿐 아니라 교무의 위신상 난처하나이다."

경성출장소 돈암동회관 옥사 건축위원으로 건축 감역을 한 오창건

소태산 대종사 그 짐을 건축 감역하던 오창건에게 지우고 다녀오신 후, 이완철에게 물었다.

"완철은 아까 처사를 어떻게 생각하는가?"

"크게 잘못한 일은 아닌가 하나이다."

이에 소태산 대종사 엄중히 경책하였다.

"완철의 이유에도 일리는 있으나 짐 하나 지기를 부끄러이 여겨 스승의 명을 어기고도 그 일을 크게 생각하지 않는다면 그것이 어찌 전무출신의 본분이라 할 것이며, 또한 그러한 마음을 가지고 만생을 널리 건지는 큰 일꾼이 되기를 기약하리오."[16)]

이완철은 잘못을 사죄하고, 그 후로는 위신을 생각하여 허식하는 일 없이 평생을 겸양을 실천하며 모범적으로 수도하였다.

김영신은 사산 오창건 선생의 공심이란 내용을 〈회보〉 제42호(원기23년 2,3월호)에 발표하면서 "…경성에 계실 때 그 점잖으신 어른이 자녀와 같은 저의 의복상자를 지고 대도시를 기탄없이 걸어서 경성역까지 가져다주신 일도 있사오니……"라고 하였다.

소태산 대종사의 명을 이완철이 거절하여 오창건이 짐을 지고 경성역에 다녀온 내용과 어떤 연관이 있는지는 정확히 알 수 없으나, 김영신은 경성출장소 서기(부교무)로 부임한 지 2년 만에 경성출장소 순회원(순교)으로 근무하고 있었다. 그러나 경성출장소 신축 공

주16) ① 《원불교교전》 〈대종경〉 교단품 11장
② 원불교신보신서2 《구도역정기》 303쪽 –융타원 김영신 법사 편–

사가 한창 진행 중에 소태산 대종사 상경하여 건축 감역을 하던 중 김영신에게 익산총부 상조부 · 공익부 등의 문서 정리를 위해 익산총부로 가서 상조부 서기 일을 하라는 명을 받아 원기18년 9월 13일(음 7월 24일) 경성역에서 의복상자를 가지고 익산총부로 왔다.[17] 이러한 정황으로 보아 〈대종경〉 교단품 11장 법문에서 오창건이 짐을 지고 경성역까지 간 것은 김영신의 짐을 지고 간 것으로 볼 수 있다.

주17) ① 〈회보〉 제3호 -인사동정-
② 원불교신보신서2 상게서. 306쪽

경성출장소 건축시 재미있는 일화들이 전해진다.

오창건은 신축 회관이 거의 준공될 즈음에 회관에 종을 달아야겠다고 생각했다 그래서 종을 사러 종로에 가서 종파는 가게를 하루 종일 찾았으나 종이 없어 빈손으로 돌아왔다. 회관 사람들이 "어디 다녀 왔는냐"는 말에 오창건은 "아, 종로에 종 사러 갔더니 없더만" 하였다.

경성출장소 돈암동회관 신축낙성

경성출장소 신축은 1,300여 원으로 공사를 착수하였으나 공사비가 증액되었다. 그러나 지환선씨의 다액의 희사와 익산 · 영광 회원들의 보조로 2,000여 원의 공사비를 충당하여 삼복 더위와 비바람을 무릅쓰고 5개월여 만에 완공하였다.

경성출장소 돈암동회관 신축낙성 기념촬영(원기18년 11월 3일)

경성출장소 교무 이완철은 '경성지부 신축낙성에 제(際)하야' 라는 글에서 "…해지부(該支部)의 시종본말을 평논하자면 이동진화씨는 뿌리를 숨기고, 이공주씨는 줄기와 가지를 배양시키고, 지환선씨와 여러분은 잎과 꽃을 피게 한다 하겠으니 이 미래의 전도도 양양한 융운을 볼 줄 믿습니다."[18]라고 하였다.

돈암동회관은 일식과 양식을 절충한 신식 12간 목조 기와집으로 법당에 300여 명까지 수용이 가능했다.

주18) 〈회보〉 제7호, 이완철 -경성지부 신축에 제하야-

돈암동회관 사적비

돈암동회관 사적비 후면

또 기존 별채 건물을 합하여 총 20여 간이 넘었다.

회관 완공 당시의 모습을 이완철은 이렇게 적고 있다.

'…20여 간의 목조로 구조도 웅위하고 장식도 선명하여 내인행객(來人行客)의 찬미를 받고 있습니다. 전후좌우의 유리창은 산광수영(山光樹影)이 반영하야 한 폭의 회화를 일워 있고, 홍합력 차양은 풍우방지에 외미(外美)까지 띄었으며 황색면기는 금면목(金面目)을 장식하여 금상첨화의 신미화를 더하였으며 대해연(大海然)한 12간 장방은 망지무제(望之無際)하여 삼백 명의 수용량을 가져 분즉위삼(分則爲三) 합즉위일(合則爲一)로 분합 자재한 묘기관(妙機關)이 되어 있고, 1간 현관 응접실은 특별장식을 가져 하부일면을 점령하였으며, 주위 도량에 이중 삼중의 석태는 계단이 정정(井井)하며 규모가 정연하고 상면 일방에 일부탑을 구성한 삼동 구간의 기존 초옥은 수호실 기숙사 창고가 구비 편리하며, 만리장성 같은 철사 울타리는 도범방지가 정엄하고 대문외 수보의 거리를 둔 노상암석에 수양원 입구라는 오대자(五大字)를 준각하였는데 용사비등의 필치는 일본 대판교 거하시는 현 회장 선생의 일차 행이의 남긴 자취[19] 완연할 것이다.' [20]

돈암동 경성출장소는 골짜기 중간 부분에 위치해 있고 경성출장소 안에 앵두나무가 많아 앵두나무골 회관

주19) 현 회장은 조송광 불법연구회 회장을 가리킨다. 조송광은 원기16년 음10월 일본 대판으로 가서 약국을 하며 2년여를 교화하였다. 경성으로부터 급한 환자가 있다는 연락을 받고 돌아와 원기17년 음 5월 26일 경성출장소 예회에 참석하여 감상담을 하였다. 이때 경성회관 새 기지에 들러 수양원 입구라고 준각한 것으로 보인다. 수양원 입구라는 글씨가 새겨진 자연석이 수 년 전까지 있었으나 그 자리에 새로 집을 지으면서 없어지고 말았다고 한다.
조송광이 경성출장소 예회에 참석하여 감상담을 하였다는 예회보의 날짜와 조옥정(송광) 백년사에 음 5월 28일에 경성 어떤 병가의 급보를 받고 출선(出鮮)하게 되었다고 한 날짜가 서로 다른 점이 있다.

주20) 〈회보〉 제7호, 이완철 -경성지부 신축 낙성에 제하야-

이라 부르기도 하였다.

회관 뒤에 있는 산을 낙타처럼 생겼다 하여 낙산이라 하나 주민들은 산에 성(城)이 있다고 해서 성산이라고 부른다.

회관 마당 우물 주위에는 앵두나무뿐만이 아니라 자두나무도 많았다고 한다. 그러나 앵두가 유난히 맛이 있어 앵두로 유명했다.

새로 신축한 12간 법당은 미닫이 칸막이를 질러 3간으로 나누었으며 한 쪽은 조실로 쓸 수 있도록 하였다. 기존 3동 9간 초옥은 별채 건물로 사용하였다.

사무실 채는 방 두간이 있었고 두 방 사이에는 불을 땔 수 있는 부엌이 있어 남자숙소로 이용하였다. 남자숙소 방 한 칸은 이완철 교무의 방으로 후에 서대원, 박장식 등이 경성지부에 오면 같이 사용했으며, 다른 방 한 칸은 학교 다니는 소태산 대종사 자녀인 광전·광진 형제와 정자선 등 학교 다니는 남자학생 숙소로 사용하였다.[21] 식당 채는 L자 형으로 식당 겸 여자숙소로 이용되었다. 여자숙소에는 여자교무인 이동진화와 여자 전무출신들이 사용하였고,[22] 한 채는 창고로 사용하였다.

새 회관은 여러 가지로 금상첨화라 할 수 있으나 다만 아쉬운 것은 회관의 위치가 시내와 떨어져 있어 교통이 불편한 것과 전기가 들어오지 않는다는 것이었

주21) 성타원 이성신 원로교무가 원기91년 2월 중앙수도원에서 필자와 대담에서 구술.

주22) 선진문집4 《응산종사문집》 406쪽

다.

새 회관을 완공하고 첫 예회 겸 낙성식을 원기18년 11월 3일(음 9월 16일)에 거행하였다. 오전11시 23명의 회원이 참석한 가운데 낙성식을 시작하여 이공주가 건축수지 및 감상담을 발표하고 오후에 신축 강당을 배경으로 27명이 기념촬영을 하였다.[23]

주23) 〈회보〉 제5호, -경성지부 예회록-

당시 예회록은 〈월보〉 제47호부터 예회 진행 상황 전체를 쓰면 지면의 비용이 많이 들고 보기에도 지루하다고 하여 기재방식을 바꾸어 상세한 상황을 알 수 없다.

경성회관 건축에 공로가 큰 건축위원 오창건과 이공주 교무가 11월 7일(음 9월 20일) 익산총부로 내려감으로서 경성출장소 신축과 관련해서 모든 일이 완료되었다.

소태산 대종사는 경성출장소 창설에서부터 유지비를 담당하는 등 공이 큰 민자연화, 이현공, 박공명선, 김낙원, 이동진화, 이성각, 이공주, 이정원, 심오운, 이철옥, 성성원, 김삼매화, 지환선, 박보순화, 신원효, 진정리화[24]등 16명을 경성지부 창립주라 이름하였다. 이외에도 김영신, 조전권이 정신육신으로 노력한 사람이라고 하였다.[25]

주24) 〈회보〉 제15호, -광고란- 경성지부 창립주 소개에 기자 실수로 진정리화가 빠지게 되었다고 하였다.

주25) 〈회보〉 제14호, 각지지부 연혁현황 -경성지부-

소태산 대종사 경성출장소 신축낙성식에 참석하지 않았다. 신축낙성식이 끝난 후 11월 16일(음 9월 29일)날 상경하여 새 회관에서 11월 23일(음 10월 6일) 예회

에 참석한 22명 회원들에게 설법을 하였으나 당시는 〈회보〉 예회록이 간단하게 기록되는 시기이며 기타 어느 법문 수필에도 아직 찾을 수 없어 어떠한 법문을 하였는지 알 수 없다.

경성지부 요인들

3. 경성출장소 정기훈련

제1회 정기훈련

경성출장소에서는 새 회관이 신축되어 훈련을 할 수 있는 공간으로 충분하자 이완철 · 이동진화 교무는 경성출장소 제1회 정기훈련 즉, 계유동선(원기18년)을 12월 22일(음 11월 6일)에 22인이 참석한 가운데 예회 겸 동선 결제식을 시작하였다.

경성출장소 제1회 동선기념. 좌로부터 1열 : 김영신, 서대인, 이동진화, 지환선
2열 : 김삼매화
3열 ; 이성각, 이완철

3개월간의 동선은 익산총부 선에 준하여 이루어졌으나 상세한 내용은 알 수 없다. 이완철 교무는 경성지부에서 12년간 근무하는 동안 매년 동 · 하선 정기훈련을 하였다. 경성출장소는 3개월 동선을 무사히 마치고 25명이 참석한 가운데 이동진화 여자담당교무의 사회로 원기19년 3월 20일 예회를 겸해서 해제식을 했다.

원기19년 5월 9일(음 3월 26일), 익산총부 제6회 총대회 선거에서 교정원장에 경성출장소 제2대 교무를 역임한 송규가 당선되었고, 경성출신 이공주는 통신부장에 선임되었다. 경성출장소는 이완철, 이동진화 교무가 유임되고 감원 겸 식사주임에 김삼매화, 전문순교에 지환선이 임명되었다.[1] 이로써 경성지부는 회관과 모든 임원을 갖추게 되었다.

경성지부에서는 원기19년 6월 17일(음 5월 6일) 오전에 예회를 보고 오후에 갑술하선 결제식을 23명 회원들이 모인 가운데 서대원이 사회와 강연, 그리고 '공부에 대한 설명'을 하며 하선과정이 시작되었다. 하선에는 남자3인, 여자12인 총15인이 입선하였다.

이완철 교무가 원기19년 6, 7월호인 〈회보〉 제10호에 경성지부 소식을 기고하였다.

'본소 신축 정사에 제2회 하기선원이 열리게 되었다. 오욕의 화염이 타오르는 열대 도시를 지척에 두고 초인간적의 수도 기관이 출현된 것도 일대 기사이며

주1) 《원불교교고총간》 제6권 197쪽 -제6회 총대회회록-

현세 향락과 허영의 생활을 영위하시는 선원 제씨의 청고이취(淸高理趣)도 가희가(可喜可)할 바이며 본 지방 회세 발전을 목표로 하여 선원 개설에 적극 알선하는 지환선씨의 특지도 가찬할 바이다. 14~15인에 달한 노소 선원은 건강한 몸과 활발한 정신으로 연도 수학으로 일과를 삼아 그날 그날을 되풀이 할 새 열열한 이론은 우주의 묘리를 설파하고 송풍나월 사이로 흘러오는 청아한 염불성은 산수자연의 적막함을 깨트린다. 인간의 진취미야 속객(俗客)이 어찌 아는 바이랴.

선원씨명

남자– 이완철, 서대원, 신용설

여자– 지환선, 김도화, 이정원, 최중제화, 이출녹화, 신원요, 이동진화, 서대인, 김인현, 서중관, 이성각, 김삼매화.'

제초한 뜻을 아느냐

소태산 대종사의 경성지부 상경에 앞서 이공주는 7월 10일(음 5월 29일) 미리 상경하여 7월14일에 소태산 대종사를 선원대중들과 함께 맞이하였다. 소태산 대종사는 하선에 참여한 선원들을 격려하며 점검하였다.

소태산 대종사는 7월 15일(음 6월 4일) 경성지부 회관 앞뒤 뜰에 난 풀을 보고 친히 제초작업을 하며 모든

초목의 썩은 낙엽을 긁어 주고 도량을 청결히 한 후에 하선에 참여한 회원들에게 말씀하였다.

"오늘 내가 앞뒤 뜰의 풀 뽑은 뜻을 아는가. 자고로 부처와 범부가 그 심전을 다같이 가졌건 만은 그 심전에서 발생되는 악심을 뽑아버려 깨끗하게 매어버린 자는 부처라 칭하고 그 마음에서 생각나는 대로 하여 그 악심을 뽑지 못하고 묵정밭을 만든 자는 범부라 하나니라. 대개 자기 심전의 악심을 맬 줄 아는 사람이 마당의 잡초도 매어줄 줄 아나니 집이나 몸이나 마음이나 단속을 잘 할 줄 알아야 방가위지(方可謂之) 사람이요. 참다운 사람이라는 것은 저의 심전도 매일 줄 아는 동시에 남의 심전까지도 매어줄 줄 아나니 제군들은 오늘 나의 풀 매어준 뜻을 알아들을 지어다."[2)]

이공주는 이 당시 법문을 받들며 수필하였다가 원기 19년 8,9월호인 〈회보〉 제11호에 '나의 제초한 뜻을 아느냐' 란 제목으로 발표하였다.

소태산 대종사 또한 음 6월 첫 번째 예회와 두 번째 예회(음 16일)에서 법설을 하며 하선에 입선한 선원들의 공부를 한층 북돋아주고 7월 30일(음 6월 19일) 이공주와 함께 익산총부로 출발하였다.[3)]

경성지부에서는 삼복 더위와 궂은 날씨 속에서 3개월간의 갑술하선을 마치니, 당시 경성 근황과 해제일 예회록을 통하여 하선의 분위기를 짐작할 수 있다.

주2) ① 〈회보〉 제11호, 법설 -나의 제초한 뜻을 아느냐-
② 《원불교교전》 〈대종경〉 실시품 15장에 요약정리

주3) 〈회보〉 제10,11호, -인사동정, 경성예회록-

'본소 선원은 3개월을 앞두고 맹렬한 더위와 싸워가면서 과정을 되풀이하고 있으니 자연의 바퀴가 구름을 따라 어느덧 해제를 보게 되었습니다.

개중에 대중의 대각불이 나지 못하여 여러분의 축망을 보답하여 드리지 못하는 것은 유감천만이오나 그러나 선원 제씨의 건강하신 몸과 담락하신 취미로 지내와 대도의 신념과 정법의 이해가 나아지니 이는 부처의 종자를 심음이라, 더 좋은 결과를 바래고 이로써 다행을 삼습니다. 또한 유감되는 바는 전보에 입선인 발표에 14~15인이라 하였는데 정식 성적발표에는 5~6인에 불과하게 되었사오니 용두사미격이 되어 책임자로서는 많은 미안한 감이 있습니다. 그 이유는 다름이 아니라 선원 중 각자 철저한 사정으로 인하여 중도에 퇴선자도 있고 혹은 자유선으로 성적을 보지 못한 이도 있으며 또는 시험기에 사고로 빠지신 이도 있어 부득이 그리된 것이오니 피차 양찰하옵소서,'[4)]

경성지부 하선을 통하여 가정이 있는 부녀자들 위주로 3개월간 선을 처음부터 끝까지 난다는 것이 얼마나 어려운가를 볼 수 있다.

원기19년 9월 14일(음 8월 6일) 하선 해제식 예회록이다.

'본 예회는 본소 제2회 하선해제 일이다. 오전11시에 서대원씨의 정중한 개식사가 있은 후 출석원을 점

주4) 〈회보〉 제12호, 각지상황 -경성근황-

검하니 남녀 합 24인이러라. 예행 순서를 밟은 후 당일 식순에 들어 이완철씨의 상시응용주의 사항 설명과 이동진화씨의 교무부에 와서 하는 책임설명이 있었고, 선원 성적표 수여를 행한 후 성성원씨의 친절 정숙한 축사와 유량한 해제가로 폐식하다. 오후2시 반에 속회하고 이정원, 최제중화, 김삼매화 제씨의 진정을 토로한 자유 감상담을 마치고 석양이 기울어진 산문석경(山門夕景)에 선원 제씨는 창연한 석별의 눈물을 흘리며 분수상별(分袖相別)[5]의 길을 떠나다.'[6]

서대원이 경성지부 제2회 정기훈련에 참석하게 되는데, 그는 원기19년 총부 연구부장으로 근무하던 중 건강이 좋지 않아 휴무를 하면서 1년간 각지를 순회하며 고경도 연구하고 정양도 하였다. 그러던 중 원기19년 6월 6일(음 4월 25일) 상경하여 경성지부에서 정양하며 정기훈련에 참여하였던 것이다.

많은 사람들은 서대원이 경을 읽고 천도법문을 읽는 소리만 들어도 천도가 저절로 될 것같이 좋아하였다. 소태산 대종사도 서대원에게 "천도법문을 읽으라"하고 들은 후, 서대원의 천도법문 읽는 것에 대하여 많은 칭찬을 하였다.

서대원이 총부, 경성, 부산 등지에서 경을 읽고 설교를 하면 그의 풍모와 음성에 회원들이 좋아했다. 그리하여 회원들은 "종사님은 정치인 같으시고 대원선생

주5) 소맷자락을 떼고 서로 헤어진다는 뜻으로 '작별'을 이르는 말

주6) 〈회보〉 제12호, -경성지부 예회록-

은 도인 같으시다."고 하였다. 이에 대해 당대 제자들은 "소태산 대종사는 박력 있고 활동적인 모습이 사자후를 토하는 정치인 같아 보이고, 서대원 선생은 맑은 음성과 한가한 태도가 산중도인처럼 느껴졌다"고 한결같이 말한다.

산중도인 같은 풍모를 지녔던 서대원

지환선의 입회 감상담

경성지부는 20여 명 조금 넘는 회원이 모여 예회가 이루어지고 있었다. 경성지부 전문순교인 지환선은 교화와 회관 일에 열성이었다. 그는 원기16년에 신원요

의 지도로 소태산 대종사를 뵙고 제자가 되어 매년 동·하선은 물론 평상시에도 손에서 책을 놓지 않고 육대요령이 3권이나 해지도록 공부하였다.[7] 그는 경성회관 신축과 유지발전에 많은 희사를 하는 등 새 회상 만난 기쁨으로 살고 있었다.

주7) 이공주 《원불교 제1대 창립 유공인 역사》 제1권 36호, 지환선의 역사내력

경성지부 요인들. 좌로부터 1열 : 지환선, 2열 : 이동진화, 이공주, 성성원

지환선은 원기17년 익산총부 제14회 정기훈련인 임신하선(3개월)에 참여하여 회화시간에 자신의 입회 감상담을 하였다

'무남독녀로 태어나 부친이 배우자를 골라 일본 유학을 시켰으나 그는 변호사가 되어 다른 여자와 결혼

하여 아이를 낳고 평양에 산다는 것을 알고 평양에 찾아가 집의 가재도구를 산산이 두들겨 부수어 버리길 수차례 하였다. 전라도에 생불님이 났다는 이야기를 듣고 익산본관에 찾아와 종사주를 뵙고 소원을 하소연하여 법설을 받든 후 마음을 고칠 것을 다짐하고 평양에 가서 그들의 어린아이를 업어주는 등 안심시키자 그들이 교화되었다.' [8]는 등 이야기를 하며 자신은 총부에 와서 분에 넘치는 생활을 하고 있다고 했다.

주8) 황이천, 〈원불교신보〉 제107호, -일정하 사찰형사의 회고, 〈내가 내사한 불법연구회〉 -

지환선은 회관에서 있어지는 예회, 동·하선, 순교 등 모든 일에 한결같은 신성으로 적극적이었다.

어느 예횟날 아침, 경성회관 임원들은 예회 준비를 바쁘게 하고 있는데 어떤 병자가 좌우 부축을 받으며 나타났다. 그가 바로 지환선이었다. 이때 상황을 이완철 교무는 '지환선씨의 독실한 정성을 보고' 에서 '그는 병으로 중태에 빠져 있는 가운데 예회에 출석하겠다고 가족에게 선언하였다. 내 이만한 병마로 인하여 나의 생명인 목적을 폐할 수 없다고 가족들이 말리는 가운데 회관을 찾은 것이다. 다음 예회에도 그전 모양으로 또 출석하였다. 모든 경성 회원들은 그 정성에 놀라워하였다.' [90]고 했다.

주9) 〈회보〉 제13호, 이완철 -지환선씨의 독실한 정성을 보고-

경성지부는 원기19년 12월 2일(음 10월 26일) 예회에서 다음 예회부터 열릴 동선 준비를 토의하고 준비하여 12월 12일(음 11월 6일) 제3회 경성지부 갑술동선

경성지부 제3회 원기19년 갑술동선기념

결제를 하였다.

처음에는 5~6인으로 동선이 시작되었으나 한두 사람씩 추가로 입선하는 사람이 생기어 나갔다. 그러나 동선은 활발하게 진행되지 못한 듯하다.

경성지부 돈암동회관이 신축되면서 안정을 찾아가고, 또 각지에 지부들이 생기는 등 회무가 바빠지자 소태산 대종사의 상경하는 일이 과거에 비해 줄었고, 상경하여서도 10여 일 정도 있다가 익산총부로 귀관하였다.

4. 경성출장소 지부로 승격

원기19년 5월 9일(음 3월 26일) 제6회 총대회에서 익산 기념관(대각전) 건축기성위원회를 조직하였다. 이때 자원으로서 위원에 임한 회원이 125명이나 되었다. 그리하여 남자위원장에 유허일, 여자위원장에 이공주, 기성 방법은 수차 위원회에서 최선의 방법을 택하기로 하고 필히 회원 자발적 희사로 하자고 하였다[1]

대각전 건축은 총부 복숭아밭 위에 터를 잡고 서정원 이재철 원장과 사무원들의 건축 감역[2]으로 본교 문화적 건물이 차질 없이 공사가 진척되었다.

대각전 건축 공사는 원기20년 3월 14일(음 2월 10일)에 상량식을 거행하고 4월 27일(음 3월 25)일까지 완공하여 불법연구회 생일기념 당일에 각지에서 500여 명이 모여 신축 대각전 식장을 장엄한 가운데 기념식을 거행하였다[3].

주1) 《원불교교고총간》 제6권 198쪽 -제6호 총대회 회록-

주2) 〈회보〉 제15호, 각지상황 -익산총부 항-

주3) 총부 대각전을 준공하고 일원상 봉안을 이공주는 '대각전의 기념식'이라는 시(詩)에서 '상설관내 벽상에는 사은 위패 모셔놓고'라고 하였다.

익산총부 대각전 신축준공, 낙성 대각전 정면 불단에 일원상을 정식 봉안하였다.

대각선 총 공사비는 7천여원이 소요되었다. 재가·출가 교도들의 혈성으로 공사비의 반 정도는 충당되었으나 나머지는 건축 여자위원장인 이공주와 박창기가 담당하였다. 소태산 대종사는 자신의 대각과 공동생일 기념일을 기하여 준공한 기념관 이름을 대각전(大覺殿)이라 이름하고, 대각전 단상 벽상에 조그마한 목판 일원상을 봉안하였다. 소태산 대종사의 일원상 표현의 효시는 1916년 대각으로부터 비롯하여 개념적으로 상징적으로 여러 차례 표현하였으나 직접 형상으로 그려 보인 것은 원기4년 가을 모악산 금산사에서 였다. 그 후 공회당 벽상에 일원상 아래 사은지본원(四恩之本源) 여래지자성(如來之自性)이라는 족자를 걸어 두었으나 정식으로 신앙의 대상으로 일원상 봉안은 최초의 봉안이었다. 이는 일원상을 신앙의 대상으로 확정 시행한 것으로 새 회상 창건사에 있어서 큰 의미를 가진다.

익산총부 대각전에 일원상을 신앙의 대상으로 봉안하고 부터 각 지부에서 불단을 마련하고 일원상을 봉안하기 시작하였다. 경성지부 돈암동회관은 독립된 건물로 지은 법당으로서 최초의 건물이다. 그러나 그 당시는 대각전이라는 이름은 익산 기념관을 신축 낙성하면서부터 사용하여 이듬해 영산에 강당을 신축하고 대각전이라 하였다. 익산과 영산이외 지부들의 법당은 회관이라 하였다. 원불교 교사에는 영산을 비롯 신흥,

초량, 용신, 원평 지부의 일원상 봉안에 대하여는 기록되어 있으나 경성지부의 일원상 봉안에 대한 기록은 없다. 그러나 원기 22년 《조광》 6월호에 '교주를 생불삼은 불법연구회의 정체'란 글에서 돈암동회관 불단에 '일원상이라고 하여 큰 목판에 푸른빛으로 원형을 그리고 거기에 절을 한다고 한다.' 라고 되어 있다. 조광지 기자가 다녀간 것은 익산본관에서 4월 총회로 이완철 교무 등이 총회에 참석 중 취재한 기사이다.

이상의 상황으로 볼 때 경성지부 회관 불단에 일원상이 봉안된 것은 원기22년 4월 이전이다. 원기18년 경성지부 회관을 건축할 당시 불단을 조성한 것으로 볼 수 있어 당시 경성지부 불단에 무엇을 모시었는가는 중요한 부분이다. 그러나 아쉽게도 기록이 전해지지 않는다.

원기20년 4월 28일 대각전에서 개최된 제7회 정기총대회에서 신흥, 전주, 진안, 원평, 하단, 남부민 등 각지 출장소가 지부로 승격되었다.[4] 그러나 경성출장소가 지부로 승격되었다는 내용은 없다. 경성출장소는 원기17년 5월 2일(음 3월 27일) 제9회 평의회 회록에서부터 지부 또는 출장소라고 때에 따라 달리 불려졌다.

원기20년 제7회 정기 총대회에서 경성지부는 지부장만 임명했다. 제7회 정기 총대회 때 지부 승격이 최초의 공식적인 지부 승격(영산지부 제외)이다.

주4) 《원불교교고총간》 제6권 198쪽

경성지부 초대 지부장 박형균

지부로 승격된 곳에는 지부장이 임명되었다. 경성지부 초대 지부장에는 박형균이 임명되었다. 박형균은 불법연구회에 입교하지는 않았으나 부인 진정리화로 인하여 호의적이었다. 그리하여 원기19년 4월 28일(음 3월 26일) 제6회 총대회에 축전을 보냈다. 박형균은 그 후 부인의 인도로 경성출장소에서 소태산 대종사를 뵙고 귀의하여 입교하였다. 그는 동년 소태산 대종사로부터 경성지부 지부장에 임명되어 원기20년 정기 총대회에서는 공식적으로 지부장에 임명된 것이다. 경성지부 서기에 서대인, 행상 및 재가순교 권홍제화, 김승운, 이정원, 이출진화, 최중제화가 임명되었다.[5)]

경성지부는 원기11년 창신동에 출장소가 생긴 후 원기18년 돈암동에 신축 회관이 완공되고 원기19년 4월 28일 제6회 정기 총대회에서 지부로 승격되었다고 《원불교 제1대 창립 유공인 역사》 부록편과 서울교당 연혁에서 밝히고 있으나 제6회 정기총대회 회록에는 지부 승격에 관한 내용이 없다. 경성지부는 정황으로 보아 공식적인 총대회 회록에는 기록되어 있지 않으나 원기19년 제6회 총대회에서 지부로 승격되었고, 박형균이 입교하자 소태산 대종사가 경성지부장에 임명하였다가 원기20년 공식적으로 지부장 임명 절차가 이루어진 것으로 볼 수 있다.

주5) 《원불교교고총간》 제6권 199쪽 -제7회 총대회 회록-

5. 경성지부 강습회

경성지부는 원기20년 6월 6일(음 5월 6일)에 제4회 을해하선을 예회와 함께 결제식을 하였다. 이완철 교무의 입선 대의 설명에 이어 이동진화 교무의 하선과 정설명, 성성원의 축사와 결제가로 식을 마쳤다.

소태산 대종사는 경성지부 하선이 한창 진행 중 일 때 원기20년 7월 16일(음 6월 16일) 박창기를 데리고 상경하였다. 1개월반 정도를 경성에 있으면서 하선에 입선한 회원들에게 많은 법문을 설하였고, 예회에서 '조선불교 혁신론' '사요' '고의 해탈' 등 법문으로 회원들에게 시들었던 초목에 단비를 주듯 하였다.[1)]

이때 경성지부 감원인 김삼매화는 경성역 앞에 있는

주1) 〈회보〉 제19호, -경성지부 예회록-

경성지부 제4회 원기20년 을해하선 기념

세브란스병원에 입원하여 수술을 받는 등 치료를 1개월 동안 하였다. 소태산 대종사와 회원들이 병문안을 하는 등 심혈을 기울여 완전히 회복되었다. 이때 경성 회원들은 자원으로 100여 원을 모아 치료비를 충당하여[2] 회원간의 정의를 건넸다.

주2) 〈회보〉 제19호, 각지상황 -경성지부 상황-

소태산 대종사는 경성에서 경성지부 하선을 9월 4일(음 8월 7일)에 해제하고 금강산 여행을 원기15년에 이어 다시 한 번 가기 위해 준비하였다. 그러나 하선 중에 익산총부에서는 부산 하단지부 김기천 교무가 위독하다는 전보를 받고 서정원장 이재철을 파견하였다. 김기천 교무의 위독하다는 소식을 접한 소태산 대종사는 8월 31일(음 8월 3일) 금강산 여행 준비를 중단하고 익산총부로 귀관하였다.[3]

주3) 〈회보〉 제20호, -고 삼산 김기천 선생 역사선, 부록-

소태산 대종사 제2차 금강산 여행에는 박창기 등이 수행하려 했던 것으로 보이나 상세한 내용은 알 수 없다.

김기천 교무는 장티푸스에 걸려 9월 6일(음 8월 9일)에 하단지부에서 열반하였다. 소태산 대종사는 김기천 교무에 대하여 "그는 18년간 일호의 사심 없이 향내 나는 전무출신을 하였다."고 하였다.

소태산 대종사는 경성에서 시국을 관망도 하고 발전하는 모습을 통하여 돌아오는 세상을 전망도 했다. 익산총부에서 제자들에게 '돌아오는 세상을 예언'하면

소태산 대종사 경성지부 을해하선 기념

주4) ① 〈회보〉제22호, 법설 -돌아오는 세상을 예언하심-
② 《원불교전서》〈대종경〉 전망품 27장 요약정리

서 "조선은 지금 어변성룡이 되어가건만 누가 아는지 모르겠다."하며 경성에서 본 것들을 말씀하였다.

"…지금도 경성 같은 곳에는 직업상담소라는 것이 있어 혹 남의 고용역 같은 것을 소개하여 주는 곳이 있거니와 이 다음으로는 상당한 직업소개소가 생겨나서 구직자에게 편리를 줄 것이요. 또 혼인소개소도 있어서 장가가고 시집갈 사람들은 미리 자기의 이력서에다가 사진을 첨부하고 그 곳에 제출하여 두게 된다. 그러면 남녀간에 혼처를 구하고자 하는 사람들은 그 소개소를 찾아가서 우선 사진과 이력서 가운데 각자의 마음에 맞는 대로 선택하여 가지고 그 상대자에게 혼인신입을 하게 되면 그 신입을 받은 편에서는 또 한 그 곳에 가서 그 사람의 사진과 이력서를 찾아보아서 합의하면 실지로 대면하여 약혼 후 결혼을 하게 되리라."[4)]

소태산 대종사의 원기21년 여름은 익산총부에서 경성, 경성에서 부산, 부산에서 익산총부, 익산총부에서 다시 영광으로 이어지는 바쁜 일정이었다.

원기21년 6월 15일(음 4월 26일)에 익산총부에서 박창기를 데리고 상경하였다가 며칠 후에 익산총부로 귀환하여, 6월 24일(음 5월 6일) 익산총부 제22회 정기훈련(병자하선) 결제식에서 훈사를 하였다. 총부하선에서 결제식 훈사 후 상경, 7월 4일(음 5월 16일)에 시

작되는 경성지부 병자하선에 참석하여 공부의 강연과 선방규약에 대해 설법을 하였으며 7월 14일(음 5월 26일)에도 설법을 하며 법흥을 돋우었다.

경성출장소에서는 정기훈련을 받지 못한 회원들을 위하여 소태산 대종사 상경을 계기로 병자하선 중에 특별강습회를 개최하여, 하루에 저녁으로 한 시간씩 교리 전반에 대하여 법문을 받드는 시간을 가졌다. 소태산 대종사의 강습에 경성 회원들이 얼마나 열성으로 참여하였는지 그리고 신심정도를 당시의 경성지부 근황을 보면 알 수 있다.

'당지부는 불행 중 다행한 일이 하나 있었으니 그는 금번 법가 상경하시와 체류하시던 중 정기훈련을 받지 못한 일반 회원에게 본회 교리를 철저히 이해시키기 위하여 강습회를 개최하고 매야 1시간씩을 교수하시던바 회원 유지 제씨는 만난(萬難)을 배제하고 열심 출석하여 대성황을 이루었습니다. 그 중 이윤갑[5]씨도 여기에 출석하기 위하여 석양모정(夕陽暮程)에 황황히 달려오는데 노상에서 자동차와 정면충돌이 되어 그의 운명은 풍전등화의 위기에 닥쳤습니다. 억수 같은 속력에 끌려 그의 몸은 차의 박구(바퀴) 밑에 끌려들어 사람의 그림자를 감추어 버렸습니다. 그 때에 관망하는 사람들은 그 비참한 광경을 보고 낙담실색 하였고, 그 운전수는 창황실색하여 급급히 구출하려 하였으나 사람의 몸은

주5) 1905년 경성 용산에서 태어나 원기21년 3월에 입교하여 곤궁한 생활 중에도 신심이 일관하고 예회 출석을 비롯하여 공부를 놓지 않고 교도의 의무를 이행하였다. 원기26년에 열반하였다.

이미 차체 밑에 눌려버렸으므로 억지로 밀치고 본 즉 죽은 줄 알았던 씨는 의외에도 생명에 아무 관계없이 그 전 사람으로 나타났습니다. 중상도 별로 없고 자못 피부에 약간 상처가 있을 뿐이었습니다. 이를 본 운전수와 일반 관중은 천우신조임을 경탄불이(驚歎不已)하며 그 가족들은 오직 종사주의 하감지택을 만만칭사(萬萬稱謝)[6]합니다. 이는 과연 우연한 일이라 할 수 없고 오직 사은의 위력이라 아니할 수 없습니다. 절대로 인력으로는 미치지 못할 바이며 사람의 지각으로는 해결할 수 없는 일입니다. 씨는 어떠한 사람이냐 하면 30여 세의 중년여자로서 불행의 운명을 가져, 일전 부군을 사별하고 독신으로 빈곤한 생활을 계속하던 중 금춘경(今春頃)에 최원정행씨 지도로 본회에 입회하야 시일은 천단하나 신심이 성실하던 중 금번 종사주 성안을 처음 배견하고 저절로 우러나온 환심은 갱생의 친부를 만난 듯하여 충천의 신앙은 외인이 보기에도 표면에 넘치게 되었습니다. 그는 이 일을 지낸 후 이와 같이 말하나이다. 금번 당한 횡액은 제가 이미 지은바인데 그 중에서 재생의 세상을 보게 된 것은 오직 종사주의 덕택인 줄 의심없이 믿는다고 한답니다'[7]

주6) 헤아릴 수 없을 만큼 고마움을 표현함.

주7) 〈회보〉 제28호, 각지상황 -경성지부 근황-

6. 경성지부 수리 공사

경성지부 회관은 원기18년 신축할 때 경제적인 사정과 시일 등의 여건으로 공사가 완전하게 되지 않아 비가 오면 비가 새어, 적은 비에도 홍수를 만난 듯 방안에 빗물이 가득하고 겨울에는 회관 위치상 추운 지역인데다 방 온돌이 따뜻하지 않아 냉장고를 방불케 하였다. 그리하여 여름 장마에는 비가 새고 겨울에는 추워서 예회 보기가 아주 곤란하였다. 그러나 개수 공사는 많은 비용이 소요됨으로 엄두도 내지 못했다.

그러다가 경성 출신으로 출가하여 익산총부에서 소태산 대종사를 시봉하며 생활하던 박창기가 원기20년 동선기간 중에 상경하여 지내면서 어려움을 목격하고, 그 후 원기21년 소태산 대종사를 모시고 상경하였을 때 경성회관 수리 문제를 토의하였으나 비용 문제로 해결을 보지 못하였다. 익산총부로 돌아간 박창기는 경성회관 개수 공사를 위하여 9월 27일(음 8월 12일)

경성지부 교무 이완철(좌)과 경성지부 수리를 담당했던 박창기(우)

상경하였다.

10월 초부터 회관 개수 공사를 시작한 박창기는 스스로 300여 원을 들여 1개월 여를 직접 지휘 감독하면서 인부들과 같이 일을 하였고, 지붕기와 수리 공사 비용은 지환선이 50원을 담당하였다. 경성 회원들은 힘 미치는 대로 조금씩 의연하여 50여 원을 만들었다. 그러자 박창기는 "금번 역사에 대하여 지방 여러분께 조금도 폐를 끼치지 아니하고 전부 담당하여 수리하여 드리기로 결심한 것이오니, 도리어 여러분에게 폐를 끼친다면 나의 본의가 아니다"고 사양하며 "그 돈은 다른 필요한 곳에 쓰도록 하십시오."라고 하였다.

경성지부는 회관 들어오는 입구가 지형상 비탈이고, 교통이 불편하여 곤란을 겪어 오던 터라, 회원들이 의연한 50여 원으로 도로 수선과 교량을 가설하였다[1]. 경성회관은 이로써 여름 장마에도 비 샐 걱정을 덜게 되었고 온돌도 따뜻하여 겨울 걱정을 잊게 되었으며 회관 들어오는 도로까지 정비가 되었다.

주1) ① 〈회보〉 제31호, 각지상황 -경성지부 근황-
② 〈회보〉 제32호, 경성 회우일동 -박창기군의 후의 일을 감사함-

7. 익산총부에 주재소가 설치

원기21년 익산총부에서는 이리경찰서 북일주재소가 설치되었다.

이는 도산 안창호의 방문과 연관이 있다고 볼 수 있다. 안창호는 전국 각지 순회 중 원기20년 여름에 총부를 방문했다. 안창호 일행을 김형오가 대각전으로 안내한 후, 이공주의 집(청하원) 응접실로 안내하여 소태산 대종사와 만남이 이루어졌다.

소태산 대종사는 민족을 위한 안창호의 수고를 위로하였다.

그러자 안창호는 "나의 일은 판국이 좁고 솜씨가 또한 충분치 못하여 민족에게 큰 이익을 주지 못하고 도리어 나로 인하여 관헌들의 압박을 받는 동지까지 적지 아니 하온데, 선생께서는 그 일의 판국이 넓고 운용하시는 방편이 능란하시어 안으로 동포 대중에게 공헌함은 많으면서도 직접적으로 큰 구속과 압박은 받지 아니하시니 선생의 역량은 참으로 장하옵니다."[1)]

안창호가 다녀간 후 이리경찰서 고등계에서 회의를 열어 북일면에 있는 불법연구회에 주재소 설치를 전북도경에 건의하여 불법연구회 구내에 설치 허가를 얻어 원기21년 12월 청하원[2)]에 주재소를 강제로 설치하고 고지마 교이찌(小島京市)와 황가봉[3)]이 파견되어 불법

원기20년 총부를 방문한 안창호

주1) ① 《원불교전》 〈대종경〉 실시품 45장
② 이공전 〈원불교신보〉 제665호 2면 -도산과의 만남-
이공전은 안창호를 안내했던 김형오에게 실시품 45장의 내용을 구술 받았다고 했다.

주2) 원기18년 이공주가 지은 사가 집으로 그의 아호를 따 청하원이라 이름 했다. 총부구내에서는 시설이 가장 잘된 집이었다.

불법연구회를 감시하던 황가봉(법명:이천)

연구회와 소태산 대종사를 감시하기 시작하였다.

원기22년(1937) 백백교 사건[4]이 터지자 소태산 대종사는 조실로 쓰고 있는 금강원이 총부 도량중 가장 뒷쪽에 위치해 있어 일경들로 하여금 불법연구회와 소태산 대종사를 의심하고 트집잡을 수 있는 구실이 될 수 있음을 간파하고 조실을 금강원에서 사무실로 쓰고 있는 영춘헌(구조실)으로 5월경에 옮기기 위해 사무실은 신영기가 희사했던 집(구정원)으로 옮기게 되었다.

일제는 백백교 사건 이후 조선의 종교 단체를 본격적으로 내사하기 시작하여 불법연구회에서도 남녀문제, 재정문제,[5] 사상문제를 중심으로 끈질기게 감시하였다.

소태산 대종사 원기22년부터 열반 때까지 사용한 조실
(현 종법실이라는 현판이 붙어 있는 구조실)

주3) 이리경찰서 고등계 형사로 불법연구회를 감시하라는 명령을 받고 북일주재소에 파견되어 소태산 대종사와 불법연구회를 감시하다가 감화되어 제자가 되었다. 법명은 이천(二天)이다. 그와 관련된 법문이 《원불교교전》 대종경 실시품 12장에 수록되었다.

주4) 백백교 교주 전용해와 그의 제자 문봉조 등 11명이 10여년 동안 80여 차례에 걸쳐 300여 명의 남녀노소 신도들을 살육한 사건이다.

주5) 《원불교교전》 〈대종경〉 실시품 14장은 그 당시의 상황을 말해준다.

8. 황정신행의 귀의

이천륜과 만남

소태산 대종사는 원기22년 들어 처음으로 3월 22일(음 2월 10일) 상경하여 4월 12일(음 3월 2일) 귀관할 때 까지 경성지부 3월 28일(음 2월 16일) 예회와 4월 7일(음 2월 26일) 예회에서 설법하였다. 소태산 대종사는 20여 일 경성에서 머무는 동안 소중한 인연을 만나게 됐다. 새 회상의 수달장자라고 일컫는 황정신행을 만나게 된 것이다.

황정신행은 가정생활로 인하여 마음이 괴로워 원기20년 여름, 다섯 살 된 아들 강필국과 금강산을 찾았다. 금강산에서 잠시 머물다 원산 바닷가로 갔다. 그러나 아들 필국이 다시 금강산으로 가자고 해 금강산으로 와 장안사 영원암에 있으며 개성에 사는 불법연구회 회원인 이천륜[1]을 만났다. 영원암에서 이천륜과 같이 묵으면서 서로 오가는 동안 정신행은 자신의 결혼생활로 인한 번뇌와 괴로움을 털어놓게 되었다.

이천륜은 "세상일이란 전생의 인연이니 부처님의 가르침을 따르시오."라고 조용히 일러 주었다. 정신행은 마하연선원[2]으로 장소를 옮겨 있을 때 다시 이천륜을 만나게 되었다.

이천륜은 자신이 다니는 불법연구회가 경성에도 있

개성교화의 문을 열고
황정신행을 인도한 이천륜

주1) 경성지부에서 원기20년 친구인 신정의 씨의 인도로 소태산 대종사를 배견하고 귀의하였다. 그는 개성에 살면서 경성지부로 2년간 예회를 한번도 빠지지 않고 다녔다. 그의 집은 경성 청진동과 청파동에도 있었다.

주2) 마하연선원은 마하연에서 운영하는 선방으로 신라시대 의상대사가 창건한 절로 법기도량으로 유명한 절이다. 마하연의 모습을 본떠 오대산 상원사 청량선원(문수전)을 지었다.

다고 하며 그곳에서 정신을 수양하면 마음이 편안하리라고 간곡히 권했다. 이천륜과 만나 한 달 동안 생활하면서 그의 보살행은 황정신행에게 큰 감화를 주었다.[3)]

황정신행은 경성에 돌아와 돈암동에 있는 불법연구회를 찾아 원기21년 10월 15일(음 9월 1일)에 입교를 하였다. 그 후 예회에 자주 참석하였다. 그러던 원기 22년 4월 어느 날, 소태산 대종사가 상경하였다는 소식을 인편으로 연락받고 돈암동에 있는 경성회관으로 갔다. 그 당시 회고담이다.

주3) ① 원불교신보신서2 《구도역정기》 488~489쪽 -팔타원 황정신행 법사편-
② 황온순 문집간행 위원회 《황온순 천성을 받들어 90년》 86~87쪽

소태산 대종사와 첫 만남

황정신행

황정신행의 회고이다.

회관 응접실에서 대종사님을 뵈올 때 그 자리에 담임교무(경성지부 교무)이셨던 응산님(이완철)과 육타원님(이동진화)이 함께 계셨다. 나는 대종사님을 알아보지 못한 채 인사할 줄도 모르고 그냥 있었다. 대종사님께서는 무명바지 저고리를 입으셨고, 육타원님은 옥색치마 저고리를 입으셔서 너무나도 아름다웠다. 처음 뵙는 대종사님은 안광(眼光)이 부셨다. 겁 없이 들어선 나는 대종사님의 위풍에 눌려 나도 모르게 무릎을 꿇고 앉으며 완전히 압도되었다.

"어떻게 오셨습니까?"

대종사님의 첫 말씀이셨다. 나는 천륜씨의 소개로 왔다고 대답하고는 물었다.

"여기는 부처님 공부하는 곳이라던데요?"

"그렇지라우."

처음 듣는 전라도 사투리였다. 나는 촌사람들이 하는 곳인가 싶어 은근히 무시하는 마음이 생겼고 방자해졌다.

"어떻게 부처되는 공부를 합니까?"

대종사님은 나의 당돌한 질문에

"내가 가르쳐주지." 하시면서 벽에 걸린 시계를 가리키시며

"이 시계는 어디로 돕니까?"하고 물으셨다.

"오른쪽으로 돌지요."

"몇 번 돌면 하루가 됩니까?"

"스물 네 번입니다."

"며칠 동안 돌아야 한 달이지요?"

"30일 돌면 한 달이지요."

"몇 달 돌면 1년이지요?"

"열두 달 되면 1년입니다."

나는 어이가 없었다. 너무 쉬운 것을 물으시니까 잠시 위축되었던 내 어깨가 펴지면서 말씨도 약간 거칠어졌다. 어린아이도 다 알 수 있는 것을 왜 물으실까 하고 못마땅하기까지 했다.

"사람이 얼마나 살아야 많이 사는 것입니까?"

"일흔 살을 살면 많이 살지요."

"그렇지라우. 부처되는 것은 내가 가르쳐줄테니 이 완철 선생만 만나보면 알게 될 것입니다."[4)]

주4) 황온순 문집간행위원회 상게서 89~90쪽

황정신행은 지난해(원기21년) 10월에 입문하였으나 이때 소태산 대종사로부터 정신행(淨信行)이라는 법명을 받게 되었다. 법명을 받고 2,3일간 계속 찾아가 가슴속 의심을 물었다. 황정신행은 소태산 대종사를 어떻게 불러야할지 몰라 그저 시골 선생님이라 불렀다.

황정신행은 소태산 대종사를 만난 후 경성지부 예회에 자주 참석하는 한편, 새벽 4시에 일어나 낙산을 넘

어 회관에서 법당에 좌복을 깔고 이완철 교무에게 하루에 1시간씩 《금강경》을 배우기 시작했다.

회관에 드나들면서 회관 살림살이에 관심이 생기어 부족한 것을 알고, 살림도구며 곡물을 가져다 날랐다. 이것이 시발이 되어 많은 희사를 하여 새 회상의 수달장자로 거듭나게 된다. 그러다 보니 황정신행은 법열이 올라 이화동 집에서 거처를 돈암동회관으로 옮겨 공부에 더욱 재미를 붙였다.

황정신행이 손수지었던 이화장(현 우남 이승만 기념관)

돈암동회관에서 황정신행은 2~3개월 살았다. 회관에 와서 살게 된 데에는 공부에 재미를 붙여서이기도 하지만, 경성지부의 어려운 사정을 감안해서 생각해낸

것이었다. 황정신행은 경성지부 곡물 및 살림도구를 책임지다시피 하다가 회관으로 이사 오면서 자신이 쓸 살림살이를 전부 가져왔다가 나갈 때에는 모두 두고 갔다고 한다. 이는 황정신행이 경성지부에 살림 등을 보시하면서 주위의 이목을 피하기 위한 한 방편이었다고 전한다. 그리하여 경성지부의 살림살이는 대부분 그가 가져다 놓은 것이었다.[5)]

주5) 원기91년 2월, 중앙수도원에서 경성지부에서 근무했던 성타원 이성신 원로교무가 필자에게 구술

황정신행은 원기22년부터 몇 년간 익산총부를 부지런히 찾아다녔다. 소태산 대종사의 법문을 듣고 훈련을 나기 위해서 짧게는 일주일, 길게는 한 달 정도 머물렀다.

어느 날 소태산 대종사가 인력거를 타고 익산총부로 들어오는 황정신행을 보고 말했다.

"기계는 괜찮지만 인력거는 사람이 끄는 것이라, 다음에 땀날 때가 있을 것이오."

"남들도 모두 타는데요."

"차차 내 말이 이해될 때가 있을 것이요."[6)]

6)주 《원불교신보신서》2 상게서 492쪽

이 무렵 익산총부 구내에는 80여 명의 대중이 생활했다. 일제 치하의 곤궁함은 우리 민족이 한결같이 겪는 고난이었지만 총부의 사정은 더 어려웠다. 황정신행은 총부에 내려갈 때면 힘닿는 대로 재물을 가지고 갔다.

황정신행이 처음 〈회보〉에 이름이 오른 것은 소태산

대종사께 법명을 받고 얼마 후인 원기22년 5월 6일(음 3월 26일), 원기22년도 제9회 총대회 회록에 각지 총대명부 중 경성지부 명부에 이완철, 이동진화, 지환선, 이현국, 신정의, 성성원, 박해산과 함께 기록되었다. 황정신행은 제9회 총대회에는 참석하지 않았다.

황정신행은 1903년 황해도 연안에서 태어났다. 부친은 자수성가한 상인으로 이재(理財)에 밝아 상당한 부를 축적하였고 일찍 개화하여 맏딸인 그녀에게 신식교육을 받게 하였다. 연안보통학교를 거쳐 13세에 경성으로 유학, 이화학당 중등과를 16세에 졸업하고 이어 경성여자고등보통학교에서 1년간 일본어를 배우던 중 부친의 열반으로 귀향하였다. 그의 나이 17세인 1919년, 모친이 3.1만세운동을 하다 수감되었다.

황정신행은 19세에 만주 하얼빈으로가 길림성 여자중학교에 입학하여 3년 동안 공부한 후 잠시 유치원교사를 했다. 21세에 귀국하여 이화여자전문학교 보육과에 입학하여 25세에 졸업하고 유치원교사로 일하던 중, 26세에 황해도 재령출신의 강익하와 결혼하여 1남 2녀를 두었다. 그는 10세 때부터 아버지를 따라 기독교에 귀의하여 20년이 넘게 기독교 신앙을 하였다.[7]

주7) 《황온순 천성을 받들어 90년》에는 황정신행의 일생 발자취와 그의 삶을 볼 수 있다.

9. 《조광》지 사건

소태산 대종사는 원기22년 3월에 상경하여 20여 일 넘게 경성지부에 있으며 예회에서 설법과 황정신행을 만난 후 4월 12일 경성교무 이완철과 함께 총부로 귀관하였다.

5월 6일(음 3월 26일) 제9회 총대회(원기22년 총회)에 이완철, 이동진화, 지환선, 성성원과 이현국이 대리출석하여 총 5명이 참석하였다. 여기에서 경성지부 이완철 교무는 지부장을 겸임하는 인사[1]가 되었다.

이동진화가 병으로 휴무[2]하자 재가 교도로 33세의 성성원이 경성지부 여자담당교무로 임명되었다. 성성원은 5년간 교무로 교세 확장에 심혈을 기울였다.

경성지부는 교무들이 총회 참석차 총부에 가고 총부에서 상경한 박창기와 경성지부에 살고 있는 정라선, 서대인, 김삼매화가 지부에 있을 때, 조선일보의 자매지인 《조광(朝光)》지 기자가 찾아와 취재하고 돌아갔다.

조광지는 1937년 2월, 당시 백백교가 300여 명 신도를 살육한 사건으로 사회가 놀라있을 때 '사교 백백교 사건의 정체'를 밝히고 이어서 5개 유사종교를 폭로한다고 했다.

조광은 편집후기에서 '본지는 이 사건의 정체를 당

주1) 경성지부는 원기20년~21년까지 박형균 지부장에 이어 이완철 교무가 원기22년부터 28년까지 지부장을 겸하게 된다. 원기29년에 최명부가 지부장으로 임명되었다.

주2) 원기22년 4월부터 4년간 휴무하고 원기26년에 건강에 차도를 보이자 다시 경성지부 교무로 근무하기 시작했다.

국의 허락한 범위 내에서 이면을 샅샅이 뒤져 다시 백일하에 폭로하였다. 동시에 유사종교가 얼마나 우매한 인민대중을 기만하였는가를 폭로하기 위하여 본지는 특파기자 수 인을 파견하여 이제 10여 개 단체의 이면을 샅샅이 뒤졌다. 본 호의 자랑거리라 할 것이다.' 라고 자랑하였다.

類似宗教 巢窟探訪記

教主를 生佛삼는

「佛法研究會」의 正體

又夢人

불법연구회를 비난한 《조광》기사

《조광》지가 폭로한 5개 유사종교 단체[3] 중 맨 앞에 '교주를 생불 삼은 불법연구회 정체' 라는 제하로 불법연구회에 대하여 익명의 기자 이름으로 악의에 찬 기사를 발표했다.

《조광》지 기사를 보고 불법연구회를 아는 사람은 모두 분개하였다. 익산총부에서는 조광지의 문제는

주3) 교주를 생불삼은 불법연구회 정체, 관우(關羽)의 정신을 선양한다는 관성교(關聖教), 간판조차 혼비백산 정도교(正道教), 명멸(明滅)하는 청림교(靑林教), 자하문 어구 굿당 '유한 마담 굿놀이터'

"'불법연구회의 정체해부' 라 하여놓고 익산총부에 와서 한 마디의 물음도 없었으며, 또는 당국에 대하여도 일차의 진상조사도 없이 다만 저 경성 일우에 있는 설비 불안전한 한 지부에 겸하여 주재자도 없을 때 가서 마침 집 지키고 있는 수 인(數人)의 어린 사람을 상대로 한 두 마디의 수작을 교환하고 간 후에 그와 같이 황당무계한 허구기사를 발표한 것이다."라 하고 그 강구대책을 세우기 위해 5월 25일~26일 익산총부 요인회를 소집하였다. 요인회에서 여러 가지 격양된 감정과 흥분된 주장이 다수 제출되었다.

소대산 대종사가 이에 대해 말했다.

"사람이 세간에 나타나서 사업을 경영하는 마당에 있어서는 사실 유무를 막론하고 선악의 평판이 의례히 따르는 바이며 더구나 이번 기사 내용을 보건대 근자 사교 백백교 사건의 발생으로 인하여 모든 사람의 신경이 극도로 예민하여진 이 기회에 어떠한 기자의 일시적 호기심에서 철모르는 붓장난을 한 것인 듯하니, 이를 일소(一笑)하고 마는 것이 좋으나 적어도 반만의 대중을 가진 단체의 체면상 그와 같이 무근한 말을 듣고 그저 묵과키는 곤란하다. 그러나 절대로 그들과 상대하여 투쟁을 할 것이 아니라 금일이라도 사람이 가서 본회의 취지와 실행사업을 철저히 설명하여 회사의 오해를 일소(一消)하고 그 인식을 바로 잡도록 노력하

조광지 사건으로 불법연구회 대표로
조선일보 사장을 만난 上이재철, 下유허일

조선일보사 방응모사장

는 것이 옳다."

익산총부에서는 5월 29일(음 4월 20일) 회중 대표로 서정원장 이재철과 공익부장 유허일을 경성 태평로 1가 조선일보사에 보내 방응모 사장과 관계자를 만나 조광지 기사내용이 사실무근임을 설명하는 동시에 재차 상세히 조사하여 보아서 그보다 더 악한 사실이라도 있을 것 같으면 근본적으로 폭로 배격할 것이요. 만약 사실이 없다면 그것은 귀사의 책임이니 기사 정정은 물론 우리 회중의 명예를 회복시켜주는 것이 사회 공중 표현 기관으로서 도가 아니냐고 정중히 요구하였다.

조선일보사에서는 불법연구회 측의 정중한 요구를 호의로 받아들여 그로부터 이틀 뒤인 6월 1일(음 4월 23일) 전북특파원과 이리지국장이 총부를 찾아와 각 부분의 실행사업을 일일이 관찰하고 조광지의 기사가 사실무근임을 확인[4]하고 불법연구회와 소태산 대종사에 대하여 취재하여 8월 10일(음 7월 5일) 조선일보 3면에 '불교혁신 실천자 불법연구회 박중빈씨' 라는 제하의 기사를 소개하였다.[5] 문제의 조광지는 '불법연구회 탐방기' 를 《조광》 10월호에 해명기사 없이 무성의하게 소개하였다.

주4) 〈회보〉 제36호, 광고 -조광사건과 그 경과에 대하여- 《조광》지 사건에 대하여 상세히 기록되어 있다.

주5) 조선일보 1937년 8월10일자

10. 개성출장소 설립과 소태산 대종사 행가

주1) 피부의 헌데나 다친 곳에 세균이 들어가서 열이 높아지고 얼굴이 붉어지며 붇기도 하는 종창

주2) 원불교신보신서2 상게서 313쪽

주3) 〈회보〉 제40호, 각지상황 -초량지부 상황-

초량지부 김영신 교무는 회관 신축과 무리한 활동으로 학창시절 다쳤던 얼굴에 단독(丹毒)[1]이 생겨 원기22년 총부 동선을 기하여 총부에 왔다가 경성지부로 가서 치료를 받고 있었다.[2]

김영신이 초량지부를 떠나자 당분간 정관음행 교무와 정라선이 대리로 근무[3]하다가 이듬해 정식으로 경성지부 초창기 창신동에서 근무했던 조전권 교무가 부임하였다.

이성각(좌) 김영신(우) 모녀

개성에 살면서 경성지부 예회에 2년간 한 번도 빠지지 않고 참석하였던 이천륜 회원이 개성에도 회관이 생겼으면 좋겠다는 염원을 이동진화 교무에게 전하였다. 원기22년 음 11월경에 신병으로 휴무를 하며 치료 중이던 이동진화 교무가 김영신 교무에게 권하여 함께 개성에 출장을 다니며 이천륜 회원 일가 6명과, 김영신 교무의 여고 동창인 원진출행 일가 10여명을 입교시켜 학원을 빌려 예회를 보기 시작하였다.

그러나 경성지부로부터 교무들이 개성까지 내왕하며 예회를 보는 것이 경비 등 많은 불편이 있자 이천륜, 원진출행, 김성두화 등 회원들이 협의하여 익산총

부에 정식으로 교무 파견을 요청하였다.[4] 원기23년 개성 회원들의 요청에 따라 소태산 대종사는 김영신 교무를 개성에 파견하기로 하였고, 김영신 교무는 2월 3일 개성으로 출발하였다.[5]

김영신 교무는 이천륜 회원의 집에서 가정교사를 하면서 교화를 하였다. 김영신 교무와 개성 회원들이 개성출장소 설립을 고민하는 모습에 이천륜의 남편 김정호씨는 13간 기와집 건물 대금을, 이희영씨는 모친 김성두화를 위하여 500여 평의 대지 대금을 희사하여 3,400원에 건물과 대지를 매입하고[6] '개성출장소' 간판을 붙였다.

주4) 〈회보〉 제49호, 각지상황 – 개성출장소 근황–

주5) 〈회보〉 제43호, –인사동정–

주6) 〈회보〉 제50호, 각지상황 –개성출장소 근황–

개성출장소(북안동)

김영신 교무는 개성출장소 소식도 전할 겸 익산총부 동선에 참여하였다가 돌아와 원기24년 3월 하순부터 가옥 수리에 들어갔다. 익산총부에서 오창건 교무가

파견되어 출장소 수리 감역을 하여 약3개월여 만에 1,300여 원을 들여 수리가 완료되어 100여 명을 수용할만한 회관[7]이 되었다. 개성출장소 위치는 개성시내 변두리 북안동으로 지대가 높아 아래로 200m 거리에 선죽교가 내려다 보였다.

주7) 〈회보〉 제57호 각지상황 -개성출장소 근황-

소태산 대종사는 개성출장소 상황도 볼 겸, 원기24년 5월 22일(음 4월 4일) 박창기를 데리고 상경하여 경성지부에서 5월 26일(음 4월 8일) 예회[8]에서 설법하고 6월 3일(음 4월 16일) 경성지부 회원 다수와 함께 개성으로 출발하였다. 개성회원들의 환영 속에 개성출장소에 도착한 소태산 대종사는 다음날 예회에서 설법을 하였다.

주8) 음력으로 보던 예회를 국가와 교단의 양력실시 방침으로 인하여 양력 3,6예회를 보았다. 소태산 대종사는 원기23년 1월 1일 신년식에서 '음력 폐지와 양력 실시'라는 설법을 하였다.

개성출장소 6월 4일[9] 예회록이다.

주9) 개성출장소는 3,4예회를 보았다.

금일은 본 출장소 제1회의 예회일인 바 법가(소태산 대종사)를 모시고 새로운 첫 예회를 진행케 되었음은 무한히 기쁜 일이었다. 오전10시에 김영신씨 사회와 출석원을 점명하니 정식 출석원이 18인이요 방청인이 근 60명이었다. 이어서 제반 순서를 마치고 '불법에 대하여'란 제목으로 박창기씨의 강연이 있었으며 그 다음은 종사주의 법설이 계신 후 폐회하다.

총부 이공주 통신부장은 건강이 좋지 않아 요양차

개성출장소(북안동) 교리강습기념 좌로부터 1열 네번째 이경순, 송도성, 이동진화

경성지부에 상경하였다가 소태산 대종사 개성출장소 행가시 경성 회원들과 함께 개성출장소 예회에 참석하여 법문을 수필해 〈회보〉 제59호에 발표하였다.

소태산 대종사는 개성출장소 예회에 개성 회원들에게 회관이 있기까지 그간의 노력을 치하한 후 간단한 부탁 몇 가지를 말씀하셨다.

"이 개성지방으로 말하자면 아직 회원도 적고 따라서 시일이 천단하니 마치 공부와 사업에 대한 이해도 물론 철저치 못할 터인데 이와 같이 몇몇 분의 고단한 힘으로써 수 천원 가치의 교당을 세우고 그 후에 유지비까지 자원 부담하였다 하니 그 어찌 고맙지 아니하

며 치하할 바 아니라. 그러면 제군은 더욱 앞으로 본회의 발전을 위하여 노력하기를 간절히 바라는 동시에 끝으로 간단히 몇 말 부탁코저 하노니 명념할지어다.

一. 제군은 불법연구회의 회원이라는 생각을 잊지 않는 동시에 회원된 의무로 보아 본 회에서 시키는 일은 반드시 이행하고 말라는 일은 죽기로서 범하지 말라.

二. 공부나 사업이나 기위 하여 보기로 작정하였거든 그 목적달성에 노력할 따름이오. 절대로 남의 비평이나 조소에 끌려 어리석은 행동은 하지 말라.

누구든지 이상에 말한 두 가지 조항만 잘 지킨다면 그런 사람은 얌전한 사람인 동시에 모범적 회원이 되리라."[10)]

주10) 〈회보〉 제59호, 법설 -간단한 부탁 몇 말씀-

11. 경성지부 식당채 건축

소태산 대종사는 개성에서 개성출장소 예회를 마친 다음날 경성지부로 돌아와 6월 6일 예회에서 설법하였다. 이날 예회에 64명이 참석하여 경성지부가 생긴 이래 가장 많은 회원들이 참석한 예회였다. 경성지부 예회는 이후로 40~60명 정도가 출석하였다.

경성지부 식당채

경성지부는 회원 수가 점차 늘어남에 따라 회관 법당은 많은 수를 수용할 수 있어 충분하나 식당채는 오래된 집으로 퇴락하여 신축이 다년간의 현안이었다. 공사비 문제로 신축하지 못하고 있는 것을 본 황정신행이 신축 대금을 전담 희사키로 하여 계획을 세웠다. 원기24년 봄에 기공[1]하여 유종식씨의 헌신적 공사로 12간의 새로운 집을 완공하고, 부속 공사로 남자숙소로 사용하고 있던 퇴락한 초가 1동도 기와를 올리는 등 수선하여 8월[2]에 총 공사비 3,600여 원이 들어가는 공사가 마무리 되었다.[3] 황정신행은 3,600여 원을 희사하고도 자신의 이름 밝히기를 꺼렸다. 그는 불법연구회에 입회하기 전 20여년 간 예수교를 신앙해온 관계로 성경 말씀을 실천하고 싶어서였다.

그리하여 원기24년도 사업보고서에도 경성 회원 제

주1) 〈회보〉 제54호, 각지상황 -경성지부근황-

주2) 경성지부 식당과 부속건물 공사 보고가 원기24년 10월호인 〈회보〉 제59호에 보고되었다. 10월호에는 경성지부의 8월 예회록이 보고되었고 경성지부 근황도 9월 근황을 보고한 것이 10월호 〈회보〉에 발표된 것이다. 원기24년도 사업보고서에는 10월에 건축된 것으로 나와 있으나 8월 공사가 마무리된 것으로 볼 수 있다.

주3) 《원불교교고총간》제15권 140쪽 -원기24년 사업보고서-

경성지부 식당채를 건축한 황정신행

씨(諸氏)로 〈회보〉 제54,59호에 회원 혹은 특지가 제씨로만 보고되었다.[4)]

황정신행은 후에 교단사업을 하면서 한 가지 이해할 수 없는 일이 있었다.

예수교회에서는 '오른손이 한 것을 왼손이 모르게 하라.' 성경말씀이 있는데 교단에서는 일일이 사업성적이라 하여 기록을 했던 것이다.

어느 날 소태산 대종사께 여쭈었다.

"왜 여기서는 사업한 것을 기록합니까? 부끄러운데요."

"사업하는 사람은 무상보시로 해야 하지만, 그렇게 할 줄 모르는 사람을 깨우치고 또 격려하기 위해 그렇게 하는 것이오."[5)]

황정신행은 그때서야 그 깊은 뜻을 알 수 있었다.

주4) 《원불교 72년 총람》 175쪽 서울교당 편에는 황정신행 희사로 기록하고 있다.

주5) 《원불교신보신서》2 상게서 496쪽

12. 소태산 대종사 일본 방문을 종용

경성지부 범종 등 강제 공출

교단의 기관지인 〈회보〉는 총독부 경무국과 이리경찰서의 원고 검열을 받아 겨우 발행되었다. 그러던 차에 원기22년(서기1937)에 일본이 중 · 일전쟁을 일으키고 원기26년(1941)에는 태평양전쟁을 일으켰다. 이러한 사이 원기23년에 일본은 조선 육군 지원병 제도를 창설하고 중등학교에서 조선어교육을 강제로 폐지하였다.

민족의 노선을 걷던 잡지는 차차 폐간되고 친일 잡지만이 남을 수 있었다. 이러한 시기에 〈회보〉를 계속 발행한다는 것은 결국 반민족행위를 자행할 수밖에 없는 처지였다. 그리하여 원기25년 6월에 〈회보〉 제65호를 끝으로 자진 폐간을 하였다. 회보가 자진 폐간한 2개월 뒤 조선일보와 동아일보를 일본은 강제 폐간시켰다.

회보의 폐간으로 인하여 교단의 언론지가 없어져 총부를 비롯한 각 지부의 소식을 자세히 알 수 없으며 '사업보고서'를 통하여 그나마 교단의 흐름을 조금이나마 알 수 있다. 개인이 쓴 일기나 기타의 기록 등을 참고하여 앞으로 소태산 대종사 말년의 상황과 교단의 현황을 연구할 수밖에 없으나 이 또한 여의치 않는 부

분이다.

경성지부의 소식도 회보 폐간으로 인하여 상세한 소식을 알 수 없다.

일제는 경성지부에 회원들의 집에 있는 유기(鍮器: 놋그릇)를 모집하여 헌납케 하고 범종(16관)마저 당국에 강제 헌납할 수밖에 없게 하였다. 이는 경성지부 뿐만이 아니라 전국적으로 이루어져 각 지부에 있는 범종이 헌납이라는 미명 아래 강제 공출을 당하고 말았다.

경성지부 모습

경성지부 옛 사진에 의하면 경성지부 대각전과 생활관 사이에 종각이 있었다 경성지부에 언제 종각을 세웠는지 알수 없으나 교단 최초의 정식 종각으로 여겨진다. 이 종각에 잇던 법종도 일제에 의해 강제 공출 당했다.[1)]

주1) 《원불교교고총간》 제5권 160쪽 -원기 28년도 사업보고서-

익산 총부는 원기32년 초량교당 조전권 교무가 범종을 가져와 세탁부 처마밑에 매달아 사용하다 원기 39년 대각전 입구에 종각을 세워 범종을 달았다.

소태산 대종사 일본 방문 준비

일제는 중일전쟁 후 태평양전쟁을 일으키기에 앞서 조선의 사상통일을 위하여 시국강연회를 대대적으로 시행하였다. 소태산 대종사에게 시국 강연회에 동참할 것을 강요하였으나 못 알아듣는 척 어눌하게 하며 방편으로 넘기었다.

원기25년(1940)은 일본 개국 2600년을 기념하는 해였다. 일제는 조선 내의 모든 불교를 모두 친일적인 단체로 만들기에 혈안이 되었다.[2)]

주2) 이공전, 《대종경선의록》 21 교단 수난장 13, 14절

일제는 소태산 대종사에게 일본에 충성을 표시하여야 한다며 일본에 가서 일본 왕을 만나기를 강요하였다. 몇 번을 연기하다가 결국 일본에 갈 준비를 하였다.

소태산 대종사는 상경하여 황정신행의 순천상회가

국민복장을 한 소태산 대종사

있는 건너편 화신백화점에서 국민복과 군모를 사서 입고, 박창기와 함께 사진까지 찍었다. 원기25년 10월, 소태산 대종사는 박창기를 데리고 일본을 가기 위해 부산으로 가는 도중 잠시 용암출장소에 들렀다 갔다.

재가교도인 박장식은 부산으로 먼저 가 소태산 대종사의 도일 준비를 하였다. 부산에서 소태산 대종사를 수행하였던 박장식은 원기65년도 교무훈련 중 11월 17일부터 3일간 이공전의 사회로 김형오, 황이천과 함께

'일제하의 교단사 내막'을 이야기할 때 그 당시 상황을 말했다.

범산(이공전) : 대종사님이 일본에 가시게 될 때 상산(박장식) 법사님하고 창기 선생하고 수행을 하려고 했지요? 그 당시 상황을 말씀해 주시죠.

상산(박장식) : 그네들(일제)이 대종사님이 충성을 행동으로 표시해야 한다고 강요를 했는데 몇 번 연기를 하시다가 안질도 계시고 하니까 가기도 곤란했지만 하도 그네들이 강요를 해서 창기선생과 같이 갈려고 했는데, 부산에 내려가서 안과를 다니시며 치료를 하셨어요. 처음에는 초량(초량지부)에 계시다가 나중에는 부민동교당(남부민지부, 현 부산교당)에 계시면서 치료를 하시었는데 그때 교무님은 조일관 선생님이 계셨습니다. 그래서 가실 폭 잡으셨는데 하루는 전음광 선생이 내려오셔서는 '자기들끼리 회합을 해서 안 가셔도 된다고 합니다' 하고 보고를 드리니 안질도 있고 가실 생각도 없으신지라 잘 되었다 하시고 바로 총부로 환가하시게 되었습니다.[3]

소태산 대종사의 도일을 준비한 박장식

주3) 《원광》 제105호 108쪽 -일제하의 교단사 내막-

일제는 소태산 대종사가 막상 일본에 간다고 하니까 제지를 하는 것이었다. 그들은 전쟁으로 어수선한 시국에 소태산 대종사가 일본으로 가 혹시 독립운동 하

주4) 《대종경선외록》 교단수난장 14절에는 상세히 기록되었다 "경무국장이 불법연구회를 다녀간 후 대종사께 일본을 방문토록 지시가 내려 왔다. 조선총독부의 지시는 피할 도리가 없는 것이었다. 그러나 대종사는 일본에 가는 것이 마음에 걸렸다. 가서도 안 될 일이나 가지 않겠다고 거부하면 조선총독부의 지시를 어기는 것이 되어 그 다음에 오는 결과도 뻔한 것이었다. 대종사는 짐짓 일본에 갈 준비를 시작하였다. 박창기가 지어 올린 국민복도 준비되었다. 마치 일본 경찰관 같은 국방색 복장이었다. 박장식이 먼저 부산에 내려가 대종사의 도일을 준비하였고, 뒤이어 박창기를 데리고 부산 초량교당에 들렀다. 대종사는 다시 부민동으로 옮겨서 안과에 다니며 안질 치료를 하면서 차일피일 날짜를 미루어 오고 있었다. 얼마 후 전음광이 내려와 일본 방문은 안 하셔도 될 것 같다고 전달을 했다. 그렇게 성화같이 요구하던 일본 방문을 그들 스스로 취소하게 된 것이었다. 참으로 신기한 일이었다. 그 다음 해에 태평양 전쟁이 발발하였다."

주5) 《원불교신보신서》2 상게서 155쪽 -상산 박장식 종사편-

는데 관련이 되면 거기에 따른 책임을 느껴서인지 허가증을 내주지 않은 것이었다.[4)]

소태산 대종사가 부산에서 안과치료를 하며 도일 준비를 할 때 하루는 남부민지부에 걸려있는 범종을 보고 "범종을 누가 사놓았느냐"고 교무에게 물었다.

조일관 교무는 모 교도가 사놓은 것이라 하니 "그 종은 대단히 무서운 종이다. 앞으로 그분의 제도에 특별히 유의하라."고 하였다

수행했던 박장식은 무서운 종이 따로 있는가하고 의심했다. 범종을 희사한 사람이 알고 보니 이상한 하숙집(여인숙)을 하는 것을 알게 되어 소태산 대종사의 말씀 뜻을 알게 되었다.

소태산 대종사 부산에 있으면서 찾아오는 회원들에게 법문을 하시는 한편, 남부민지부 박허주 지부장과 함께 일본 사찰인 동본원사, 서본원사, 묘심사, 화광원(정토종), 출운대신사(出雲大神社)와 용두산 공원 일대를 두루 시찰하며 절의 규모와 사업에 대한 이모저모를 이야기하고, 밤으로는 모여든 회원들에게 목우십도송과 사십이장경을 강의하였다.[5)]

그 후 소태산 대종사는 《정전》을 편찬하며 목우십도송과 사십이장경을 넣도록 하여 오늘날 《불조요경》에 포함되었다.

소태산 대종사는 부산에서 열차로 대전역에 내려 호

남선 열차로 갈아타고 익산총부로 돌아왔다. 익산총부로 돌아온 후 바로 박장식을 데리고 상경하였다.

소태산 대종사는 경성지부에 머물며 순천상회 포목점을 운영하면서 동대문 옆에 있는 동대문 부인병원을 인수하여 운영하며 그곳에 살고 있는 황정신행에게 연락하여 경성지부로 오게 하였다.

소태산 대종사는 돈암동회관 이외에 또 다른 회관장소를 물색하고 있었다. 그리하여 경성지부 교무인 이완철과 신병치료를 하고 있는 이동진화 교무 그리고 황정신행과 경기도 고양군 숭인면 우이리로가 몇 군데 회관장소를 물색하는 중 우이계곡 옆에서 잠시 쉬며 "이곳은 장차 수도도량이 될 만한 곳이다. 이곳에 회관을 했으면 좋겠다."라고 하였다.

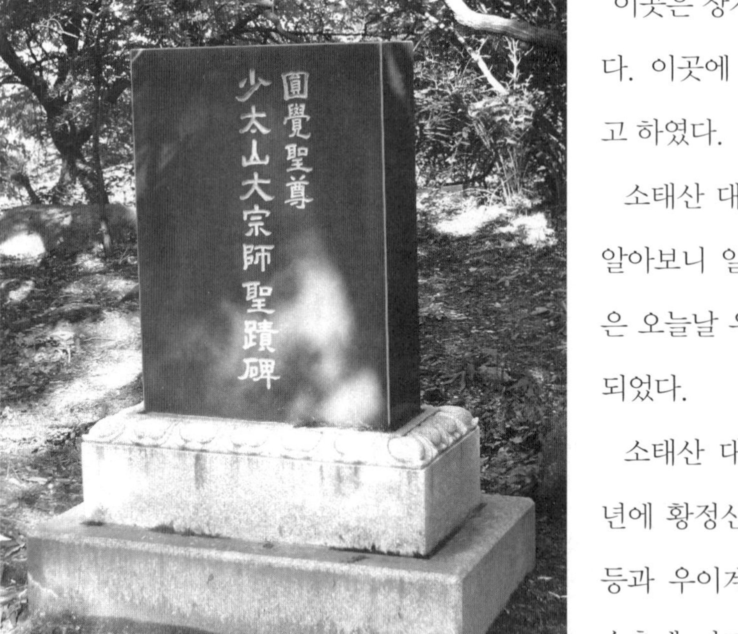

우이동 소태산 대종사 성적비

소태산 대종사의 말씀에 황정신행이 알아보니 일본인 소유 땅이었다. 그곳은 오늘날 우이동 봉도청소년수련원이 되었다.

소태산 대종사는 이에 앞서 원기23년에 황정신행, 경성지부 이완철 교무 등과 우이계곡을 지나 우이령을 넘어 송추에 가면서 황정신행에게 몇 가지 법문을 하며 황정신행 별장(현 한국보

육원)을 다녀온 적이 있다.

소태산 대종사가 경성지부에 계시자 이완철 교무는 조선말 판소리 5대 명창 중 한 사람인 이동백(李東伯 1866~1947)[6]을 초청하여 창을 들었다.

춘향가를 듣던 소태산 대종사는 "춘향이가 살아온 것 같다."라고 칭찬하였다.[7]

주6) 이동백 : 이조 고종 때의 명창으로 충청남도 출신이다. 송만갑 · 정정렬과 함께〈조선성악연구회〉를 조직 후배양성에 기여했다. 특기는 심청가, 적벽가이며 특히 새타령에 뛰어났다.

주7) 원기90년 1월23일 오후3시, 원로원 상산 박장식 종사 방에서 필자와 인터뷰 중에 구술.

우이동 봉도청소년수련원

13. 목탁과 좌종 구입

원기25년 9월에 소태산 대종사는 본 회의 교과서를 수정 통일시키기 위하여 교리에 뛰어난 이공주, 송도성, 서대원에게 《종전(宗典)》을 편성하도록 하였다.

박문사 법당

그런가 하면 원기 26년 1월 28일(음 1월 2일)에 대중을 모으시고 게송을 설하였다. 그리고 제자들에게 '수양을 간다' '금강산으로 수양을 갈란다' 등 열반을 암시하였다.

소태산 대종사는 상경하여 장충단에 있는 일인 사찰 박문사에 직접 가서 불교 종단의 법복 몇 벌과 법락을 사서 익산총부로 가져갔다.

그리고 옷감을 구해 세탁부에 법복, 법락을 참조하여 법복을 짓도록 하여 원기27년 총회 때부터 제자들

주1) ① 박용덕, 원불교초기교단사 제5권 《천하농판》 384쪽
② 2년여에 걸쳐 200여 벌의 검정 법복을 선물 받은 제자들은 소태산 대종사 열반식장의 행렬 상복이 되었다.

에게 한 벌씩 주기 시작하였다.[1)]

소태산 대종사는 열반을 1년여 앞둔 원기27년 10월에는 전라도지방을, 11월에는 부산지방을, 그리고 이듬해 원기28년 3월 29일(음 3월 2일)부터 경성과 개성까지 무리를 하면서까지 방문하였다. 이 방문이 소태산 대종사의 각 지부의 마지막 방문이었다.

원기28년 3월 29일, 소태산 대종사는 장남인 박광전 교무부장을 대동하고 4월 11일(음 3월 15일)까지 경성과 개성을 방문하였다. 소태산 대종사는 경성지부에 머물며 회관의 모든 일을 점검하였다. 법당 옆 조실방에서 감원 정윤재, 감원보 유장순, 서기 이성신 세 사람을 방으로 불렀다. 세 사람이 소태산 대종사 앞에 앉으니 말했다.

"어느 곳에서나 무슨 일을 하든지 쓸모 많은 사람이 되어야 한다. 빨래하게 되면 빨래하고, 마당 쓸게 되면 마당도 쓸고, 밥도 하고……, 너희들 나 없이도 살겠느냐?"

"살다가 뵙고 싶으면 가서 뵙지요."

"멀리 수양가도 뵈어!"

소태산 대종사 물을 떠오라 하고,

"내 발을 씻겨라. 깨끗이 잘 씻는 것도 알아야 한다."

세 사람은 수양가신다는 것이 어느 산중으로 들어가시려나 보다 생각했지, 열반을 암시하는 것인지는 꿈

에도 몰랐다.

정윤재는 후에 "원이나 없게 하시려고 발을 씻기라 하셨던 것 같다."고 회고했다.

소태산 대종사 경성지부에 머물자 황정신행이 와서 인사를 드리며 여쭈었다.

"종사님께서 어찌 아무 소식도 없이 갑자기 오셨나요?"

"목탁과 경종(좌종)을 사려고 왔다."

"제가 알아볼까요?"

"그려, 내가 정신행이 믿고 왔지"[2)]

그리하여 황정신행이 자신의 승용차로 소태산 대종사를 모시고 나가 좌종과 목탁 등 각종 물건을 사서 실고 경성지부로 갔다가 익산총부로 가지고 내려왔다.

당시 경성지부 서기로 근무했던 이성신은 황정신행이 소태산 대종사의 뜻이라면 사심 없이 따랐지만, 물건들을 구입하려고 경성에 오시면서 돈이 없어 황정신행에게 부탁하는 모습을 보고 자존심이 많이 상하고 마음이 아팠다고 했다.

이때 구입한 좌종과 목탁이 몇 개월 후 소태산 대종사 열반하자 발인식에 쓰이게 되었다.

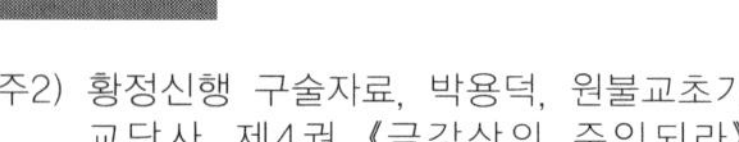

주2) 황정신행 구술자료, 박용덕, 원불교초기교단사 제4권 《금강산의 주인되라》 400쪽

소태산 대종사 경성에서 구입한 좌종과 목탁

14. 《불교정전》 출판과 소태산 대종사 열반

소태산 대종사 원기25년 9월부터 교과서를 통일 수정하여 원기26년 초고가 나왔다. 《정전》이라 이름하여 전북 도경에 간행을 신청하였으나 '황도 선양정신이 없다'는 이유로 거부되고[1] 정전을 일본어로 고쳐 써야 인쇄허가를 내준다고 하였다. 이에 대해 소태산 대종사는 "일본글로 인쇄하였다간 불쏘시개밖에 안 되니 무슨 방편을 써서라도 한문에 한글 토를 달아서 인쇄하도록 하라."[2]고 하였다.

원기26년 9월경에 불교시보사 사장 김태흡과 일본 일련종 총감이 시국 강연차 이리에 와 동본원사에서 강연을 하였다. 총부에서도 강압에 못이겨 유허일 교정원장이 나가 사회를 보고 강연이 끝나자 강연 연사들을 총부로 데리고 왔다.

불교시보사 사장 김태흡 스님은 불법연구회 정전이 도경에서 여러 차례 반송되어 인쇄허가 얻기가 어렵겠다는 것을 알고, 정전 이름을 《불교정전》이라 하여 자신의 이름으로 하면 출판할 수 있겠다 하였다.

일제는 불법연구회가 불교단체가 아닌 유사종교 단체라며 박멸하려고 하여 곤경에 처하자 소태산 대종사는 박장식 총무부장을 경성 사자암에 있는 김태흡 스

주1) 〈원보〉 제19호, 박장식 -불교정전 편수 당시 역사적 전말-

주2) 권우연 법문노트

님에게 보내 상의하도록 하였다. 박장식 총무부장은 《정전》원고를 전하는 한편 일제에 대한 방책을 상의하였다. 김태흡은 총독부 고문이며 장충단 옆에 있는 일본 조동종 사찰인 박문사 주지 상야(上野)스님을 만나기 위하여 박장식과 박문사(현 신라호텔 자리)까지 전철을 타고 갔다.

《불교정전》을 발간하도록 힘써 준 상야스님과 김태흡 스님. 원기 27년 청하원 앞에서
(좌로부터) 김태흡, 소태산 대종사, 상야, 상야의 시자

그리하여 원기 27년 박문사 상야 주지가 총부를 방문하여 《불교정전》을 검열한 후 《불교정전》이 총독부로부터 출판허가가 나와 경성 예지동(현 방산시장 의료도매상가 내)청계천 변에 있는 수영사에서 가제본된 《불교정전》을 익산으로 가져오자 소태산 대종사는 밤새워 본 후 1,000부를 인쇄하도록 하였다. 《불교정전》

은 소태산 대종사 열반 후 익산총부에 도착되었다.[3)]

불교정전을 인쇄에 넘기고 나서 일제의 탄압이 심해지자 소태산 대종사는 원기28년 4월부터 방편으로 교무부장 박광전을 박문사에 보내 불교 의식과 불경을 배우도록 하였다.

주3) ① 박용덕, 원불교초기교단사 제5권 《천하농판》 -일제하 교단의 수난과 대응편-
② 《불교정전》 간기에 의하면 원기28년(1943) 3월 20일 간행으로 되어 있다. 《불교정전》은 소태산 대종사 열반 후 출판이 아닌 소태산 대종사 생존 출판이다.

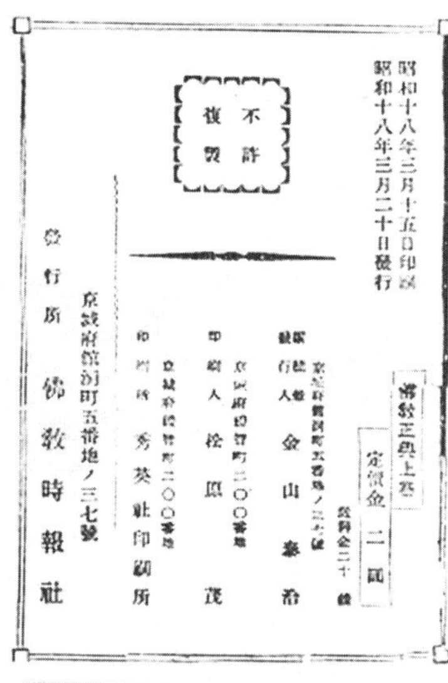

昭和十八年三月十五日印刷
昭和十八年三月二十日發行

不許複製

佛教正典上卷 定價金 二圓 送料金二十錢

著作兼發行人 [illegible] 金山泰治
印刷人 [illegible] 松原茂
印刷所 [illegible] 秀英社印刷所
發行所 [illegible]町五番地ノ三七號 佛教時報社

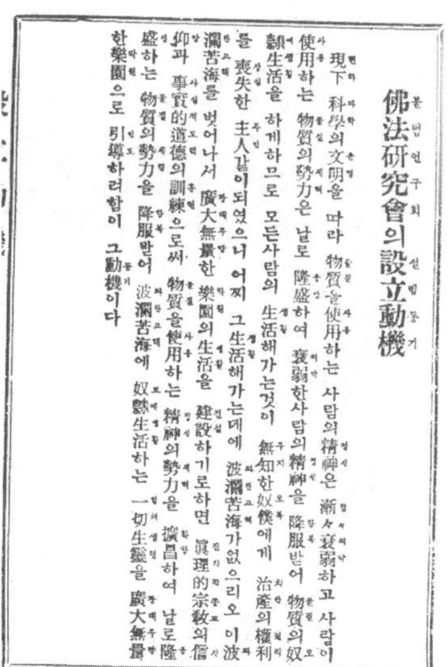

佛法研究會의 設立動機

現下 科學의 文明을 따라 物質을 使用하는 사람의 精神은 漸々衰弱하고 사람이 使用하는 物質의 勢力은 날로 隆盛하여 衰弱한 사람의 精神을 降服받어 物質의 奴隸生活을 하게하므로 모든 사람의 生活해가는 것이 無知한 奴僕에게 治產의 權利를 喪失한 主人같이 되였으니 어찌 그 生活해가는데에 波瀾苦海가 없으리오 이 波瀾苦海를 벗어나서 廣大無量한 樂園의 生活을 建設하기로 하면 眞理的 宗教의 信仰과 事實的 道德의 訓練으로써 物質을 使用하는 精神의 勢力을 擴昌하여 날로 隆盛하는 物質의 勢力을 降服받어 波瀾苦海에 奴隸生活하는 一切生靈을 廣大無量한 樂園으로 引導하려 함이 그 動機이다

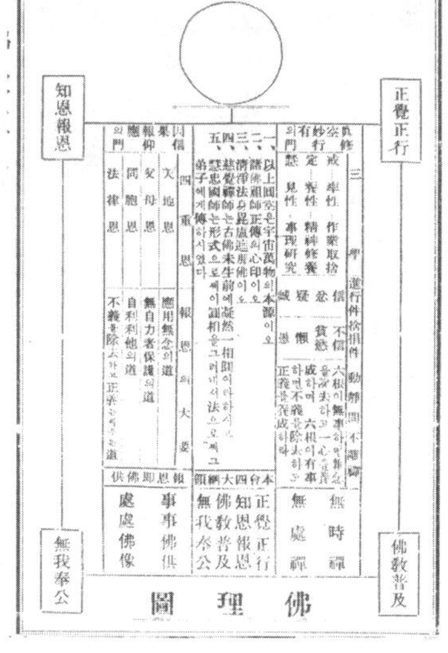

불교정전

소태산 대종사는 원기28년 5월 16일(음 4월 13일) 총부 대각전 예회에서 설법을 하시고 오후에 자리에 누워 익산에 총부를 건설하고, 꼭 19년 만인 바로 그 날 6월 1일(음 4월 29일)에 열반하였다.

소태산 대종사의 열반 소식을 들은 경성지부 회원들도 여느 제자들 못지 않은 슬픔에 젖었다. 소태산 대종사 발인식에 경성 회원 누구누구가 참석했는지는 자세히 알 수 없다.

소태산 대종사 열반 모습

경성지부에 하숙하며 경복중학교에 재학중이던 소태산 대종사 3남 박광진은 6월 1일 밤 열차로 성성원과 함께 익산총부로 향했다. 성성원은 소태산 대종사의 유체(遺體:몸)를 영구 보존하기 위해 경찰 공의(公醫)로 있는 남편 진대익(진주현, 외과의사)을 통하여

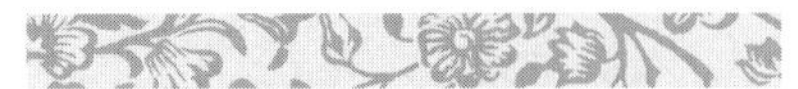

알코올을 구해 가지고 내려왔다.[4)]

주4) 박광진 구술, 박용덕, 원불교초기교단사 제5권 《천하농판》 420쪽

소태산 대종사가 열반하자 유체를 유리관에 영구 보관하자는 의견이 있어 황정신행은 일본에서 유리관을 구해 모시겠다고 하였으나 일경은 강력하게 화장을 주장하여 뜻을 이루지 못했다.[5)]

주5) 박용덕, 원불교초기교단사 제5권 상게서 421쪽

가방

소태산 대종사 장례를 9일장으로 신청하였으나 6일장으로 단축되고 6월 6일(음 5월 4일) 오전10시 총부 대각전에서 발인식이 불교시보사 김태흡 스님의 주례하에 이루어졌다. 소태산 대종사 세수 53세요. 깨달음을 얻고 가르침을 편지 28년, 익산총부를 건설한 후 만 19년 이었다.

소태산 대종사 평소에 사용하시던 유품들

15. 동대문부인병원에 여자청년들 취업

소태산 대종사 발인식을 마친 이틀 후인 원기28년 6월 8일(음 5월 6일)에 경성출장소 제2대 교무를 역임했던 정산 송규가 제2대 종법사에 취임했다.

일제는 제2차 세계대전에서 패전의 빛이 날로 짙어져 가는 가운데 익산총부를 비롯한 각 지부의 범종 및 유기를 헌납이라는 미명 아래 강제로 공출하도록 했다. 예회는 집회계를 제출하여 임석 경관의 설교 감청을 받아야 했으며, 국방헌금과 근로동원이 가중되었다. 총부 남자 청년은 징용을 피하기 위하여 산업대라는 이름으로 각지에 분산되고, 여자 청년 임원들도 정신대를 면하기 위하여 사무요원을 제외하고는 공장 혹은 병원에 분산 취업하였다.[1)]

이외 총부에 남아 있던 여자 청년들은 남자청년들과 같이 증산대원이 되어 산을 개간하고 밭을 만드는 일 등으로 힘든 나날을 보냈다.

경성 동대문부인병원이 원기23년(1938) 10월 경영난으로 어려움을 겪자 병원 관계자가 황정신행의 남편 강익하에게 인수할 것을 제의하여 병원건물 4층 1동과 2층 주택과 대지를 인수했다. 황정신행은 주택으로 이사하여 병원을 운영하다 모교인 이화여전에 부속병원

주1) 《원불교전서》 교사 제2편 5장 -일정의 탄압과 해방-

주2) 《황온순 천성을 받들어 90년》 96쪽

으로 쓸 수 있게 원기26년 3월부터 3년 동안 위탁하였다.[2)]

황정신행은 병원을 위탁하였으나 2층 주택에서 가족과 함께 살고 있었다. 일제 탄압에 의한 정신대를 면하기 위해 여자 청년 임원들은 황정신행의 주선으로 이화여전 부속병원에서 근무를 함으로써 일제의 막바지 탄압을 모면했다.

정신대를 모면하기 위해 동대문부인병원에 취업한 총부 여학원생들이 관계자 등과 함께
(좌로부터) 1열 : 성의철, 정자영(병원장), 이공주, 황정신행
2열 : 취업 여학원생 송자명, 이용진, 송영봉, 김서업, 박은섭

원기28년 9월부터 황정신행 소유의 경성 동대문부인병원(현 이화여대부속병원)으로 송자명, 이용진을 시작으로 송영봉, 박은섭, 김서업, 정양진 등이 병원에 파견되었다.

박은섭, 이용진, 송영봉은 간호보조로 일을 하고 송

자명 김서업, 정양진은 병원살림을 주관하여야 할 형편에 따라 살림을 맡아했다.

당시 산부인과에는 환자가 40여 명에 이르러 힘겨운 가운데 처음에는 난방 연료로 석탄을 때다 일제 말엽에는 석탄마저 없어 쇠로 된 통에 더운물을 넣어서 온기를 유지하며 겨울을 지냈다.

하루 종일 병원의 고된 일을 마치면 숙소인 병원 4층이 너무 추워, 당시 근무했던 사람 대부분이 몸이 많이 쇠약해지고 근육통이 생겨 오늘날까지 고생을 하고 있다고 송영봉은 말한다. 때로는 숙소 창문을 열고 동대문 전차 종점으로 들어오고 나가는 전차를 하염없이 쳐다 보기도 하였다.

익산총부에서 공익부장인 박장식이 병원에 가끔 들러 격려하며 위로해 주곤 하였다. 병원에서 근무하는 여자 청년들은 당시 1개월 급료로 일본 돈 15원을 받아서 총부로 보내 앞으로 공부할 비용으로 저금하고 한 달 중 10여 일간 야간근무를 해서 받은 5원으로 용돈을 썼다. 명절 때는 교대로 돈암동 경성지부에 가서 지냈다. 송영봉과 이용진, 정양진이 2년 정도 가장 오래 병원에서 근무를 했다.[3)]

동대문부인병원을 인수한 황정신행은 소태산 대종사가 상경하면 초대하여 공양을 올리기도 하였다. 따라서 동대문부인병원은 여자 청년들이 근무하기에 앞

주3) 원기90년 2월 익산총부 중앙수도원에서 승타원 송영봉 종사와 필자와의 대담에서 구술.

동대문부인병원에서 이공주, 황정신행

서 인연이 깊은 곳이다. 황정신행이 어느 날 소태산 대종사를 동대문부인병원에 초대하였다. 초대에 응하여 병원에 가자, 소태산 대종사께 지하실에 얽힌 무서운 이야기를 전했는데 그 내용이 일화로 전해진다.

동대문부인병원 부엌에서 일하던 사람이 죽었다. 매일 가마솥에 한 솥씩 미역국을 끓여 산모들에게 대주곤 하던 두 아주머니가 지하실 방에서 구공탄 아궁이를 열어놓고 방문을 꽁꽁 닫고 자다가 변을 당하였던 것이다. 시체를 내온 사람들에 따르면 두 눈을 파랗게 뜨고 죽었다 하여, 그 뒤 아무도 지하실에 내려가는 사람이 없었다.

그리하여 황정신행은 소태산 대종사께 말했다.

"무서워서 아이들이 지하실에 가려고도 안 해요. 종사님, 귀신 좀 쫓아주세요."

"거 무슨 소리냐. 어디 가보더라고."

"안 됩니다."

나무 층계가 삐걱거리는 지하실 문을 열고 소태산 대종사 앞장섰다. 황정신행은 가슴이 조마조마하였다.

소태사 대종사 지하실을 이곳저곳 둘러보며 겁을 먹고 따라온 사람들을 꾸짖었다.

"그런 게 어디 있느냐! 요망스러운 것들, 암시롱도 않은데 그러냐."하고 지하실을 나왔다.

그 뒤로 지하실의 무서움 증은 말끔히 사라지고 누

구나 드나들었다.

동대문부인병원은 주인도 건물도 바뀌었지만 옛 모습을 간직한 회나무 한 그루

원기30년(1945)부터 일제는 군부를 앞세워 한국에 있는 모든 불교를 황도화(皇道化)하기 위해 온갖 술책을 다 섰다.

불법연구회에도 《정전》, 《회규》에까지 그들의 국체, 국책에 맞도록 개편 시행할 것을 강요하고 황도 불교화를 강요하였다. 일제는 익산총부 대각전과 양잠실을 장악하여 일본군을 주둔시켰다.

8 · 15광복을 1개월여 앞두고, 미국 잠수함이 부산과 일본 하관 사이에서 연락선을 격침했다든지, 부산을 향하여 함포사격을 했다는 소문이 총부까지 들려왔다. 총부에서는 부산에 있는 교무들을 데려와야 한다는 의견과 회관을 지키다 순직하는 일이 있어도 회관을 지켜야 한다는 의견이 비등했다. 이에 정산종법사는 "내가 직접 부산에 가서 실정을 보고 취사하겠다."며 부산으로 내려갔다. 이는 일제의 마지막 탄압을 종법사가 지방 순시라는 명목으로 비켜서기 위한 것이었다.

정산종법사는 부산에서 시국 안정을 위한 기도를 하고 용암지부를 들러 익산총부로 오는 기차 안에서 조국 광복의 소식을 듣게 되었다.

Ⅳ. 1945년 8 · 15 광복

1. 8 · 15 광복과 전재동포구호사업

8 · 15 광복과 총부의 대응

원기30년(1945) 8월 15일 조국 광복의 소식을 들은 총부 남학생들은 도끼를 들고 총부 정문으로 달려가 일제를 상징하는 벚나무를 사정없이 내려찍었다. 총부에 주둔해 있던 일본 군인들은 어디로 갔는지 보이지 않았다.

8월 15일 총부에서는 총무부장 송도성의 주재로 긴급 시국회의가 열렸다. 이날 안건은 '해방을 당하여 우리들 당연 급선무는 무엇인가' 였다. 박창기가 전제구호사업을 전개하자고 제의하였다. 이에 송도성의 적극 동의가 있었다.

8월 9일 소련군이 두만강을 건너 경흥을 진입해 나진, 웅기, 청진 등에 폭격을 가하면서 북쪽의 피난민들이 군산항을 통하여 이리로 들어오자, 일정 당국의 요

청으로 불법연구회에 서는 광복 전부터 이리역에 군인 막사를 빌려 구호사업을 실시하고 있었다.

이 경험을 바탕으로 지방에서만 할 것이 아니라 중앙에 가서 적극적으로 활동하자는 의견이 나와 송도성이 '불법연구회 전제동포원호사업회 설립취지'를 작성하는 한편 구호사업을 준비하였다.

불법연구회는 9월 5일 이리역전에서 귀환 전재동포 구호소 설치를 시작으로 구호사업을 본격적으로 시작하였다.[1)]

서울[2)]구호소 소장에 유허일, 부소장에 총무부장 송도성, 이리후생부는 송혜환이 소장으로 임명되었다.

송도성 부소장은 수위단 중앙이며 행정책임자인 총무부장으로 실질적으로 서울구호소, 이리후생부와 부산, 전주후생원의 모든 역할과 사무절차를 지휘하는 총책임자 역할을 하였다. 송도성과 일행 8명은 보화당에서 원호사업비 1만원을 가지고 9월 6일 이리역에서 열차로 서울로 출발하였다.

불법연구회가 전재동포구호사업을 위해 서울에서 구호소 장소 등을 물색하며 바쁘게 준비를 하고 있을 때, 미군이 9월 8일 인천에 상륙하여 서울 시민들의 환영 속에 9월 9일 서울에 입성하였다. 그리하여 경복궁에 있는 조선총독부에서 미국 진주군 대표가 참석한 가운데 항복문서 조인식이 이루어져 총독부 광장 게양

주1) 불법연구회 전재동포구호사업에 대하여는 《원불교교전》 〈원불교교사〉,《원불교교고총간》 제5권 원기31년도 사업보고서. 박정훈, 《정산종사전》, 선진문집 3권 《주산종사문집》. 박용덕, 원불교초기교단사 제3권. 이공주, 《원불교 제1대 창립 유공인 역사》 제1, 2권. 《원불교 72년 총람》 제1, 3권. 황온순문집간행위원회 《황온순 천성을 받들어90년》. 원불교신보신서 2 《구도역정기》. 박장식, 《평화의염원》. 박정훈 · 손정윤 《개벽계성 송규종사》등의 참고자료와 서울 구호소에서 처음부터 끝까지 구호활동에 참여하였던 민산 이중정 종사, 서울 영동교당 봉산 정성집 교도와의 인터뷰 구술자료를 토대로 엮었음을 밝힌다.

주2) 1910년 일제가 한성부를 경성부로 바꾼 것을 1945년 8월 15일 광복이 되자 서울이라 쓰기 시작하여 원래 '수도'라는 뜻의 서울이 대한민국의 수도를 가르키는 고유명사가 되었다.

대에서 일장기가 내려짐으로서 잔인한 일제 식민통치가 막을 내렸다. 그러나 일장기가 내려진 게양대에는 태극기 대신 미국 성조기가 게양됨으로서 광복된 조선의 주인이 미국으로 바뀐 꼴이 되었다.

경복궁에서 일제의 항복 조인식

전재동포 서울 구호소 설치

서울구호소는 서울역을 중심으로 구호사업을 펼치기 위하여 9월 10일 남대문통 5정목 70번지 세브란스병원 앞 적산[3]가옥 3층집 마사무네 상회 기린비루 술집에다 정하였다. 광천목에다 세로글씨로 '불법연구회 귀환동포구호소'라는 표기를 내걸고 서울역 앞에서 전재동포들을 안내하였다. 불법연구회에서는 큰 가마솥과 함지박을 장만하여 취사준비부터 하였다. 1층은 급식소, 2층은 사무소로 불법연구회에서 사용하고,

주3) 1945년 8 · 15광복 이전에 한국 내에 있던 일제나 일본인 소유의 재산을 광복 후에 이르는 말 =귀속재산

3층은 개인이 사진관으로 사용하였다.

서울역에는 불법연구회 뿐만이 아니라 몇몇 단체에서 전재동포구호사업을 하였다. 그 당시 서울지역의 전재동포구호사업소 본부는 서울시청에 있었다.

서울역에서 귀환동포들을 합숙소로 안내하는
불법연구회 봉사원들(원기31년 3월 12일)

송도성은 서울시청에 찾아가 미 군정청 하의 시장인 크롬웰스과 김형민 부시장에게 협조를 구했다. “불법연구회가 구호사업을 하려고 서울역전에 표기를 내걸어 놓았습니다. 도와주십시오.” 그러나 큰 도움을 받지 못했다.

구호사업 시작 처음엔 일본군이 남기고 간 담요, 옷가지, 모자 등을 나누어 주었다. 구호물자 등의 어려움을 겪다가 서울지부 황정신행 주무의 외교와 노력으로, 미군의 협조 허락을 얻어 수색에 있는 미군부대에

가서 트럭으로 식량과 의복 등 구호물자를 실어왔다.

연일 귀환동포는 인산인해를 이루었다. 인천항으로 들어오는 중국 귀환동포, 소련군의 진입으로 북쪽에서 내려오는 전재민들, 부산항에서 올라오는 귀환동포들이 연일 물밀 듯이 서울역에 내렸다.

김윤중, 정자균, 정성집 등 남자 임원들은 서울역 앞에서 플랫카드를 들고 전재민들을 구호소로 안내하여 무료로 식사를 제공하고 무임승차권을 지급하였다. 형편이 딱한 사람들은 의복, 신발, 담요 등을 주었다. 경성지부에서 근무하던 이성신, 정재윤 등과 서울지부 회원들은 따뜻한 물과 주먹밥을 만들어 주었다.

전재동포구호사업에 앞장섰던 청년들이 김정용의 방문을 받고 기념촬영
좌로부터 김정용, 이중정, 김윤중, 정자선

보통 하루에 400~500여 명이 몰려와, 일손이 딸려 송도성 부소장도 서울역에 나가서 직접 임원들과 함께

일을 하고 박창기도 총부에서 올라와 구호사업을 도왔다.

구호소 사무실에서는 이중정이 회계를 담당하였다. 구호사업 물자관리 등으로 인하여 서울지부에서 사용하던 남자 숙소를 구호소 2층 사무실로 옮겨와 숙소를 겸했다.

송도성은 의자에서 자고 남자임원들은 동선을 바닥에 깔고 잠자리를 했다. 그런데 어느 날 합선으로 이불에 불이 붙어 창밖으로 내던지는 소동이 벌어지기도 하였다고 이중정은 말한다. 구호소를 찾아오는 사람들 중에 하룻밤을 자고가야 하는 사람들을 위해서 구호소에서 남대문 방향으로 300~400m에 위치한 현 청하빌딩 인근 적산가옥과 여관을 활용하여 잠을 재워 이튿날 연고지로 떠나도록 하였다.

불법연구회 구호전단과 수용소 내부 모습

환자들은 의사 몇 사람이 남아 텅 빈, 구호소 앞 세브란스병원에서 치료받도록 하였다. 구호소 임원들은 전염병으로 인하여 죽은 사람의 뒤처리까지 하며, 고아들을 어디로 보낼 수 없어 임시로 세브란스병원에 수용하며 돌봐주었다. 미군들은 불법연구회 회원들의 헌신적인 구호사업에 감복하여 구호품을 가져오고 구호사업 활약상을 무비카메라로 취재해 가기도 하였다.

서울역 앞 세브란스병원의 옛 모습

당시 다른 구호단체에서는 구호물자가 유실되거나 빼돌리는 경우도 있었으나 불법연구회에서는 그런 일은 일체 없었다. 송도성 부소장은 "양말 한 켤레라도 저 사람들을 위해 나누어 주어라."고 강조하였다. 이런 헌신적인 활동에 미군뿐만이 아니라 건국준비위원회에서도 적극적으로 후원하여 주었다.

청년들에게 용기와 희망을

8·15광복 후 나라 현실은 또 다른 시련에 부딪치고 있었다. 사상은 좌우로 분열되고, 국내 정치 현실은 수많은 정당과 사회단체가 난립한 가운데 갈등과 대립을 이루고 있었다.

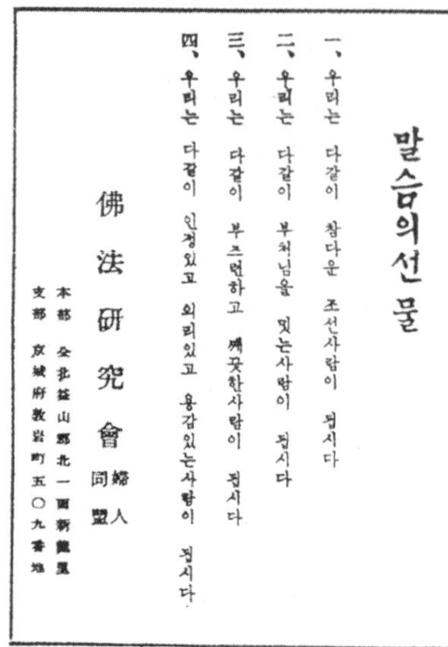

말슴의선물

一、우리는 다같이 참다운 조선사람이 됩시다
二、우리는 다같이 부처님을 믿는사람이 됩시다
三、우리는 다같이 부즈런하고 깨끗한사람이 됩시다
四、우리는 다같이 인정있고 의리있고 용감있는사람이 됩시다.

佛法研究會 婦人同盟
本部 全北益山郡北一面新龍里
支部 京城府敎岩町五〇九番地

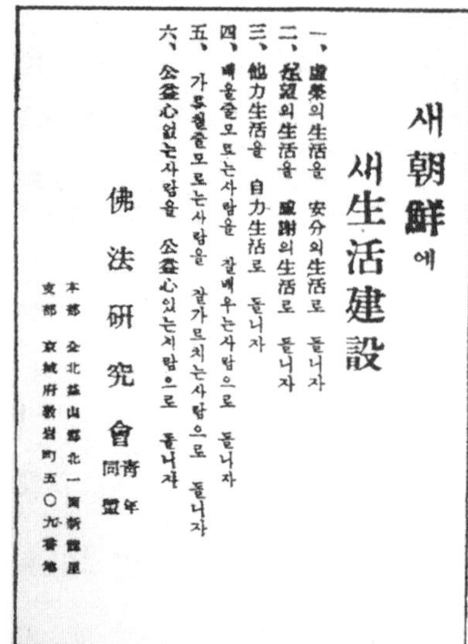

새朝鮮에 새生活建設

一、虛榮의生活을 安分의生活로 돌니자
二、怨望의生活을 感謝의生活로 돌니자
三、他力生活을 自力生活로 돌니자
四、배울줄모르는사람을 잘배우는사람으로 돌니자
五、가르칠줄모르는사람을 잘가르치는사람으로 돌니자
六、公益心없는사람을 公益心있는사람으로 돌니자

佛法研究會 靑年同盟
本部 全北益山郡北一面新龍里
支部 京城府敎岩町五〇九番地

불법연구회 구호전단

정산종법사는 정치적으로나 사상적으로 국가에 큰 혼란이 있을 것으로 예견하고, 광복 직후 새나라 민주국가 건설의 길을 한 권의 책으로 엮어 《건국론》이라 하고, 1945년 10월 프린트 판으로 발간하여 정계요인들과 교단요인들에게 고루 배부하였다. 《건국론》은 교단이 나아가야할 길과 전재동포구호사업의 정신적 지주로서 구호사업에 사상적 바탕이 되었다. 정계 요인으로는 임시정부 주석인 김구 등의 열렬한 공감을 받았다.

거국적인 구호사업에 처음에는 30여 개 단체가 참여하였으나 얼마 가지 않아 8,9개 단체만 남았고 그나마 단순 봉사활동에 그치고 말았다. 그러나 불법연구회 구호사업은 물질적 혜시(惠施)에만 치중하는 것을 지양하여 전재민들에게 정신적 주체성 확립과 인격수양을 강조하였다. 그리하여 교법정신에 입각한 전단을 작성하여 배부하였다.

귀환동포 가운데는 학병으로 끌려갔던 청년학생들이 많이 있었다. 송도성 구호부소장은 이들에게 특별

히 숙식을 제공하고 그들의 앞날에 용기와 희망을 불어넣어 주었다.

불법연구회 구호소에서는 처음에 이 학병들을 덕성여학교에 수용하다가 삼청동 학생회관으로 옮겼다.

경복궁 앞 경성 부민관과 태평로

서울에 돌아온 학병들은 자체 연맹을 조직하여 서울에서 가장 큰 강당인 부민관[4]에서 '명사사상 강연'를 주체하면서 송도성을 종교계 대표로 초청하였다. 송도성은 청년학생들에게 용기와 희망을 불어넣는 사상강연을 하였다. 부민관에서 대외적인 사상강연은 교단사상 수도 서울에서 처음 있는 일이었다. 송도성은 또 최명부 서울지부장의 주선으로 매월 넷째 주 수요일마다 경성방송국에 나가 방송설교도 하였다. 송도성의 방송설교는 교단역사상 처음 있는 일이었다.

불법연구회 서울구호소에서는 임원 46명이 밤낮으

주4) 민족 항일기인 1935년에 준공된 경성부 태평로에 세운 부립극장으로 경성에서 가장 큰 강당이었다. 1950년에는 국회의사당으로 사용되다 국회가 여의도로 이사하면서 시민회관으로 사용하였다. 현재 세종문화회관 별관으로 이용되고 있다.

로 교대하며 활동을 하였으며 임원 이외에도 서울지부 회원들이 식사일체와 병자 간호에 나섰고, 개성지부 회원들은 의복을 만들어 공급하였다.

불법연구회의 헌신적인 구호사업에 김구, 김규식, 신익회, 조소앙, 엄항섭 등이 격려차 구호소를 자주 다녀가곤 하였다.

세브란스병원에 임시 수용하고 있던 고아 18명을 모아 원기30년(1945) 12월 10일 황정신행이 운영하는 동대문부인병원에 수용하였다.

2. 약초관음사 인수와 서울출장소 설치

약초 관음사 인수

약초관음사 법당

주5) 황정신행의 인도로 소태산 대종사를 배견 한 후 입문하였고, 원기33년에 서울 지부장에 임명되어 지부 발전에 노력하였다. 광복 후 숙명여고와 숙명여대를 좌익으로부터 옹호하여 학교장에 취임하고 난국을 타개하였다. 그 후 원광대학 설립 심의안 통과에 문교당국자와 심의위원들을 설득하여 통과시키는 데 큰 역할을 하였다.

황정신행은 성의철[5]과 함께 한남동 남산에 위치한 약초관음사를 찾아갔다. 대구보(大久保) 주지는 일본으로 돌아가는데 노자(路資)가 없다며 도와달라 하여 1,000원을 주었다. 주지는 약초관음사를 불법연구회가 맡아줄 것을 원했다. 그들이 떠나자 교단에서는 약초관음사를 정각사(正覺寺)로 이름을 바꾸고 송도성,

이동진화, 황정신행, 이성신 등이 묵으며 '전재구호소'란 간판을 걸었다.

그 후, 원기31년 2월 동대문부인병원에 임시 수용했던 고아들을 정각사로 옮기고 '서울보화원'이라고 개명하였다. 황정신행이 원장을 맡았고, 고아 35명에 임원은 20명이었다.

돈암동에 있는 서울지부는 위치가 도심에서 멀리 떨어진 탓에 여러 가지 어려움이 있어 방매하고, 임시로 한남동 정각사로 옮겨 전재동포구호사업에 참여하여 봉사를 계속하다가, 6월에 용산 한강로에 있는 일인사찰 용광사를 인수하여 옮겼다.

송도성의 열반

전재동포 중에 전염병에 감염되어 발질티푸스[6]로 78명이 사망하고 응급치료 400명, 입원치료를 100명이 받았다. 헌신적인 구호활동을 하다 경성지부 교무 박제봉 등 임원들 상당수가 감염되어 고생하였다.

송도성이 영산지부 교감 및 지부장으로 근무할 때 학원생 중 한 명이었던 정성집이 구호활동 중에 전염병이 옮았다. 송도성이 정성집을 돈암동 서울지부로 데리고 가서 40여 일간 한의사의 치료를 받도록 하여 전염병이 치료되었다고 정성집은 말한다.

송도성은 구호사업을 정리하는 단계에서 이재민으

주6) 리케차를 병원체로 하여 전염되는 급성 전염병. 겨울에서 봄에 걸쳐 발생하는데 잠복기는 13~17일이다. 발병하면 갑자기 떨리며 오한이 나고, 40도 내외의 고열이 계속되어 의식을 잃으며 온몸이 붉고 작은 발진이 생긴다.

로부터 발진티푸스에 감염되었으나 감염사실을 몰랐다. 원기31년 3월 15일 학림 설립문제, 보화원 운영 자금문제, 구호사업 철수와 총부출장소 서울설치 문제 등의 현안을 상의하기 위하여 트럭으로 8시간이나 걸려 익산총부로 내려오는 도중 건강이 악화되어 서울구호사업 마무리 단계인 3월 27일, 40세를 일기로 순직하였다.

송도성. 서울 정각사에서 소태산 대종사의 초상화를 모시고

출가재가 모든 대중은 소대산 대종사의 열반으로 큰 슬픔이 가시기도 전에 송도성이 열반하자 더욱 슬픔을

이기지 못하였다. 경성출장소 초대교무와 서울구호사업으로 서울과 인연이 깊은 교단의 큰 기둥 송도성의 열반에 대하여, 원기 31년도 사업보고서 건국사업 상황에서는 총부 상황을 아래와 같이 기록하고 있다.

'단기4278(원기30년)년 8월 15일 이후 전재동포구호사업(서울, 이리, 부산, 전주 등지)을 하여 경향을 불구하고 쫓아다니시던 주산 송도성 선생은 우연히 유행성독감에 걸리어 점점 중태에 들어가매 총부 동지 일동은 우려에 쌓이어 신·구의사의 극진치료로 간호하였으나 약석(藥石)의 별 효과를 내지 못하고 병술(丙戌) 3월 27일 오전 3시에 40세를 일기로 입적의 최후를 고하니 슬프다. 본회에서는 동량이 부러졌고 법사님(정산종법사)과 일반 동지에는 한 팔을 꺾였도다. 가족과 동지의 애끓는 통곡성은 그칠 줄을 모르며 그의 비보를 받은 각 지방 교무 요인들은 계속 내도(來到)하여 슬픈 가운데 만반 준비를 함께 한 후 3월 31일 오후 2시에 영결식과 아울러 출상 예를 마치니 인생의 무상을 더욱 느꼈다.'

송도성의 열반으로 각 지방 교무 요인들이 총부로 오자 총회를 앞당겨 4월 2일 하였다.

전재동포구호사업의 마무리

불법연구회 서울구호소 전재동포구호사업은 1945년

9월 10일부터 1946년 3월 31일까지 처음부터 끝까지 6개월 20일간을 계속하였다.

구호기간 중 소요된 경비는 50만원이 들었다. 약 7개월간 식량은 백미 420가마, 잡곡 240가마가 들어갔다. 구제 상황은 급식이 42만 명, 숙박 인원이 11만 명, 의복제공이 3천건이었다.

불법연구회 전재동포구호사업은 서울, 이리, 전주, 부산 등지를 합하여 80여만 명이 구호를 받았고, 구호에 500여 명의 불법연구회 회원이 동원되었으며, 동원 대신 노임제공과 동원에 따른 제반 비용이 약 120만원에 달했다.

이렇게 헌신적인 구호사업으로 인하여 지역사회에 신용을 얻어 서울에서는 당국으로부터 일인 사찰인 한남동 약초관음사(현 예술인교당), 용산 소재 용광사(현 서울교당)를 불하받았다. 돈암동에 있던 서울지부를 매각하여 옮겨가기까지 서울지부는 4개월여를 남산 정각사에서 생활하였다.

당시 구호사업 일환으로 박문사(현 신라호텔 자리)와 불법연구회 구호소 건물 등 적산가옥을 인수하자고 하는 사람도 있었다.

이에 대해 정산종법사는 말렸다.

"정각사(약초관음사)만으로 만족하다. 구호사업을 잘하는 것은 썩 좋은 일이나 땅이나 물건을 소유할 욕

심을 내는 것은 어리석은 짓이다."

부산지역에서는 부산후생원 구호사업으로 출운대신사를 접수하고 후에 불하받아 부산교당이 되었다.

소태산 대종사는 원기25년 10월 일제의 강요에 일본을 가기 위해 부산에 가서 준비하고 있다가, 막상 일본이 허가증을 발부하지 않아 가지 않고 총부로 오기 전 용두산 공원과 일인 사찰 몇 곳과 신사를 들러보게 되었다.

이때 동원본사 절 옆에 일제는 출운대신사를 짓는 공사가 거의 마무리 될 즈음이었다. 소태산 대종사 출운대신사에서 "여기 좀 쉬어가자"하며 한참을 쉬었다.

'소태산 대종사가 잠시 쉬었던 곳이 후에 불하를 받게 되는 인연이 되었는지도 모를 일이다' 라고 당시 소태산 대종사를 모시고 갔던 박장식은 말했다.

서울출장소 설치

원기 31년 3월, 총부와 서울간 연락과 서울지역 업무를 위하여 정각사에 '서울출장소'를 설치하고 김대거를 출장소장에 임명하였다. 김대거는 서울출장소장으로 3년간 근무하면서 김구, 이승만, 이시영, 조병옥, 장택상, 김성수, 김창숙 등 수많은 정치 지도자들과 교류하였다. 김대거는 황정신행의 인연으로 정각사 서울출장소를 찾은 이승만을 만났다. 그 후 김대거와 박장

식이 이승만의 이화장을 찾았을 때 이승만은 김구를 소개시켜 주었다. 김구는 이화장에서 김대거를 만난 후 서울출장소를 자주 찾았다. 그 후 서울출장소가 있는 정각사는 많은 정치인들이 찾아와 모임을 갖기도

정각사 서울보화원의 옛 모습(원기30년)

정각사터의 현재 모습(예술인교당)

하였다.

정각사는 한국전쟁 당시 국방부에 의해 일방적으로 징발조치를 당했고, 원기44년에는 남산공원 용지로 편입되어 공유화하기로 되었다는 서울시로부터 통보를 받아, 원불교에서는 진정서를 각계에 제출하는 등 불하운동을 전개하였다. 그리하여 미8군 사령부에 강제 징발된 토지를 제외한 가옥과 대지, 임야 12,000평을 원기46년에 많은 시련을 극복하고 불하받았다. 정각사를 불하 받는 데는 이공주가 자신의 필생사업으로 여기고, 불하운동을 하며 불하대금 등 모든 경비를 사재로 담당하였다.

원기46년 정각사에 '서울수도원'을 설립하고 이공주가 원장에 선임되어 수도원을 건립하고자 하였으나 많은 장애로 뜻을 이루지 못했다. 그 후 원불교 서울회관 건축과 원광중·고등학교가 경제적 위기에 처해 서울수도원 부지 일부를 매각하여 그 대금으로 위기를 넘기게 되었다.

제2부
원불교 경성지부 유공인

Ⅰ. 소태산 대종사

경성지부 창립에 있어서 재가·출가 많은 유공인이 있지만 소태산 대종사의 공은 논할 수 없을 만큼 지대하다. 다만 교조이기에 경성지부 창립유공인이라 표현하지 않을 뿐이다.

소태산 대종사가 익산에서 불법연구회 창립총회를 하기전 원기9년부터 원기28년 열반까지 19년간의 익산전법기 중에 익산총부 다음으로, 경성에서 가장 많이 머물며 성적을 나투었다. 경성에서 몇 차례 며칠을 머무셨는지 정확한 기록은 파악할 수 없지만 초기교단 기록을 통하여 추정하면 익산 전법 19년 중 3분의 1정도는 머무시었다고 해도 과언은 아니다.

소태산 대종사 당대에 지부와 출장소는 20여 곳이

조금 넘었다. 그 중, 경성지부는 가장 많은 원력과 성은을 입은 곳이다. 어찌보면 현재 서울의 많은 교당들과 기관이 소태산 대종사께서 경성에서 나투었던 성적 인연지에서 연원을 찾아도 무방할 것이다.

1. 소태산 대종사 (小太山 大宗師 1891~1943)

소태산 대종사는 1891년 5월 5일, 전남 영광에서 부친 박성삼 대희사와 모친 유정천 대희사의 4남 2녀 중 3남으로 탄생하였다. 어려서부터 자연현상과 인생에 대하여 깊은 의문을 품어 20여 년간의 구도고행 끝에 1916년 4월 28일, 26세에 스스로 대각을 이루었다.

소태산 대종사는 대각(大覺)을 이룬 후 세상을 두루 살펴보니 인류의 정신은 날로 그 힘을 잃고 물질의 세력은 날로 융성하여 물질의 노예가 되어가고 있었다. 이에 소태산 대종사는 '물질이 개벽되니 정신을 개벽하자.' 는 표어 아래 새 회상 원불교를 창교, 새 회상의 첫 사업으로 제자들과 저축조합을 설립하고, 원기3년부터 길용리 앞바다를 막아 1년여 만에 2만6천여 평의 논을 만들었다. 그 후 원기4년 인류구제를 위한 기도를 통하여 진리계의 인증(법인성사)을 받아 새 회상창립의 기초를 마련했다.

소태산 대종사는 법인성사를 나툰 후 원기4년 말, 부안

소태산 대종사

군 변산에 입산하여 봉래정사에서 원기5년 4월에 새 회상 교강인 인생의 요도 사은사요와 공부의 요도 삼강령 팔조목을 발표하였다. 또한 새 회상의 첫 교서인 《조선불교혁실론》과 《수양연구요론》을 차례로 초안하였다. 소태산 대종사 봉래정사에서 창립 인연을 만나오던 중 김제에 사는 서중안을 만나 그의 간곡한 청에 응하여 하산하기로 했다. 원기9년 6월 1일(음 4월 29일) 이리 보광사에서 불법연구회 창립총회 후 익산군 북일면 현 위치에 총부 건설을 하였다.

소태산 대종사는 익산에 총부를 건설하기 전인 원기9년 3월 30일(음 2월 25일) 처음 상경하여 원기28년 3월 29일(음 3월 2일) 마지막 상경까지 1년에 5~10여 차례씩 상경하여 많은 인재를 만나 새 회상 창립의 주역이 되게 하였고, 경성지방 회원들의 공부를 진작시키며 많은 법문을 하였다. 경성지부 돈암동회관 건축 시에는 직접 감역을 하였으며 경성에서 혼자 혹은 경성회원들과 경성과 경성 인근의 많은 지역을 탐방하였다. 또한 경성에서 시국의 정세를 관망하여 시세에 대응하며 일제의 탄압을 극복하였고 견문을 통하여 많은 법문의 자료를 삼았다.

소태산 대종사는 익산총부 건설 후 익산총부 다음으로 경성에서 가장 많이 주재하였다.

소태산 대종사가 익산총부에 주재하며 제자들과 함

께 교단창립에 노력할 때, 일제는 총부구내에 '북일주재소'를 설치하고 소태산 대종사와 불법연구회를 감시하였다. 소태산 대종사는 일제의 온갖 핍박 속에서 새로운 문명세계에 대한 희망을 제시하고 교화·교육·자선사업을 진흥시키며 중생교화에 헌신하다가 '유(有)는 무(無)로 무(無)는 유(有)로 돌고 돌아 지극(至極)하면 유와 무가 구공(俱空)이나 구공 역시 구족(具足)이라.'는 게송을 전하고, 원기28년 6월 1일(음 4월 29일) 53세로 열반하였다.

소태산 대종사의 성은 박(朴)씨이며, 이름은 중빈(重彬), 호는 소태산(小太山), 대종사(大宗師)는 원불교에서 부르는 존칭이다.

Ⅱ. 경성지부 창립주 16인

원기20년 1월호인 〈회보〉 제14호 '경성지부 연혁상황'에 의하면 소태산 대종사는 민자연화, 이현공, 박공명선, 김낙원, 이동진화, 이성각, 이공주, 이정원, 심오운, 이철옥, 성성원, 김삼매화, 지환선, 박보순화, 신원요, 진정리화(기자의 실수로 이름이 빠졌음을 다음호 광고란에 밝힘)를 경성지부 창립주라 하였다. 또 16인 이외에 김영신, 조전권도 정신 육신으로 노력하였다고 했다.

경성출장소 제2대 교무를 역임한 정산종사(송규)는 새 회상 제1대 제1회 12년의 역사를 기록한 〈불법연구회 창건사〉에서 '경성출장소 설치'에 대하여 아래와 같이 기록하였다.

'경성은 갑자(甲子) 이후로 회원이 점차 증가되어 독신자(篤信者) 10여 인이 있었으나 총부와 거리가 너무 멀어 모든 회원은 이를 항상 유감으로 생각하던 바, 7월경(원기11년)에 이동진화의 특지로 부내(府內) 창신

동 605번지에 목조 초즙 5간 1동과 4간 1동을 대지 병합하여 시가 1천여 원 가치를 의연함에 따라 이동진화와 당지 회원 이공주, 민자연화, 이성각, 박공명선, 이현공, 성성원, 이정원, 심오운, 김낙원, 이철옥 등이 병력(竝力)하여 유지비를 부담하고 김삼매화은 헌신적으로 직접 치산을 자담하여, 장소와 유지 계획이 대강 완성된 후 총부에 교무 파송을 요구하므로 서무부 서기 송도성을 동소(同所) 교무에 임명하여 경성에 파견하였다.'

경성출장소 창립과 발전에 정신 · 육신 · 물질 삼방면에 가장 많은 노력을 한 이공주는 원불교 제1대 성업봉찬회 회장으로 《원불교 제1대 창립 유공인 역사》를 정리하며 경성출장소 창립 발기인을 13인이라 밝히었다. 〈불법연구회 창건사〉에 기록된 12인 이외 1인이 누군인지 정확히 알 수 없으나 박보순화로 추정된다. 박보순화는 원기10년 이동진화의 인도로 입교하여 믿음이 독실한 회원이었다.

소태산 대종사는 경성출장소 창립 발기 13인과 경성출장소 발전과 돈암동회관 신축 등에 공이 큰 지환선, 신원요, 진정리화 3인을 합한 16일을 경성지부 창립주라 하였다.

1. 낙타원 민자연화
(樂陀圓 閔自然華, 1859~1932) 정사

민자연화

경성출장소 창립 발기 13인 중 한 사람인 낙타원 민자연화는 서울 서린동에서 부친 민덕현 선생과 모친 함씨의 1남 2녀 중 차녀로 태어났다.

민자연화는 14세경부터 홀로 된 이모가 불법을 신봉하는 것을 보고 불법을 믿게 되었다. 18세에 이유태와 결혼하여 3남 3녀를 법도 있는 교육과 시대에 맞는 교육을 한 후 모두 결혼시켜 원만한 가정생활을 하게 하였다. 민자연화의 나이 50세에 백용성 스님이 인근 봉익동에 대각사(大覺寺)를 설립하자 지극한 정성으로 15년간을 믿고 수행하였다.

원기9년 소태산 대종사 두번째 상경길에 민자연화는 장녀 이성각, 차녀 이공주와 함께 창신동 이동진화의 수양채로 소태산 대종사를 찾아뵈었다. 소태산 대종사가 찾아온 이유를 묻자 민자연화는 '삼세일'을 이성각은 '정도와 사도'에 대하여, 이공주는 '삼세일과 정도와 사도' 두 가지 모두를 알고 싶다고 하자 소태산 대종사는 모두 알려 주겠다고 했다. 소태산 대종사와 숙겁의 인연은 이렇게 해후하게 되었다. 그 당시 민자연화와 이성각은 대각사 백용성 스님에게 불명을 받아 이공주만 법명을 받았다. 민자연화는 이듬해 초 이공

주의 연원으로 법명을 받고 소태산 대종사를 생불님으로 받들며 청법낙도 하였다.

민자연화는 68세시, 원기11년 경성출장소 창립을 위한 13인의 발기인 중 중요 인물로 참여하여 이듬해 정월 초 하루부터 매일 아침공부를 시작할 때 소태산 대종사 계시는 남쪽(익산총부)으로 예배를 올리는 정성을 쉬지 않았다.

원기15년부터는 매일 염불 혹은 좌선을 6~7시간, 경전 연습을 1시간씩 하였으며, 원기13년 제1대 제1회 총회시 법위가 예비 특신급에 올라 불비시수면(不非時睡眠)의 계문을 받아 정식으로 잠자는 시간 외에는 절대로 자리에 눕는 일이 없을 뿐 아니라 모든 계문을 준수했다.

소태산 대종사가 상경하면 민자연화는 가까이에서 식사수발을 하며, 공양하고 남은 밥을 즐겨 먹었다. 이와 관련된 법문이 〈대종경〉 변의품 16장이다.

민지연화가 원기17년, 74세로 열반하자 익산총부에서는 경성지방 지방장(地方葬)으로 결정하여 총부 대표로 전음광을 파견하여 신정예법에 의하여 추도식 및 착복식을 하였다.

원기13년 제1대 제1회 총회시 민자연화는 재가 회원 중 2등 전무주력자와 공부는 예비특신부, 사업은 5등 유공인이었으며, 원기38년 제1대 성업봉찬회시 공부

는 정식 법마상전급, 사업등급은 거진출진 정3등으로 원성적 정3등 이었다. 원기73년 제2대 말 성업봉찬시 공부성적을 정식법강항마위로 추존하였다

2. 구타원 이공주 (九陀圓 李共珠. 1896~1991) 종사

이공주

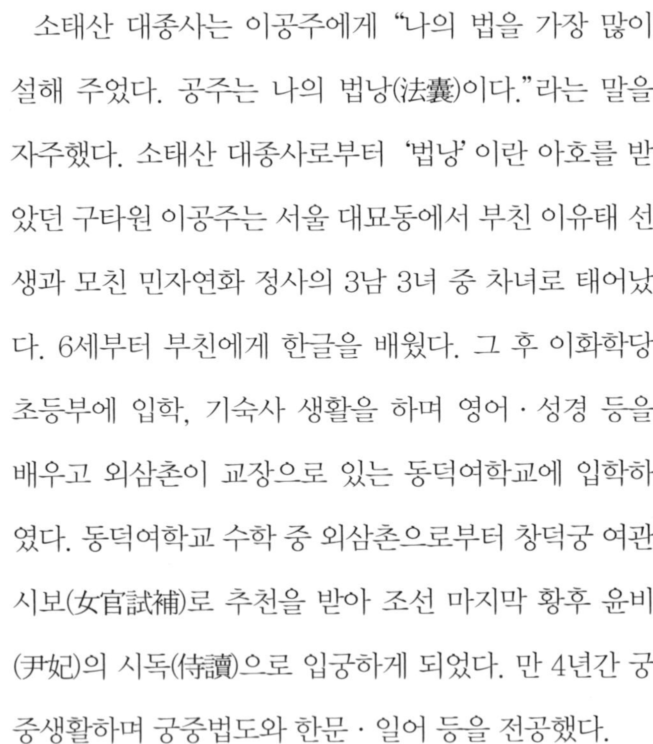

소태산 대종사는 이공주에게 "나의 법을 가장 많이 설해 주었다. 공주는 나의 법낭(法囊)이다."라는 말을 자주했다. 소태산 대종사로부터 '법낭'이란 아호를 받았던 구타원 이공주는 서울 대묘동에서 부친 이유태 선생과 모친 민자연화 정사의 3남 3녀 중 차녀로 태어났다. 6세부터 부친에게 한글을 배웠다. 그 후 이화학당 초등부에 입학, 기숙사 생활을 하며 영어 · 성경 등을 배우고 외삼촌이 교장으로 있는 동덕여학교에 입학하였다. 동덕여학교 수학 중 외삼촌으로부터 창덕궁 여관시보(女官試補)로 추천을 받아 조선 마지막 황후 윤비(尹妃)의 시독(侍讀)으로 입궁하게 되었다. 만 4년간 궁중생활하며 궁중법도와 한문 · 일어 등을 전공했다.

한일합방 후 1913년 18세시 퇴궁(退宮)하여 경성여자보통학교(현 경기여고)에 입학하여 졸업 후 일본 유학을 하여 문학박사가 되려했으나 가족들의 반대로 꿈

이 무산되었다. 이공주는 21세시 박장성과 결혼하여 박창기(묵산 대봉도)와 원기를 두었으나 결혼 8년만에 남편이 세상을 떠났다. 원기9년 소태산 대종사 두 번째 상경 길에 모친 민자연화, 언니 이성각, 조카 김영신과 함께 귀의하였다.

이공주의 나이 27세에 남편과 사별한 후 인생의 무상함을 느끼고 있을 때 소태산 대종사 '공주(共珠)'라는 법명을 주며 "세계 인류가 모두 함께 보는 보배로운 구슬이 되어 달라는 뜻이다."라고 말하였다. 원기10년 소태산 대종사가 "공주는 앞으로 어떤 큰일을 하고 싶소?"라고 물었을 때 이공주는 "일본으로 유학을 가서 문학박사가 되어 1천만 조선 여성을 위해 일하고 싶습니다."라고 대답했다. 이에 소태산 대종사는 "도덕박사가 되어 세계 전체의 여성, 나아가 세계 전체 인류를 제도하는 것이 좋지 않겠소."라고 하였다.

이공주는 경성출장소가 설립되기 전인 원기10년부터 소태산 대종사로부터 경성 주무로 임명되어 원기11년 경성출장소를 설립하는 발기인의 중심이 되어 출장소 설립에 큰 공을 세웠으며, 소태산 대종사 상경하여 활동하는 경비를 대부분 자담하였다. 원기15년부터는 재가로서 경성출장소 교무로 전력했다. 소태산 대종사는 이공주에게 가장 많은 법문을 설하였고 이공주는 〈약자로 강자되는 법문〉등 많은 법문을 수필하여 《대

종경》 편찬에 귀중한 자료를 제공했다.

이공주는 경성출장소 발전에 정신 · 육신 · 물질 삼방면에 경성회원 중 가장 많은 노력을 헌식적으로 하였으며, 원기17년에는 자신의 계동 사가를 방매하여 돈암동 새 회관터를 매입하고 모친 만자연화와 차자 박원기가 열반하자 장남 박창기와 함께 출가하여 익산 총부에서 생활하며 소태산 대종사를 가장 지근거리에서 모시었다.

또한 이공주는 박창기와 함께 물려받은 1천여 마지기의 유산을 교단 경제 운영에 적절히 사용하였다. 각종 초기교서 인쇄 비용과 〈회보〉 발행 비용이며 총부 대각전 신축, 제1대 성업봉찬사업 등에 정재를 희사하였고, 그 후에도 많은 교단사의 중추적인 역할을 다했다.

원기16년 여자수위단을 경성에서 조직할 때 중앙에 선임된 이후 줄곧 그 자리에서 소태산 대종사, 정산종사, 대산종사 3대 주법인 역대 단장을 보필하였다.

원기13년 제1대 제1회 총회시 이공주의 공부는 특신부, 사업은 정2등의 유공이었으며, 제1대내 창립유공인 중 특별창립유공자 즉 법훈 해당자가 되어 원기42년 개교기념식에서 대봉도 제1호의 법훈을 받았으며, 부군 박장성, 장자 박창기, 차자 박원기 등 일가족 4명이 모두 창립 유공인이 되어 정산종법사로부터 특별

공로표창을 받았다. 이공주는 원기73년 제2대 말 성업 봉찬대회 시 종사위에 승급하였다.

3. 기타원 이성각
(基陀圓 李性覺, 1886~1983) 정사

이성각

경성출장소 창립을 위한 발기인 중의 한 사람인 기타원 이성각은 서울 인의동에서 부친 이유태 선생과 모친 민자연화 정사의 3남 3녀 중 장녀로 태어났다.

부유한 가정에서 어려움 없이 생활하다 17세 시 동갑의 김일환과 결혼하여 현신, 영신 자매를 두었으나 23세 때 부군이 열반하여 부모님의 주선으로 친정에 돌아와 두 딸을 양육하며 모친 민자연화를 따라 대각사를 다니며 백용성 스님의 지도 아래 독실한 신심으로 불제자로서 지켜야 할 일과를 모두 지키며 생활하였다.

소태산 대종사 두 번째 상경시인 원기9년 10월에 박사시화의 인도로 창신동 이동진화의 수양채에서 모친 민자연화, 동생 이공주와 함께 소태산 대종사를 뵙고 다년간 쌓인 소원을 일시에 성취한 듯 기뻐하였으나 대각교를 다니며 백용성 스님에게 불명을 받았으므로 법명을 받지 않고 있다가 이듬해 이공주의 연원으로

소태산 대종사께 귀의하여 법명을 받아 3대 4모녀가 소태산 대종사를 생불님으로 받들었다.

이성각은 모친 민자연화, 동생 이공주와 함께 경성출장소 설립 발기인이 되어 책임과 의무를 다하여 경성출장소 발전에 노력하는 한편 차녀 김영신을 전무출신시켜 여성 지방교무 1호로 새 회상에 헌신할 수 있도록 뒷받침했다. 또한 이 공부 이 사업에 일생을 바치기로 서원하고 소태산 대종사 상경시 청법낙도하는 가운데 언제나 극진히 사봉하며 소태산 대종사 익산총부로 가기 위해 경성역에 갈 때는 전송을 위해 항상 서울역까지 다녔다.

경성출장소가 돈암동에 새 회관을 건축할 때 오창건이 감역하고 소태산 대종사도 2차에 걸쳐 상경하여 회관 건축을 감역하였다. 이성각은 딸 김영신과 함께 회관 건축 현장으로 거처를 옮겨, 소태산 대종사, 옥사위원 오창건, 경성교무 이완철, 그리고 정일지 등의 식사와 의복을 맡아서 담당하여 회관 건축을 음으로 도왔다.

이성각은 김영신이 출가하여 남부민 · 초량지부의 교무를 거쳐 개성출장소 교무로 부임하자 원기24년에 출가하여 개성출장소 감원으로 임명되어 김영신의 교화를 보조하며 삯바느질 등을 하며 초창 살림을 도왔다.

원기26년부터 3년간 총부 세탁부원으로 소태산 대종사의 의복을 만들었으며, 경성출장소 제2대 교무였던 정산 송규 교무가 종법사에 취임하자 정산종법사의 의복 일체를 담당하였다. 경성지부 창립 유공인임과 동시에 새 회상의 알뜰한 유공인 이성각은 원기68년에 열반하였다.

원기38년 제1대 성업봉찬시 공부는 정식법마상전급, 사업은 준1등으로 원성적 정2등의 유공인이었다. 원기73년 제2대 말 성업봉찬시 이성각의 공부성적을 정식법강항마위로 추존하였다.

4. 미타원 박공명선
(彌陀圓 朴孔明善, 1867~1930) 정사

박공명선

외동딸인 성성원과 함께 경성출장소 창립 발기인이 되었던 미타원 박공명선은 전북 남원에서 부친 박규록 선생과 모친 이씨의 3남매 중 차녀로 태어났다.

박공명선은 쌍둥이 언니인 박사시화와 함께 성장하여 20세시에 같은 지역의 성재환과 결혼하여 6녀를 모두 잃고 7녀 성원만을 양육하였다. 남편이 경성 임시 토지조사국 판임관으로 전직되자 서울로 이사하여 생활하다 54세시에 부군이 죽자 쌍둥이 언니인 박사시

화의 도움으로 성원을 교육시키고 생활하다 성원을 전북 임실 출신인 진대익과 결혼시킨 후 계동에서 함께 생활하였다.

박공명선이 58세시, 원기9년 음 2월 25일 소태산 대종사 몇몇 제자와 처음으로 상경하여 서울역 인근 태평여관에서 하루 밤을 지낸 이튿날 박사시화가 박공명선이 살고 있는 성성원의 계동집으로 모시었다. 그 날 쌍둥이 자매인 박사시화와 박공명선이 소태산 대종사께 귀의하여 서울 최초의 제자가 되었다.

소태산 대종사는 성성원의 집에서 2~3일을 머문 후 당주동에 경성임시출장소를 정하고 거처를 옮기자 당주동을 찾아와 박사시화와 함께 시봉하며 청법낙도 하였다.

박공명선의 나이 60세시, 원기11년 경성출장소 설립을 위한 발기인 13명 중 한 사람으로 동참하여 매월 일정액의 유지비를 부담하였으며, 소태산 대종사와 회중 생각하기를 지극정성으로 하였고 어려운 사람을 보면 자신의 곤란함도 불고하고 동정하였다.

박공명선은 원기12년 익산본관 제6회 정기훈련 즉 정묘동선에 쌍둥이 형인 박사시화와 같이 입선하여 수선하던 중 12월 18일 회갑을 맞이하여 쌍둥이 자매의 회갑식을 성대히 베풀고 기념촬영까지 하였다. 이 사실이 당시 동아일보에 사적(史蹟)과 함께 게재되었다.

원기14년 경성출장소에서 은부모시자녀의 결의법에 의하여 이동진화를 시녀로 정하였고, 64세시인 원기 15년에 발병하자 박사시화가 상경하여 간호하였으나 회생하지 못할 줄을 안 그는 친녀 성성원을 불러 "내가 죽은 후라도 종자주께 더욱 정성을 바치고 이모님(박사시화)을 나와 같이 극진히 시봉하라. 내가 평소에 금전이 없어 사업계에 보조를 못한 것이 철천의 한이니……"라고 유언하고 고통 중에도 염불을 하며 열반하였다.

박공명선이 열반하자 익산본관에서는 경성지방장으로 결정하여 경성출장소 회원들이 착복하고 장지까지 함께 다녀와 치상절차를 마쳤다.

원기13년 제1대 제1회 총회시 박공명선은 경성 회원 10여명과 함께 참석하였다. 공명선의 공부는 예비특신부, 총공금(總功金)은 131원 36전으로 정6등이었으며, 원기 38년 제1대 성업봉찬시 공부는 정식법마상전급, 사업은 거친출진 준3등으로 원성적은 준3등 이었다.

원기73년 제2대 말 성업봉찬시 박공명선의 공부성적을 정식법강항마위로 추존하였다.

5. 육타원 이동진화
(六陀圓 李東震華, 1893~1968) 종사

이동진화

자신의 수양채를 희사하여 경성출장소를 설립케한 육타원 이동진화는 경남 함양에서 부친 이화실 선생과 모친 김씨의 5남매 중 3녀로 태어났다. 이동진화는 5세시 부친을 사별하고 진주에 가서 생활하다 이궁가(李宮家) 종친(宗親)인 이규용(李逵鎔, 법명 법융 法融)의 소실(小室)이 되어 물질적으로 이쉬움 없이 유족하게 지냈다. 그러나 주위 환경이 뜻에 맞지 않아 극도의 신경쇠약, 위장병과 두통으로 고생하였다.

원기9년 소태산 대종사 처음 상경시, 박사시화의 인도로 당주동 경성임시출장소에서 소태산 대종사를 뵈올 때에 비록 소실이긴 하나 궁가의 지체라며 머리를 굽혀 예배치 아니했다.

소태산 대종사는 그녀의 인물이 비범함을 인증하고 "사람이 세상에 나서 정법의 스승을 만나서 성불하는 일과 대도를 성취한 후에 중생을 건지는 일이 모든 일 가운데 가장 근본이 되고 큰 일이 된다."고 하였다. 이동진화는 엄숙하고 정숙한 말씀에 크게 깨친바 있어 소태산 대종사께 귀의하였다.

이동진화는 소태산 대종사가 서울에서 전라도로 내려가자 일생을 수도에 전념할 것을 발원하여 침모(針

母)인 김삼매화와 소태산 대종사를 찾아 나섰다. 전라도에서 도인이라면 진안 마이산 도인일거라는 말에 마이산을 찾아 이인(異人)을 만나기도 했다. 다시 수소문 끝에 길을 묻고 물어 다행히 찾아간 곳이 소태산 대종사가 10여 명과 선(禪)을 나고 있는 만덕산 깊은 산 속 만덕암이었다. 만덕암에서 소태산 대종사께 동진화(東震華)라는 법명을 받고 선을 난 후, 1개월여 만에 집으로 돌아오자 부군이 서울 동대문 부근에 조용한 처소(창신동 605번지)를 마련하여 수양처로 사용하게 하였다.

이동진화는 익산총부가 건설되자 원기10년 김삼매화와 총부로 내려와 제1회 정기훈련을 났다. 그 후 원기11년 자신의 수양채를 교단에 희사하여 경성출장소가 설립되도록 하였다. 이동진화는 원기15년 소태산 대종사 금강산 탐승에 함께 하였으며, 원기16년 소태산 대종사 경성출장소에서 최초의 여자 수위단을 조직할 때 곤방위(坤方位)에 선임되었다.

경성출장소가 설립되자 출장소의 발전에 심혈을 기울이다 원기18년 출가하여 경성출장소 여자 담당교무로 임명되어 4년 동안 교세를 넓혔으나 건강이 여의치 않아 요양하다가, 원기27년부터는 경성지부 순교무로, 다시 31년에는 교무로 근무하면서 경성의 많은 회원을 얻었다. 원기32년 총부 순교감을 거쳐 원기33년

부터 3년간 서울지방 교감으로 봉직하며 춘천에 출장하여 지부 설립의 기초를 세웠다. 원기35년(1950) 한국전쟁 때에는 솔선하여 서울지부를 지키는 책임을 맡아 갖은 난관을 극복하며 식당채가 폭격을 당하면서도 사수하였다.

말년에는 총부 금강원에서 수도하며 교단의 자애로운 어머니로 모든 이들의 존경을 받았으며, 특히 젊은 여자 학원들의 자모(慈母)로 존경의 대상이 되는 지도인 이었다.

원기13년 제1대 제1회 총회시 이동진화의 공부는 특신부, 사업은 정1등 유공인 5인 중 2호에 해당되었으며, 원기38년 제1대 성업봉찬시 공부는 예비법강항마위, 사업은 정특등으로 원성적 준특등이었다. 원기53년 열반시 공부성적을 정식출가위로 추존하였다.

6. 낙타원 김삼매화
(洛陀圓 金三昧華, 1890~1944) 정사

김삼매화

경성출장소 창립 발기시 살림을 담당하기로 자원하여 헌신적인 생활을 하였던 낙타원 김삼매화는 서울 창인동에서 부친 김성초 선생과 모친 탁씨의 3남매 중 장녀로 태어났다. 결혼하였으나 25세에 부부간의 파탄이 생겨 친가로 돌아온 후 이동진화의 집에 딸려서 바느질품을 파는 침모(針母) 생활을 하였다.

소태산 대종사가 원기9년에 처음 상경하여 경복궁 앞 당주동에 경성임시출장소를 마련하고 1개월여를 머물 때 박사시화의 인도로 이동진화가 소태산 대종사께 귀의하였고, 김삼매화는 이동진화의 인도로 귀의하였다.

원기9년 불법연구회 창립총회 후, 소태산 대종사 만덕산에서 선을 날 때 김삼매화는 이동진화를 따라가 선(禪)에 동참하였다. 그 후 제1회 정기훈련인 을축동선부터 서울과 익산총부를 내왕하며 정기선(定期禪)에 이동진화와 동정(動靜)을 함께 했다.

원기11년에 이동진화가 창신동 자신의 수양채를 교단에 희사하여 경성출장소가 설립되자 김삼매화는 회관 관리와 식당담당을 자원하여 창립주가 되었다.

김삼매화는 이동진화가 출가하자 자신도 원기19년

에 출가하여 경성지부 감원으로 초창기 간고한 살림을 이끌어 나갔다. 원기28년부터 원기29년 열반까지 총부 식당 주무로 어려운 총부 살림을 알뜰히 꾸려나가는 등 초기교단의 이름 없는 주인으로 봉공하였다.

김삼매화가 총부 식당 주무로 있으며 식당에서 육물을 썰고 있는 것을 본 소태산 대종사 "그대는 도산지옥(刀山地獄)을 구경 하였는가."하고 물으니 "구경하지 못하였나이다." 하였다. 소태산 대종사는 "도마 위의 고기가 도산지옥에 있나니, 죽을 때에도 도끼로 찍히고 칼로 찢겨서 천 포 만 포가 되었으며 여러 사람이 사다가 또한 집에서 그렇게 천 칼 만 칼로 써니 어찌 두렵지 아니 하리요."라고 하였다.

김삼매화는 박사시화의 시봉을 위하여 이청춘 · 이공주와 함께 은모시녀(恩母侍女) 결의식을 하여 삼자매로 새 회상 창립 유공인인 박사시화를 받들었다.

원기13년 제1대 제1회 총회시 김삼매화의 공부는 보통부, 사업등급은 6등이었으며, 원기38년 제1대 성업봉찬대회시 공부는 정식법마상전급, 사업은 준1등으로 원성적 정2등이었다. 원기73년 제2대 말 성업봉찬시 김삼매화의 공부성적을 정식법강항마위로 추존하였다.

7. 정타원 성성원

(正陀圓 成聖願, 1905~1984) 정사

성성원

모친 박공명선과 함께 경성출장소 창립 발기인이 되었던 정타원 성성원은 전북 남원에서 부친 성재환 선생과 모친 박공명선 정사의 무남독녀로 태어났다.

부친이 경성 임시토지조사국 판임관으로 전직해 6세부터 서울로 이사하여 경성여자고등보통학교(현 경기여고)를 졸업한 후 근로학교 교사를 하던 중 전북 임실출신인 내과의사 진대익과 결혼하였다.

원기9년 음 2월 25일 소태산 대종사가 최도화의 안내로 송규, 서중안, 전음광을 대동하고 처음 상경할 때 자신의 집에서 2~3일 머물도록 하였다. 소태산 대종사와 일행이 자신의 집에서 머물 때 모친과 이모(박사시화)가 소태산 대종사께 귀의하고 사제지의를 맺어 경성의 최초의 제자가 되었다.

그러나 성성원은 자신의 집과 당주동 경성임시출장소에서 모친과 이모가 소태산 대종사를 시봉할 때 결혼한 지 얼마 안 된 20세의 젊은 나이여서, 종교에 대한 특별한 관심과 이해가 적어 귀의하지 않고 이듬해 최도화의 연원으로 입교하여, 원기11년 계동 이공주가에서 소태산 대종사로부터 성원(聖願)이란 법명을 받았다. 성성원이 받은 법명증이 현재 교단에서 가장 오

래된 법명증으로 원불교 역사박물관에 전시되고 있다.

성성원은 원기11년 경성출장소가 설립될 때 모친과 함께 창립 발기인이 되어 물심양면으로 협력하였다. 그해 말 소태산 대종사 창신동 경성출장소에서 '재가선법과 고락의 원인'에 관한 법문을 설한 후 이공주에게 '거래각도 무궁화 보보일체 대성경(去來覺道無窮花 步步一切大聖徑)'이라는 시구를 불러주고, 성성원에게는 '영천영지 영보장생 만세멸도 상독로(永天永地永保長生 萬世滅道常獨露)'라는 시구를 주었다. 이 날의 두 시구가 후에 영혼천도를 위한 성주(聖呪)가 되었다.

원기15년 모친이 열반하자 소태산 대종사와 은부시녀 결의를 조전권, 김영신과 함께 경성출장소에서 최초로 맺었다.

성성원은 전무출신을 하고자 하였으나 사정이 여의치 못해 하지 못하고, 원기22년부터 5년동안 재가로서 경성지부 여자 담당교무로 임명되어, 교무겸 지부장인 이완철을 보필하여 교세확장에 전력을 기울였다. 성성원은 신앙과 수행에 있어서 모범이 되어 복잡한 가정사를 공부심으로 극복해 나가며 의학박사인 부군 진대익을 소태산 대종사께 귀의시켜 경성지부 발전에 기여하도록 하였다. 또한 돈암지부, 임실지부 창립에 큰 공을 세운 창립 유공인으로 말년에는 중앙수양원에서 적

공하였다.

원기13년 제1대 제1회 총회시 성성원의 공부는 보통부, 사업등급은 7등이었으며, 원기38년 제1대 성업봉찬시 공부는 정식법마상전급, 사업은 준2등으로 원성적 준2등이었다. 원기69년 열반시 공부성적을 정식법강항마위로 추존하였다.

8. 김낙원(金樂園, 1871~1930) 교선

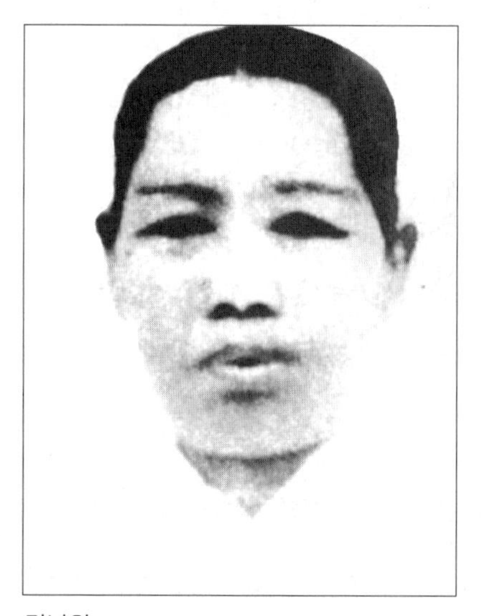
김낙원

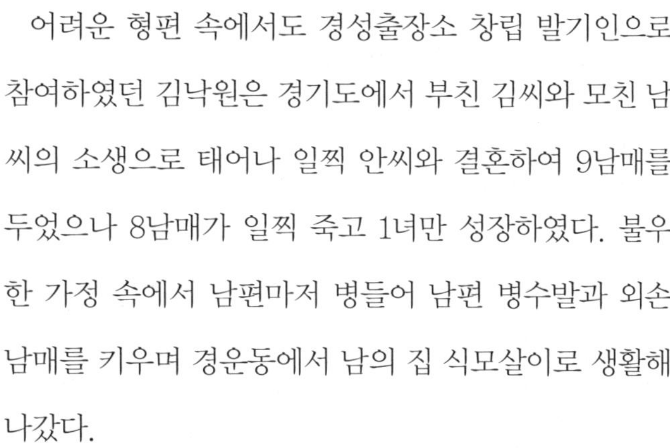

어려운 형편 속에서도 경성출장소 창립 발기인으로 참여하였던 김낙원은 경기도에서 부친 김씨와 모친 남씨의 소생으로 태어나 일찍 안씨와 결혼하여 9남매를 두었으나 8남매가 일찍 죽고 1녀만 성장하였다. 불우한 가정 속에서 남편마저 병들어 남편 병수발과 외손남매를 키우며 경운동에서 남의 집 식모살이로 생활해 나갔다.

원기10년 말, 이공주의 30회 생일을 축하해 주기 위하여 소태산 대종사 상경하여 이공주의 사랑채에 박사시화, 이성각 등과 함께 모였다. 이 때 소식을 듣고 김낙원은 같은 집(민영휘의 집)에서 일하던 이정원, 심오운과 함께 달려가 소태산 대종사를 배알하고 귀의하였다.

원기11년 경성회원 10여 명이 모여 경성출장소 설립을 발기할 때 김낙원도 발기인에 동참하여 회관 유지비를 담당하기로 자원하였다.

김낙원은 남의 집 식모살이를 하며 매월 쌀 2말과 2원을 받아 병든 남편과 외손 남매를 키웠으나, 경성출장소가 설립되자 어려운 여건 속에 자신은 못 먹고 못 쓸지언정 절약하여 약속한 유지비 1원씩은 원기15년 열반 때까지 5년간 꾸준히 내었다.

김낙원은 60세 되던 해 발병하였다. 병든 남편은 열반하였으나 아직 외손남매에 대한 책임과 경성출장소 발기인으로서 약속한 유지비를 내기 위해 병든 몸으로 남의 집 살이를 계속하였다. 병이 위중한 상태가 되자 동지들에게 애원하기를 "현재 내가 있는 곳은 남의 집이요, 나의 참 집은 불법연구회니 만약 내가 죽게되면 우리 집인 창신동 출장소에 가서 죽게하여 달라."고 하였다. 그러나 아쉽게도 남의 집에서 열반하였다.

김낙원의 외동딸인 안씨가 어려운 형편이라 치상준비를 하지 못한 것을 본 경성출장소 회원들은 각자가 부의금을 내어 치상절차를 마무리하였다. 김낙원의 열반은 경성 회원들 중에 처음있는 일이라, 신정예법에 의한 복제법을 잘 알지 못했다. 그리하여 소태산 대종사가 상경하여 경성 회원들에게 복제법에 대한 설명을 하고, 김낙원의 복제법을 직접 지도 하였다.

원기13년 제1대 제1회 총회시 김낙원의 공부는 보통부, 사업은 8등이며, 원기38년 제1대 성업봉찬대회시 공부는 특신급, 원성적은 준5등 이었다.

9. 희타원 이정원
(僖陀圓 李正圓, 1871~1933) 교정

이정원

경성출장소 창립 발기인 중 한 사람으로 동참했던 희타원 이정원은 경남 고성에서 부친 이씨와 모친 오씨의 무남독녀로 태어났다.

일찍이 부모를 사별하고 서울에서 생활하다가 16세시에 김씨 문중에 출가하여 1남1녀를 두었으나 37세에 남편을 여의고 곤궁한 가운데 자녀를 양육하여 결혼시켰다. 그러나 딸은 일찍 세상을 떠나고 아들 또한 가난하여 조선의 갑부였던 경운동 민영휘의 집에서 고향사람인 심오운과 서로 의지하며 고용살이를 했지만, 심중에는 오직 도덕군자 만나기를 소원하였다. 그러던 중 고향 이웃 고을인 통영출신 장적조를 만나 소태산 대종사에 대한 소식을 듣고 생불님 한 번 만나기를 염원하였다.

그러던 중 원기10년 말, 이성각으로 부터 소태산 대종사가 상경하여 계동 이공주가에 계신다는 소식을 듣

고 생불님 만나기를 염원했던 김낙원, 심오운과 함께 달려와 소태산 대종사를 뵙고 귀의하였다. 이날은 이공주의 30회 생일이었다. 경성회원 이공주, 이성각, 박사시화 등과 새로 귀의한 이정원, 김낙원, 심오운 등이 함께한 자리에서 소태산 대종사는 이공주에게 '도덕박사' 가 되라는 법문을 하였다.

그 후 원기11년, 경성출장소 창립3 발기시 김낙원, 심오운과 함께 참여하여 매월 유지비 등 교도의 의무를 다 하였고, 소태산 대종사 상경하여 창신동 경성출장소와 계동 이공주가에 머물면 남의 집 살이하는 가운데도 시간을 내어 소태산 대종사를 찾아 청법낙도 하였다. 또한 경성출장소 예회에 부득이 참석하지 못하면 예회에 참석하지 못했던 회원들과 함께 계동 이공주가에 모여 야회를 보았다.

이정원은 어려운 생활 속에서 금생에 좀 더 복을 짓고 선연을 맺어 보리라 결심하여 소태산 대종사와 교법을 봉대하는 마음은 말로 표현할 수 없을 정도였다.

이정원은 어느 날, 소태산 대종사의 법문을 받들다가 "어떻게 하여야 증애에 끌리지 아니하고 원만한 마음을 가질 수 있겠나이까?"하고 여쭈었다. 이에 소태산 대종사는 "매양 한 생각을 잘 돌리는데 있나니(중략)"라는 법문을 하였다. 그 때의 법문이 〈대종경〉 인도품 18장이다.

원기13년 제1대 제1회 총회시 이정원의 공부는 보통부, 총공금(總功金)은 125원 70전, 사업은 6등이며, 원기38년 제1대 성업봉찬대회시 공부는 정식법마상전급, 사업은 정4등, 원성적 준3등이었다.

10. 소타원 심오운
(昭陀圓 沈五雲, 1882~1940) 교정

심오운

경성출장소 창립 발기인 중의 한 사람인 소타원 심오운은 경남에서 부친 심해철 선생과 모친 오씨의 무남독녀로 태어났다. 일찍이 부모를 사별하고 서울로 이사하여 살다가 안씨 문중에 출가하였으나 후사를 얻지 못하여 양자로 후사를 삼았다. 심오운은 가정 사정으로 인하여 경운동 64번지 민영휘의 집 고용인으로 행랑에 살고 있었다.

민영휘(1852~1935)는 조선 말기의 민씨 친족으로 김옥균 등의 갑신정변을 진압해 민씨 세력의 수령이 된 대표적 탐관오리였다. 그는 휘문학교를 설립하고 천일은행을 설립한 갑부였다. 민영휘의 집에는 심오운뿐만 아니라 김낙원, 이정원도 같이 고용살이를 하며 행랑에서 살았다.

심오운에게 소태산 대종사의 소식을 전해준 사람은

고향이 같은 경상도 출신 장적조이다. 장적조가 심오운과 같이 살고 있는 김낙원, 이정원에게도 소태산 대종사에 대한 소식을 전하자, 생불님 한 번 뵙기를 소원하였다.

원기10년 말, 이공주의 30회 생일에 소태산 대종사 참석하여 축하하며, 이공주에게 '도덕박사'가 되라는 법문을 할 때 심오운과 김낙원, 이정원이 함께 찾아가 뵙고 귀의하여 법문을 받들었다.

원기11년, 경성출장소 창립 발기인이 되어 어려운 생활 속에서도 교도의무를 성실히 수행하였고 소태산 대종사 상경하면 청법낙도하는 재미로 생활하였다. 심오운의 신성이 일관되어 이 공부 이 사업에 전념하자 소태산 대종사 그를 많이 칭찬하였다.

심오운은 예회에서 대중과 함께 정성스럽게 연마한 강연을 하는가 하면, 부득이 예회에 참석치 못할 때는 계동 이공주가 야회에 참석하는 등 어려운 생활을 공부하는 재미로 낙도하였다. 심오운은 서울지부 창립요인으로서 물심양면으로 많은 공적을 쌓았으며 15년간 교도의 의무를 성실히 수행하였다.

원기13년 제1대 제1회 총회시 심오운의 공부는 보통부, 총공금은 146원 23전, 사업은 6등이며, 원기38년 제1대 성업봉찬대회시 공부는 예비법마상전급, 사업은 정3등으로 원성적 준3등이었다.

11. 이현공 (李玄空, 1884~1932) 교정

이현공

경성출장소 창립 발기인 중의 한 사람인 이현공은 전주에서 부친 이봉호 선생과 모친 김씨의 소생으로 태어났다.

이현공은 16세시 진안 좌포의 김정진과 결혼하였다. 이현공이 부종병으로 고생하자 시아버지 김종진(보통 김승지承旨라 부름)이 며느리 건강회복을 위하여 만덕산에 산제당(만덕암)을 지어 주었다.

소태산 대종사는 최도화의 인연으로 원기7년 음 12월경부터 만덕암에서 3개월간 적공하였고, 원기9년 익산에서 불법연구회 창립총회 후 다시 12제자와 1개월간 최초로 선을 났다.

이현공은 1남 2녀를 양육하며 살던 중 최도화의 인도로 만덕암에서 소태산 대종사를 뵙고 원기10년 입교하였다. 그는 원기11년부터 자녀교육을 위해 서울 수창동에서 생활하며 뒷바라지를 하였다. 서울에서 생활하며 경성출장소 창립 발기인이 되어 물심양면으로 많은 협조를 하였고 유지비를 정식으로 담당하였다.

이현공은 소태산 대종사와 새 회상에 대한 신성과 정성이 독실하였으며, 특히 전무출신들에게 극진하였다. 원기13년 소태산 대종사 계동 이공주가에서 '약자로 강자되는 법문' 을 설할 때 경성출장소 교무 송규와

이공주, 민자연화, 이성각, 이철옥, 성성원, 이동진화 등과 함께 받들었다.

원기13년 7월 22일 경성출장소 예회를 소태산 대종사 계동 이공주가에서 경성출장소 회원들과 보았다.

이 예회에서 소태산 대종사는 회원들에게 각자가 알고 싶은것을 '급선무의 발원장'이라 쓰고 각자의 소망을 써서 제출하라 하였다. 이때 이현공은 '번뇌 망상을 버리고 정신 온전하기가 소원입니다'라고 써서 소태산 대종사께 제출하였다.

경성 회원들의 급선무의 발원장을 받아본 소태산 대종사는 "소원대로 가르쳐 주리니, 오늘의 신성만 변치 말라."고 하였다.

원기14년 4월에는 경성출장소에서 은모시녀 결의식이 행해질 때 이현공은 민자연화를 은모로 모시었다. 예회에 열렬한 성의로 출석하여 법문을 즐겨 받드는 가운데 공부에 대한 열의가 대단하여 자녀들에게도 신앙심을 심어주었다.

원기16년 가정형편상 진안 좌포로 다시 가게 되자, 경성출장소 회원들과 이별을 가장 섭섭해 하며 평소 애용하던 금비녀 1개와 살림기구 등 몇 가지를 회관에 기부하였다. 좌포리로 내려온 이현공은 이듬해 49세시 우연히 병을 얻어 열반하자 익산총부에서는 전음광, 김대거를 좌포로 보내 좌포지역 회원들과 추도와

착복식을 하였다.

원기38년 제1대 성업봉찬시 이현공의 공부는 예비 법마상전급, 사업은 정3등으로 원성적 준 3등이었다.

12. 선타원 이철옥 (仙陀圓 李哲玉, 1863~1943) 교선

이철옥

경성출장소 창립 발기인 중의 한 사람인 선타원 이철옥은 서울 성북동에서 부친 이씨와 모친 김씨의 무남독녀로 태어났다.

일찍이 김씨 문중에 출가하여 1남1녀를 양육하며 부도(婦道)를 지켜오던 중 이정원의 인도로 이정원과 같은 날(원기10년 음 11월 5일) 입교하였다. 이철옥은 입교 후 원기11년 음 7월, 경성출장소를 창립할 때 발기인으로 자원하여 유지비 담당과 교도의 의무를 다하였다.

경성출장소 창립을 발기할 때의 상황을 창립 발기 13인 중 가장 먼저 열반한 김낙원의 역사연보에 '우리가 천행으로 대성 종사주를 만나서 도덕의 공부를 할 마음은 있으나 공부를 하자면 가르칠 선생을 모셔와야 하고, 모시자면 선생 계실 집이 있어야 하고, 집이 있으면 지킬 사람과 유지비가 있어야 할 것이니, 우리 10

여인이 합력하여 경성에도 지부를 설립하고 목적하는 공부를 하여보자 논의하니, 그 중에는 가옥을 의연하는 사람도 있고 그 집을 지키겠다고 자원 출근하는 사람도 있고 또 나머지 사람은 영원히 그 집의 유지비를 담당하겠다고 자원 결의하여 비로소 창신동 지부가 창설되었다.' 라고 하였다.

이철옥은 예회에서 회원들과 같이 강연 등을 하며 공부하는 재미로 생활하였다. 신심이 독실하여 소태산 대종사와 새 회상 교법을 숭상하는 마음이 지극하였으며, 이 공부 이 사업에 전력하였다. 이철옥은 소태산 대종사가 상경하면 청법낙도하는 것을 즐겨하였으며, 원기13년 소태산 대종사가 계동 이공주가에서 '약자로 강자되는 법문' 을 설할 때 함께 받들었다.

원기13년 7월 22일 경성출장소 예회를 소태산 대종사 계동 이공주에서 경성출장소 회원들과 보았다.

이 예회에서 소태산 대종사 회원들에게 각자가 알고 싶은 것을 '급선무의 발원장' 이라 쓰고 각자의 소망을 써서 제출하라 하였다.

이때 이철옥은 '선악이 수 천만 가지라 하오니, 그 원인을 알아 악은 말고 선 만 짓기가 급한 소원입니다.' 라고 써서 소태산 대종사께 제출 하였었다.

원기38년 제1대 성업봉찬대회시 이철옥의 공부는 정식특신급, 사업은 준 5등으로 원성적 준5등이었다.

13. 박보순화 (朴普順華, 1901~?) 교선

경성지부 창립주 16인 중 한 사람인 박보순화는 대구에서 부친 박선근 선생과 모친 김경조 여사의 남매 중 장녀로 태어났다. 장길선과 결혼하여 서울 운이동에서 살던 중 원기 10년 25세시 이동진화의 인도로 입교하였다.

박보순화는 슬하에 아들을 얻지 못하여 걱정하였으나 새 회상에 귀의 후 득남하자 더욱 신심이 굳어져 이동진화의 권유로 몇 년 동안 장학사업을 하기도 하였다. 원기11년 경성출장소 창립 발기를 할 때 박보순화가 발기인으로 참여한 것이 여러 가지 정황으로 추정되나 기록이 전하지 않는다. 경성출장소 창립 발기인 13인 중 12인의 이름만 전해진다.

원기13년 제1대 제1회 총회시 박보순화의 공부는 보통부, 사업은 5등이었으며, 원기38년 제1대 성업봉찬시 공부는 예비특신급, 사업은 정4등으로 원성적 준4등이었다.

14. 현타원 지환선 (玄陀圓 池歡善, 1885~1944) 정사

지환선

경성지부 창립주 16인 중 한 사람인 현타원 지환선은 경기도 진위에서 부친 지동인 선생과 모친 이청수화 여사의 무남독녀로 태어났다.

부유한 가정에서 화목하게 자라 15세에 같은 고향 이기찬과 결혼하였으나 부군이 나이가 연소하고 양친도 계시지 않은 어려운 가정형편이었다. 지환선은 친정의 도움을 받아 부군을 중학부터 가르쳐 변호사가 되도록 뒷바라지하였다.

그러나 부군은 마음이 변하여 평양에서 다른 여자와 살고 있었다. 지환선은 허무하고 믿을 곳이 없어 비관하며 7,8년의 세월을 보내다 30세에는 불교로 출가의 원을 세우고 시내 사찰을 다니며 설법도 많이 들었다.

지환선은 원기16년 초에 신원요의 인도로 소태산 대종사를 뵙고 귀의하여, 같은 해 6월에 익산총부를 방문하여 이 공부 이 사업에 헌신하기로 서원하였다. 그는 매년 동·하선 훈련은 물론 평상시에도 책을 손에서 놓지 않고 공부하여 《6대요령》을 세권이나 헤어지도록 공부하였다.

원기18년 경성출장소에서 새 회관을 돈암동에 건축할시 1,300원으로 시작하였으나 공사비가 2,000여 원

이 들었다. 부족한 공사비를 지환선이 대부분 보조하고 영광회원들이 보조하여 완공하게 되었다.

경성지부 이완철 교무는 회보에 발표한 〈경성지부 신축 낙성에 제하야〉라는 글에서 '이동진화씨는 뿌리를 숨기고, 이공주씨는 줄기와 가지를 배양시키고, 지환선씨와 여러분은 잎과 꽃을 피게 하였다…….' 라고 했다.

지환선은 평소에 예회 참석을 생명처럼 여기었다. 원기19년 어느 예회날, 병이 위독하여 몸이 인사불성의 지경에 이르렀으나 여러 사람의 부축을 받으며 예회에 참석하여 모두를 놀라게 하였다. 다음 예회에도 부축을 받으며 참석하였다. 결국 굳은 신심에 병마를 물리치고 회복되자 경성교무 이완철은 〈지환선의 독실한 신성을 보고〉라는 제하로 회보에 발표하며 그의 신성을 본받자고 하였다.

원기19년부터는 경성지부 순교로서 경성지부 교화에 남다른 열성으로 사가생활보다는 교중사업이 확장되는 재미로 생활하였다. 원기24년에는 전무출신을 하기 위해 출가하여 경성지부 순교와 남선지부 순교를 거쳐, 원기28년에 경성지부 교무로 임명되어 주위의 어떠한 비평과 조소가 있어도 교법을 선양하여 많은 인연을 얻었다.

원기38년 제1대 성업봉찬대회시 지환선의 공부는

정식법마상전급, 사업은 정1등으로 원성적 준1등이었다. 원기73년 제2대 말 성업봉찬시 공부성적을 정식법강항마위로 추존하였다.

15. 신원요(愼元堯, 1867~1942) 교선

신원요

경성지부 창립주 16인 중 한 사람인 신원요는 황해도 평산에서 부친 신길수 선생과 모친 신(申)씨의 무남독녀로 태어났다.

넉넉한 가정에서 성장하여 신(申)씨 가문에 출가하여 슬하에 4녀를 두어 양육하며 부도(婦道)를 다하였다.

신원요는 소태산 대종사의 경성 초기 제자들이 주로 사는 지역과 가까운 봉익동에서 유족하게 살았다. 신원요는 딸의 친구인 성성원에게 소태산 대종사에 대한 소식을 듣고, 원기13년에 입교하였다가, 소태산 대종사를 배견하고부터 숭배함과 신성심이 날로 더하여 소태산 대종사께서 상경하면 모시고 공양을 올리며 청법낙도하는 가운데 이 공부와 이 사업에 전력하였다

원기15년, 64세시에는 소태산 대종사의 8박9일간 금강산 탐승을 이공주, 이동진화와 함께 모시고 여행하였으며, 원기17년에는 익산총부를 거쳐 소태산 대종사가 제법한 변산 봉래정사를 이공주 · 박창기 모자와

함께 찾아 1주일 여를 머물기도 하였다. 신원요는 경성지부와 교단창립 초기에 많은 공훈을 쌓은 유공인이었다.

원기38년 제1대 성업봉찬대회시 공부는 정식특신급, 사업은 정4등으로 원성적은 준4등이었다.

16. 진정리화 (陣正理華, 1903~?) 교선

전정리화

경성지부 창립주 16인 중 한 사람인 진정리화는 경남 진주에서 부친 진씨와 모친 김승운 여사의 4녀 중 장녀로 태어났다.

일찍이 부친을 여의고 모친을 따라 서울로 이사하여 가난한 생활을 하다가 충남 공주 출신의 실업가 박형균과 결혼하여 단란한 가정생활을 했다. 가정형편에 따라 불교로 출가하여 승려가 되어 공주 갑사(甲寺)에 머물며 생활하던 중 원기15년, 28세시 이동진화의 인도로 입교하여 소태산 대종사께 귀의하였다.

진정리화는 입교 후 익산총부 구내에 사가를 지어 몇 년을 생활하였다. 그는 총부에서 열리는 정기훈련 즉 동·하선에 참여하여 전문훈련을 받으며 수도생활에 전념하였다. 그는 출가 승려였던 관계로 삭발한 모습으로 계속 총부에서 생활하여 소태산 대종사의 여자

제자로는 최초로 삭발한 모습이었다.

총부에서 수도생활을 하며 기회따라 총부와 경성지부에 사업을 하였다. 총부에 오르간을 희사하여 상당기간 대각전에서 사용하였다.

진정리화는 원기19년에 부군인 박형균을 경성에서 소태산 대종사께 인도하였다. 박형균은 소태산 대종사를 뵙고 즉석에서 소태산 대종사의 연원으로 입교하여 동년부터 경성지부 초대 지부장을 맡아, 이듬해 총회에서 정식으로 지부장에 임명되어 지부장으로써 2년동안 대외적으로 공적을 나타냈다.

박형균(충식)은 경성법학전문학교를 수료하고 화신산업 간부와 중앙신문사를 경영하였고, 동아해상주식회사를 설립하는 등 실업가로서 크게 활동하였다. 또한 이승만 박사의 민주의원 비서실장으로 활동하다 고향 공주에서 몇 차례 국회의원에 당선되었다.

박형균은 구왕실에 관심이 많아 윤비(尹妃)가 부산으로 피난하였을 때 정부의 눈을 피해 왕실재정 원조를 하였고, 일본에 있던 영친왕에게도 많은 후원을 하였다.

진정리화는 가정 사정으로 원기22년경 사가로 돌아가게 되어 자신이 살던 집을 소태산 대종사 사가로 희사하였다. 그리하여 십타원 양하운 대사모와 자녀들이 안정된 집이 없어 총부구내 남의 집 곁방에서 3년간

살던 생활을 청산하게 되었다. 진정리화는 사가로 돌아갔으나 회상에 대한 신심은 변하지 않고 생활하였다.

원기38년 제1대 성업봉찬대회시 진정리화의 공부는 정식특신급, 사업은 거진출진 정3등으로 원성적 준3등이었다.

Ⅲ. 경성지부 교무

원기11년 여름 경성 회원 13명이 창립 발기인이 되어 경성출장소의 장소와 유지계획이 완성되자 익산총부로 교무 파견을 요청하였다.

소태산 대종사는 20세의 청년 송도성 교무를 경성출장소 초대교무로 파견하였다.

원기12년 봄, 총부인사에 의해 경성출장소 교무 송도성이 재임 10개월 만에 다시 총부 서무부 서기로 전임되고, 연구부장 송규 교무가 경성출장소 제2대 교무로 임명되어 부임하였다.

원기13년, 불법연구회 창립 제1대 제1회 총회에서 경성출장소 송규 교무가 영산지부장으로 전임되고 총부 교무 이춘풍이 경성출장소 제3대 교무로 임명되었다. 이춘풍이 근무 중 병고로 이듬해 익산총부로 귀관하자 교무가 임명되기까지 이공주가 경성출장소를 관리하였다.

원기14년 11월에 김광선이 경성출장소 교무로 임명

되고, 김영신이 서기(부교무)로 임명되므로 교역자 2인이 상주하는 시대가 시작되었다.

원기15년 총회에서 이공주가 경성출장소 교무로 임명되어 재가가 교무로 근무하기 시작하였다. 조전권이 공양원으로 근무하다 총부 순교로 이임되고 원기17년 이공주 교무가 자신의 계동 사가를 방매하여 돈암동에 새 회관 기지를 매입하고 모친 민자연화, 차자 박원기가 열반하자 출가를 단행하여 경성출장소는 교무가 공석인 가운데 더욱 단결하여 회관 건축 준비를 하였다.

원기18년 봄 인사에서 총부 학원 교무였던 이완철과 경성출장소 창립에 헌신하였던 이동진화가 출가하여 경성출장소 교무로 각각 임명되었다. 원기19년부터는 김삼매화가 감원으로 근무하기 시작하여 경성지부는 안정적인 교화를 할 수 있는 교역자의 면모를 갖추었다. 이완철 교무는 12년간 경성지부에서 근무하고 영산지부장으로 이임되었고, 이동진화 교무가 4년을 근무하다 건강이 악화되어 5년동안 요양한 후 원기27년부터 경성지부 순교무로, 그 후 경성지부 교무 · 교감 등으로 근무하며, 김삼매화는 감원으로 19년간 근무하여 경성지부 살림을 책임지고 하였다.

경성지부는 원기20년부터 정식으로 지부장에 박형균이 임명되었고 원기22부터 28년까지 이완철 교무가 지부장을 겸하였다.

원기20년부터 서대인이 서기로 근무하기 시작하여 많은 사람들이 서기, 순교, 공급원, 감원보 등의 직책으로 근무하였다.

원기22년부터는 여자 담당교무 이동진화가 병고로 휴무하자 성성원이 재가로서 여자 담당교무에 임명되어 5년간 근무하였다.

원기30년 박제봉 교무, 정라선 서기가 부임하여 임원들과 광복으로 어려웠던 시기에 전재동포구호사업과 서울지부 이전 등의 많은 일을 하였다.

본장의 경성지부 교무에서는 교무를 중심으로 소개하며, 교무 중 재가교무였던 이공주, 여자 담당교무였던 이동진화, 재가로 여자 담당교무였던 성성원은 경성지부 창립주 16인 중에 속하여 경성지부 창립주 장에 소개하였으므로 경성지부 교무 장에서는 약한다.

그리고 원기30년, 1945년 광복을 전후한 박제봉 교무까지만 소개한다.

1. 주산 송도성
(主山 宋道性, 1907~1946) 종사

송도성

정산종사의 친동생으로서 새 회상 벽두에 형님과 소태산 대종사를 보필하여 교단 창업에 신심을 온통 불살라 원불교의 영원한 청년상이 되었던 주산 송도성은 경북 성주에서 부친 송벽조 대희사와 모친 이운외 대희사의 2남1녀 중 차남으로 태어났다.

가족 모두가 정산종사의 연원으로 영광으로 이사하여 송도성의 나이 13세 때 소태산 대종사를 처음 뵈었다. 한번 뵙고 즉석에서 제자 되기를 청하였고 이를 기특히 여긴 소태산 대종사께서 "네가 어떻게 그런 마음이 났느냐?"고 묻자 어린 송도성은 "부심자(夫心者)는 지광지대물(至廣至大物)이니 수련정신(修練精神)하여 확충기지대지심이이(擴充其至大之心而耳)입니다."고 대답하였다. 이에 소태산 대종사 기뻐하며 "네가 도의 성품을 알았구나. 앞으로 도성(道性)이라 이름하거라." 하며 법명을 지어 주셨다.

송도성은 16세 때인 원기7년, 형님 정산종사 연원으로 부안 변산에서 소태산 대종사께 '헌심영부 허신세계 상수법륜 영전불휴(獻心靈父 許身世界 常隨法輪 永轉不休, 마음은 스승님께 드리고 몸은 세계에 바쳐서 일원의 법륜을 힘껏 굴려 영겁토록 쉬지 않게 하리

라.)' 라는 출가시를 올리고 전무출신을 시작하였다.

원기10년, 송도성은 약관 19세의 나이로 수위단원이 되었고 이듬해 불법연구회 경성출장소가 설립되자 초대교무로 파견되어 경성 교화의 기틀을 다졌다. 송도성은 경성출장소 교무로 있으며 경성여학교에 재학중인 김영신에게 전무출신을 권장하였다. 이는 교단 여자계의 전무출신 탄생의 계기가 되었고, 여성 성직자가 출현하게 된 것이다.

원기12년 봄, 총부인사에 의해 송도성이 10개월 만에 총부 서무부 서기로 전입되어 송도성 교무의 형인 총부 연구부장 송규 교무가 제2대 교무에 임명되었다.

송도성의 나이 22세시 어른들의 뜻에 따라 소태산 대종사의 장녀 박길선과 결혼하였다. 결혼은 신정예법에 준하여 시행함으로써 검박함의 효시를 보였다. 송도성은 이로서 소태산 대종사의 애제자(愛弟子)이자 사위로서 소태산 대종사를 그림자처럼 수행하며 보필하였다. 소태산 대종사는 송도성, 송규 형제에 대하여 "내가 송규 형제를 만난 후 그들로 인하여 크게 걱정하여 본 일이 없었고, 무슨 일이나 내가 시켜서 아니 한 일과 두 번 시켜 본 일이 없었노라. 그러므로 나의 마음이 그들의 마음이 되고 그들의 마음이 곧 나의 마음이 되었나니라."라고 하였다.

송도성은 소태산 대종사의 열반을 당하여 비통한 가

운데 수위단 중앙으로 피선되어 정산종사를 보필하였고, 8·15광복을 맞자 전재동포구호사업을 전개하였다. 서울에서 귀환동포의 전염병이 감염된 줄도 모르고 교단의 중요 현안 문제를 논의하기 위하여 트럭으로 서울에서 총부로 내려오다가 건강이 악화되어 원기 31년 40세를 일기로 소태산 대종사의 게송을 암송하면서 열반하였다.

원기76년 소태산 대종사 탄생100주년 성업봉찬대회를 기해 송도성의 법위를 정식대각여래위로 추존하였다.

2. 정산 송규 (鼎山宋奎, 1900~1962) 종사

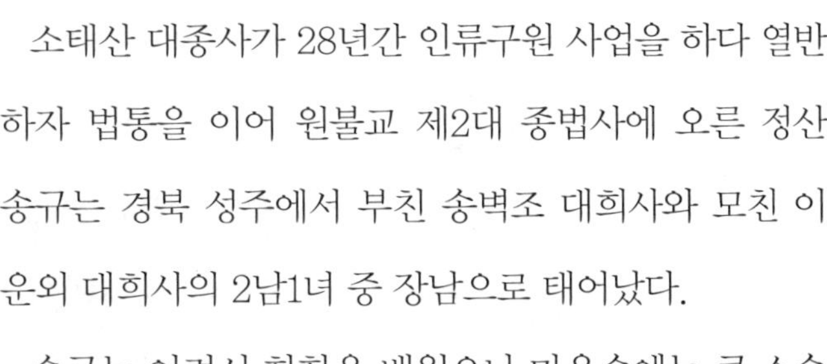

소태산 대종사가 28년간 인류구원 사업을 하다 열반하자 법통을 이어 원불교 제2대 종법사에 오른 정산 송규는 경북 성주에서 부친 송벽조 대희사와 모친 이운외 대희사의 2남1녀 중 장남으로 태어났다.

송규

송규는 어려서 한학을 배웠으나 마음속에는 큰 스승을 만나 공부를 하겠다는 구도적 열정이 심화되어 전라도까지 오게 되었다.

이 무렵, 소태산 대종사는 영광에서 제자들을 10인 1단의 교화단으로 조직하고 “중앙 단원은 뒤에 멀리서

올 것이다."며 기다리다, 원기3년 정읍 화해에서 송규를 만나게 되었다. 이 때 소태산 대종사는 "나는 이제 근심을 놓았다. 나의 법을 전해 줄 법주를 만났다."고 하였다

약관 19세로 수위단 중앙에 서임된 송규는 원기4년 법인성사를 동지들과 나툰 후 전 가족을 영광으로 이사시켜 소태산 대종사께 귀의시켰다. 소태산 대종사의 명에 따라 부안군 변산 월명암으로가 백학명 선사의 상좌로 있다가 소태산 대종사가 변산에 입산하자 교서 편찬을 보좌하였다. 또한 변산에서 만덕산을 가는 등 창립인연을 규합하는 역할을 하다가 익산총부 건설에 동참하였다.

원기12년 봄, 총부인사에 의해 총부 연구부장이었던 송규는 동생 송도성의 후임으로 경성출장소 제2대 교무에 임명되어 부임하였다.

그러나 1년만인 원기13년 불법연구회 제1대 1회 총회에서 송규는 영산지부장으로 전임되었다. 송규는 이때부터 영산에서 새 회상 기초를 다졌는가 하면 영산과 총부에서 소태산 대종사의 명에 따라《정전》편찬과 교정 전반에 보필의 역할을 다 하였다.

소태산 대종사가 열반하여 종법사 위에 오른 송규(정산종사)는 1945년 광복 후 혼란 속에서 '불법연구회'라 불리던 임시교명을 '원불교'라는 정식교명으로

세상에 선포하였으며, 전재동포구호사업을 펼치고 《건국론》을 저술, 민족과 국가의 나아갈 바를 제시했다.

정산종사는 원광대학교를 비롯한 각종 교육사업을 전개, 새 회상과 민족발전의 터전을 닦아가는 가운데 교재정비(敎材整備), 기관확립(機關確立), 정교동심(政敎同心), 달본명근(達本明根)의 4대 경륜을 세우고 실천하다가 "한 울안 한 이치에 한 집안 한 권속이 한 일터 한 일꾼으로 일원세계 건설하자."는 게송을 전하고 원기47년 63세에 열반하였다.

정산종사 열반 후 교단에서는 정식 대각여래위로 추존하였다.

3. 훈산 이춘풍
(薰山 李春風, 1876~1930) 정사

이춘풍

유학자로 고종 사촌 동생인 정산종사의 인연으로 새 회상 창업기에 소태산 대종사의 제자가 된 훈산 이춘풍은 소태산 대종사를 봉래제법 시절 가까이 모시었고, 5년이라는 짧은 전무출신을 하는 동안 초기 교단의 교리형성과 훈련기반을 굳히는데 큰 역할을 했다. 이춘풍은 경북 김천에서 부친 이현옥 선생과 모친 김

씨의 2남 중 차남으로 태어났다.

이춘풍은 원기6년에 고모부 되는 송벽조의 인도로 변산 봉래정사에서 소태산 대종사를 만나 불법의 대의와 인도상 요법을 듣고 유가의 규모를 벗어나, 그해 음 12월 25일 가족을 대동하고 경상도에서 전라도로 이사 하였다. 이사한 부안군 보안면 신복리 종곡은 변산으로 드는 초입에 있는 마을이다.

이춘풍은 봉래정사를 찾아 소태산 대종사께 법을 묻고 가르침을 받드는 한편, 소태산 대종사의 영산 · 변산간 노정의 유숙처로 집을 활용하고 소태산 대종사와 그 제자들의 시봉을 맡아 했다.

소태산 대종사가 하루는 이춘풍가에 왔다가 이춘풍과 내소사를 구경하고 험한 청련암 뒷산을 넘어 봉래정사로 오며 일행삼매(一行三昧) 법문(〈대종경〉 수행품 34장)을 하였다. 소태산 대종사의 모친 열반으로 영산에 몇 달 근무할 때 소태산 대종사와 정관평을 둘러보며 왜 방언을 막으라 하였는가에 대하여 문답(〈대종경〉 서품 10장) 하기도 하였다. 소태산 대종사의 사랑을 받으며 자란 이춘풍의 두 딸 이경순 · 정화는 후에 출가하여 교단의 큰 재목으로서 역할을 담당했다.

이춘풍은 소태산 대종사가 익산총부를 건설하자 봉래정사를 수호하는 한편 원기7년부터 12년까지 봉래산에 살면서 생각하고 느끼고 연구한 《산중풍경(山中

風景)》을 저술, 초기 교단사 연구에 중요한 사료를 남기기도 했다.

이춘풍은 출가하여 정기훈련에 여선원(女禪員) 교무로 임명되었다. 여선원 교무로 제2회 정기훈련부터 제6회까지 근무하며 당시 모든 교법이 두루 완비하지 못하고 더욱이 여선원에 입선하는 입선인 중에는 국문과 한문에 능하지 못하여 이해력이 없음에도 이춘풍은 열의로 지도하여 차차 국문에 순숙되어지고, 한문에도 이해가 생겨나서 취지규약을 열독할 정도까지 되었으며 교과서 연습에도 방향을 얻게하는 등 여선원 진로를 개척하였다.

이춘풍은 경성 회원들을 여선원에서 지도한 인연으로 원기13년 53세시 제1대 제1회 총대회에서 경성출장소 교무로 임명되어, 송규 교무에 이어 경성출장소 제3대 교무로 부임하였다.

이춘풍은 소태산 대종사에 대한 존칭을 '종사주', 전무출신에 대해 '교무'란 호칭을 통일하는 의견을 내어 통과시켰다.

이춘풍은 경성출장소 교무로 근무하던 중 원기14년 어려서부터 잠재해 있던 냉복병이 발작하여 치료를 하였으나 점점 심신이 쇠약해져 부득이 경성출장소 교무를 사임하고 총부로 귀관하여 요양하다 변산 봉래정사 자택에서 원기15년 말에 열반하였다.

원기73년 제2대 말 성업봉찬시 이춘풍의 법위를 정식법강항마위로 추존하였다.

4. 팔산 김광선

(八山 金光旋, 1879~1939) 대봉도

김광선

소태산 대종사 입정삼매시 지극히 간고한 생활을 하자, 식사 등 물질 또는 정신적으로 살림을 보조하고 공부하는 비용을 후원하다 대각을 이루자 전일에는 호형호제하던 12살 아래인 소태산 대종사를 스승으로 받들고 첫 제자가 된 팔산 김광선은 영광 영산에서 부친 김응오 선생과 모친 강씨의 2남1녀 중 차남으로 태어났다.

소태산 대종사가 대각을 이룬 후 김광선을 불러 친히 많은 문구(文句)와 시가(詩歌) 등을 불러주며 수필 편집케 한 것이 《법의대전》, 《백일소》 등이다.

김광선은 9인 제자 중 으뜸가는 기력과 가정 형편도 제일 넉넉하여 정신 · 육신 · 물질 삼방면으로 방언공사에 솔선수범 하였다. 방언 작답 후 어느 때는 제방이 무너져 뚫린 구멍으로 바닷물이 들어와 막으려고 애를 태우다가 '인력으로 저 구멍을 막지 못한다면 내 육신으로 막겠노라' 며 바닷물에 뛰어들어 이를 막았다.

김광선은 원기8년까지 영산에서 방언답을 관리하며 영산성지 일을 돌보던 중, 정읍 내장사에 5인 선발대를 파견할 때 그 일원이 되어 출가하였다. 원기9년 이리 송학리 박원석의 집에서 오창건 · 이동안 등과 더불어 농사를 짓기 시작한 것이 산업부의 시초가 되었다. 원기10년부터는 익산총부에 거주하며 만석평의 농사를 짓는 산업부원으로 활동하였다.

원기14년 경성출장소 교무 이춘풍이 신병으로 익산으로 귀관하자, 소태산 대종사는 경성 회원 이공주에게 경성출장소를 임시 관리토록 하였다가 그 해 11월 김광선을 경성출장소 교무로 임명하였다. 경성출장소에서 근무시 근검절약의 신조로 초창기 어려움을 극복하였으며 이듬해 총회에서 마령출장소 교무로 임명되어 짧은 기간 동안 경성출장소의 교화를 마치고 귀관하였다.

마령출장소는 창설 초 빈한한 교당이라 유지대책이 없자 교도들을 교리훈련시키는 한편 친히 전답 개조, 수박 재배, 과수원 경영으로 교당의 경제적 토대를 마련하는 한편 교도들과 지역사회에 수작재배 등 선진농업을 전수하였다.

김광선은 소태산 대종사가 가장 허물없이 가까이 대하고 정이 깊이 든 제자로 일호의 사심 없이 공중사에 헌신봉공하다 원기24년 영산지부에서 61세로 열반하

였다.

원기42년 개교기념일에 임시법훈증 수여식에서 정산종법사는 김광선에게 대봉도 법훈증을 수여(장남 김홍철)하였다.

5. 응산 이완철

(應山 李完喆, 1897~1965) 종사

이완철

경성지부 교무로 12년간 근무하며 한결같은 신성으로 교화에 주력하여 경성교화에 기틀을 다졌으며, 불법을 물 쓰듯이 활용하고, 항상 겸양으로 상하를 두루 살피되 아래에 처한 사람을 더욱 챙겨 인화로 이끌었던 응산 이완철은 영광 신흥에서 부친 이강현 선생과 모친 김낙일화 여사의 5남2녀 중 삼남으로 태어났다.

이완철은 원기5년, 24세시에 친형 이동안의 인도로 영산 구간도실에서 소태산 대종사를 뵈온 후 여러 가지 법문을 받들고 제자되기를 서원하고 출가하고자 하였으나 형인 이동안이 이미 출가한 관계로 가정 사정과 출가를 서두르지 말라는 소태산 대종사의 뜻에 따라 모랑수신조합 발전에 솔선하였다.

원기12년에 신흥에 불법연구회 회관을 세우기로 작정하여 이완철 일가가 먼저 뜻을 모아 신흥출장소를

설립하였다. 신흥출장소는 원기9년 익산총부 건설 후 경성출장소에 이어 두 번째 창설된 것이었다.

이완철은 원기15년 34세시 가정의 어려운 여건 속에서 출가하여 총부 농업부원으로 근무를 시작하여 총부 교무부 학원교무를 거쳐 원기18년에 경성출장소 교무로 임명되어 부임하였다. 경성출장소 교무로 부임할 당시 경성출장소 상황은 창신동회관이 장소가 협소하고 불편하여 새 회관 건축이 다년간 현안이 되어 낙산 넘어 돈암동에 이공주의 희사로 회관 부지를 마련하고 회관 건축을 준비하고 있었다.

이완철이 부임하고 회관 건축이 진행되어 총부에서 오창건이 건축위원으로 상경하여 공사가 시작되었다. 건축 공사 중 소태산 대종사 2차에 걸쳐 상경하여 감역하며 공사가 진행되었다. 이완철은 경성출장소 교화를 하는 한편 회관 건축공사에 열과 성을 다하여 그 해음 9월 새 회관을 완공하고 낙성식을 가졌다. 경성회관은 새 회상 건축에 있어서 단독으로 건축된 법당의 효시이며, 가장 큰 건축물 중의 하나였다.

이완철이 경성출장소 교무로 부임하기 전까지 역대 교무들은 1년 혹은 2년 근무하고 이임되었었다. 이완철은 원기30년 영산지부장으로 임명되어 이임하기까지 12년간 경성 교화를 이끌었으며, 새 회관이 건축되자 매년 동하선을 개최하여 공부로 경성 교화의 틀을

다졌다.

이완철은 영산지부장과 총부 교감 등을 거쳐 원기44년부터 교정원장으로 정산종사를 보필하여 교정을 이끌다, 원기47년 1월에 정산종사가 열반하자 종법사 대행으로 제3대 김대거 종법사가 취임하기까지 교단을 이끌었다. 그 후 대산 김대거 종법사를 보필하다 원기50년에 열반하였다.

원기73년 교단 제2대 말 성업봉찬시 공부성적을 정식 출가위로 추존하였다.

6. 제산 박제봉
(霽山 朴濟奉, 1888~1957) 정사

박제봉

정중한 용모에 특유의 위엄이 있으며 청렴결백하고 겸손한 가운데 우렁찬 음성이 선인을 연상케 하여 소태산 대종사로부터 청학(靑鶴)과 같다는 칭찬을 들었던 제산 박제봉은 경남 울산에서 부친 박봉주 선생과 모친 안경임 여사의 형제 중 장남으로 태어났다(원적은 전남 목포임).

박제봉은 신·구간 학식이 풍부하여 도(道), 군(郡) 등 관계(官界)에 종사하였으나 종교에 대한 관심과 연구가 깊어 각종 종교의 교리와 역사를 탐구하였다.

원기21년 49세시 최삼건의 인도로 새 회상에 귀의하여 소태산 대종사의 법문을 청법 수강하며 출가하여 동년부터 총부 학원교무로 전무출신을 시작하였다.

영산 · 용신 교무를 거쳐 원기30년부터 3년간 서울지부 교무로 근무하였다.

박제봉이 서울지부 교무로 임명되어 근무하던 원기30년은 1945년 8 · 15 광복의 해로 일제의 압제에서 벗어나 새나라 건설의 준비로 혼돈의 시기였다.

원기30년 광복이 되자 경성지부를 서울지부로 교당명을 바꾸고 불법연구회 전재동포구호사업 중 서울구호소 사업을 펼치기 위하여 총무부장 송도성이 주축이 되어 선발대가 상경하고, 서울역 앞에 전재동포구호사업소 본부를 설치하고 구호사업을 시작하자 서울지부 교무들과 교도들은 적극적으로 구호사업에 동참하여 봉사하였다.

한남동 남산에 위치해 있던 일인 사찰 약초관음사를 총부 간부들과 서울지부 박제봉 교무가 논의하여 인수하기로 결정하자 황정신행 · 성의철이 약초관음사로 찾아가 일본인 주지에게 인수하여 교단에서는 약초관음사를 정각사라 이름하였다.

원기31년 서울지부가 도심에서 외곽지대인 돈암동에 위치해 있어 많은 불편을 겪어오던 때라 돈암동회관을 방매하고 임시로 정각사로 이전하였다. 그 후 용

산에 있는 일인 사찰인 용광사를 인수하여 서울지부를 용광사로 이전하였다. 박제봉은 국가적으로나 교단적으로 어려웠던 시기에 서울지부 교무로 많은 일들을 자신은 드러나지 않게 헌신하다 원기 33년에 영산지부 교무로 임명되어 다시 영산으로 가 후진양성에 심혈을 기울였다.

한번 공중에 투신한 후로는 세속의 공명과 부귀를 초개시하며 소태산 대종사와 교중에 한결같은 신성을 올리다 원기42년 열반하였다.

원기73년 제2대 말 성업봉찬시 공부성적을 법강항마위로 추존하였다.

Ⅳ. 경성지부 유공인

경성지부 유공인이라 이름한 본 장에서는 경성지부 창립주 16인과 경성지부 교무 장에 소개했던 인물 이외에 음으로 양으로 경성지부 발전에 공헌한 유공인이 많다.

그러나 본장에서 모두 소개하지 못함을 아쉬움으로 남기며 부득이 필자 임의로 소태산 대종사의 경성 첫 제자인 박사시화, 경성출신으로 교단의 여성교무 제1호인 김영신, 경성지부 발전과 교단의 각종사업과 인재양성에 공이 큰 박창기, 새 회상 수달장자로 원불교 제1호 대호법인 황정신행, 서울지부 지부장으로 서울지부 불하와 원광대학 설립인가 등에 많은 노력을 하였던 성의철, 서울출장소 초대소장으로 정각사를 수호하였던 김대거(대산종사)를 본 장에서 소개한다.

1. 일타원 박사시화

(一陀圓 朴四時華, 1867~1946) 대봉도

박사시화

소태산 대종사의 경성지방 첫 제자이며, 장적조, 최도화와 더불어 교단 초창기 3대 여걸이라 불렸던 일타원 박사시화는 전북 남원에서 부친 박규록 선생과 모친 이씨의 3남매 중 쌍둥이 언니로 태어났다. 쌍둥이 아우는 경성출장소 창립 발기인 중의 한 사람인 박공명선이며 오빠는 경성지부 요인이었던 박해산이다.

박사시화는 18세에 남원 이순명과 결혼하였으나 일점 혈육을 두지 못한 채 부군마저 사별하였다. 그 후 친정 오빠 박해산에게 의탁하였으나 바느질 솜씨가 뛰어나 독립하여 살다 48세에 경성으로 이사하였다.

경성에서 뛰어난 바느질 솜씨로 도정궁(都正宮)마님과 인연이 되어 수양딸이 되었다. 박사시화는 마님의 영향을 받아 불 · 법 · 승 삼보를 공경 예배하며 구례 화엄사 화주로 정성을 다했다. 57세(원기8년)되던 음 9월에 기차를 타고 화엄사에 가던 중 전주에서 최도화를 만나 소태산 대종사에 대한 이야기를 듣고 감복하여 소태산 대종사를 꼭 한번 뵙기를 발원하였다.

원기9년 3월 30일, 소태산 대종사가 최도화의 안내로 처음 상경하였을 때, 이튿날 소태산 대종사를 뵙고 사제지의(師弟之義)를 맺은 후 전무출신을 서원하여

경성의 첫 제자이며 첫 전무출신이 되었다. 동생 박공명선도 함께 귀의하였다. 소태산 대종사 당주동에 1개월 기한으로 가옥을 빌려 머무르자 시봉하는 한편 이동진화를 인도하였고, 이공주에게 소태산 대종사가 상경하면 한번 뵙기를 동생 공명선과 함께 수차례 권하여 원기10년에 이공주가 소태산 대종사께 귀의하도록 하여 경성 교화의 터전을 닦게 되었다.

원기9년 창립총회 후 만덕산 1개월 선 때에는 소태산 대종사 시봉과 대중식사 공급을 담당하였고 익산총부 도치원 건설 뒤에는 자신의 소유인 가산 · 집기 등을 가져다가 본관 살림을 시작하였다. 원기10년 제1회 정기훈련이 시작되면서 부터 매년 동 · 하선에 입선하여 훈련하는 한편, 새로 들어온 선객 세숫물 떠다주기, 식사 후 식기 닦아주기, 남의 옷 세탁하여 주기 등 오직 남의 편리를 도모하는 등 동지들을 가족처럼 살폈다.

박사시화는 소태산 대종사 설법시 문정규 · 김남천과 함께 백발을 휘날리며 춤추고 즐겼으며, 전삼삼 · 최도화 · 노덕송옥은 무수히 절을 하여 법흥을 돋우었다.

원기16년 여자 정수위단을 조직할 때 태방(兌方)에 내정되었으며, 전국 각지를 돌아다니며 교직없는 교역자로써 제1대내 575명이라는 가장 많은 교도를 입교

시켰다. 원기31년 박사시화는 많은 이들의 애도 속에 손에는 염주를 들고 나무아미타불을 염송하며 79세로 열반하였다.

원기13년 제1대 제1회 총회시 박사시화의 공부는 특신부, 사업은 4등 12인중 제2호에 해당되었으며, 원기38년 제1대 성업봉찬시 공부는 정식법마상전급, 사업은 정1등으로 원성적 준1등이었다. 원기73년 제2대말 성업봉찬시 공부성적을 정식법강항마위로 추존하고 대봉도 법훈을 추서하였다.

2. 융타원 김영신
(融陀圓 金永信, 1908~1984) 대봉도

김영신

원불교 정녀 제2호, 여성교무 제1호로 새 회상 창립기 교당교화에 많은 역할을 하였던 융타원 김영신은 서울 인의동에서 부친 김일환 선생과 모친 이성각 정사의 자매 중 2녀로 태어났다.

김영신은 생후 5개월 만에 부친을 여의고 외가에서 어린 시절을 보내고 경성여자고등보통학교(현 경기여고)에 입학하여 수학하던 중 서울에 있는 여학교 연합운동회에 학교 육상대표로 출전하였다가 얼굴에 중상을 입어 병상에서 관음주력의 영험과 북악산 약수의

효력으로 완치되었다.

김영신은 외조모 민자연화, 모친 이성각과 함께 집 가까이 봉익동에 있는 대각사를 다니며 백용성 스님의 지도아래 불교에 심취하였다.

김영신이 소태산 대종사를 처음 만난 것은 원기9년, 소태산 대종사가 두 번째 상경하여 창신동 이동진화 수양채에 머물고 있을 때 외조모 민자연화, 모친 이성각, 이모 이공주가 박공명선의 안내로 찾아 뵌지 이틀 후에 다시 3모녀가 다시 소태산 대종사를 뵈러 갈 때 김영신이 따라가 영신(永信)이란 법명을 받고 귀의하였다.

경성출장소 창립 발기인 13인 중에 김영신의 외조모, 모친, 이모가 참여하여 경성출장소 창립의 결정적 역할이 되었으며 김영신도 많은 역할을 하였다. 김영신은 학교를 졸업한 후 경성출장소 송도성 교무로부터 전무출신할 것을 권유받았다.

원기12년, 경성에 상경한 소태산 대종사의 말씀을 받들어 총부 문서정리를 대비하기 위하여 소태산 대종사의 장녀인 박길선과 6개월간 경성부기학원을 다녔다.

원기13년 소태산 대종사께 "본관에 가서 결산을 거들어라"는 명을 받고 김영신은 경성교무 송규(정산종사)를 따라 총부로 내려왔다. 이것이 그의 출가였다.

김영신은 총부 서무부 서기로 근무하며 제1대 제1회 12년간의 결산사무를 조력하였다. 그후 경성출장소 서기(부교무), 원기16년부터는 총부 공익 · 육영부 서기로 문서정리를 하였고, 원기19년 부산 남부민출장소 교무로 부임함으로서 원불교 지방교화 정녀 교무 제1호가 되었다.

남부민출장소 교무로 교화하며 초량지역에 교도가 불어나자 초량출장소 회관을 신축하고 교화에 힘써 남부민 · 초량지역에 교법이 뿌리내리게 하였다.

김영신은 개성지방 교도들의 초청을 받고 개성교무에 부임하여 가옥을 매입하고 개성출장소를 설치하는 등 교화에 전력하였다. 그 후에도 원평, 신태인, 전주 등에서 일선 교화에 많은 역할을 하였다.

원기38년 제1대 성업봉찬시 성업봉찬 기념식이 끝나고 본교 정녀에게 수여하는 연화장을 조전권과 함께 만인의 축복 속에 봉수하였다.

원기69년 김영신이 열반하자 공부성적을 정식법강항마위로 추존하였으며, 원기73년 제2대 말 성업봉찬시에는 대봉도의 법훈을 수여하였다.

3. 묵산 박창기
(默山 朴昌基, 1917~1950) 대봉도

박창기

해외포교에 많은 관심과 교역자 양성에 남다른 정열을 불태웠던 묵산 박창기는 서울 간동에서 부친 박장성 선생과 모친 이공주 종사의 형제 중 장남으로 태어났다.

원기9년 모친 이공주가 숙겁의 인연으로 소태산 대종사를 만나 귀의하자 소태산 대종사 상경하면 경성회원들이 계동 이공주가에 모여 청법낙도할 때 박창기는 어려서 입교하지 않았으나, 소태산 대종사가 이공주에게 보내 편지에 '창기(昌基)' 란 법명을 내려주었다.

박창기는 경기제일보통학교 3학년 때 신병으로 학업을 중단하고 치료를 받으며 익산총부로 내려와 소태산 대종사를 시봉하고 있었다.

원기17년 이공주가 전무출신하기 위해 경성생활을 정리하고 익산총부로 내려올 때 박창기도 함께 출가하였다. 박창기는 출가 후 10여 년간 소태산 대종사를 가까이에서 시봉하며 청법낙도하는 가운데 소태산 대종사와 은부시자(恩父侍子)의 결의를 올렸으며, 소태산 대종사는 박창기를 인장법사(仁藏法師)라 하며 장차 큰 인물이 되리라고 칭찬하였다.

박창기는 경성지부 돈암동회관이 원기18년에 건축

될 때 건축비 등의 관계로 만반의 공사를 하지 못하여 여름에는 비가 새고 겨울에는 추워서 생활하는데 많은 불편이 있음을 알고 자비로 직접 감역하며 회관을 수리하였다.

원기27년부터 30년까지 총부 학원교무로 송도성과 후진양성을 하였으며 원기30년에 광복이 되자 서울에서 전재동포구호사업에 조력하였다

박창기는 교역자 양성을 학교교육, 외국교육을 병행한 고등교역자 양성을 주장하였다. 그리하여 총부 학원생들의 공부자금으로 논 1백석 지기를 희사하여 어려운 여학생들의 식비 · 학비 등을 후원하였다. 그리고 한편으로 자비를 들여 정성숙, 전팔근, 김대현, 이재정, 정자균, 홍재완, 정경호 등을 서울에 유학시켜 서울지부에 합숙시키며 총부 선방과 같은 생활을 놓지 않도록 직접 지도를 하면서 서울대, 숙명여대, 이화여대, 동국대, 성균관대에 진학시켰다.

박창기는 자신도 동국대학 불교학과를 1950년 졸업하고 불교학 연구를 위해 동국대학교 대학원에서 공부를 계속하는 한편, 자신이 직접 미국으로 건너가 해외포교의 길을 개척하기 위해 영어 공부를 하던 중 한국전쟁이 일어났다. 서울에서 유학하던 학생들을 전부 총부로 피난시키고, 황정신행의 아들 강필국이 양주 별장으로 가자 혼자 보낼 수 없어 같이 피난하였다가

서울 수복을 하루 앞두고 9월 27일 인민군에게 희생되었다.

원기73년 제2대 말 성업봉찬대회시 박창기의 공부성적을 정식법강항마위로 추존하였고 대봉도 법훈을 서훈하였다.

4. 팔타원 황정신행 (八陀圓 黃淨信行, 1903~2004) 종사

황정신행

원불교 대호법의 문열이가 되고, 한국 고아들의 어머니가 된 옛 영산회상의 수달장자와 같은 팔타원 황정신행은 황해도 연안에서 부친 황원준 선생과 모친 송귀중화 여사의 1남 2녀 중 장녀로 태어났다.

독실한 예수교 가정에서 태어나 13세에 서울로 와 이화학당 중등부를 졸업하고, 경성여자고등보통학교에서 일본어를, 중국 길림성 여자사범학교에서 중국어를 공부하고 유치원 교사를 하다 귀국하여 이화여전 보육과를 졸업했다. 그 후, 일본계 정토종 불교재단의 화광교원에 들어가 화광유치원을 설립하여 교육하였으며, 결혼 후 순천상회를 운영하며 동대문부인병원(현 이화여자대학교 부속병원)을 인수하였다.

황정신행은 원기20년 아들 강필국을 데리고 금강산

을 여행하던 중 개성에 사는 경성지부 교도인 이천륜을 만나 불법연구회를 소개받고 그의 연원으로 경성지부에 나가 입교하였다.

원기23년에 소태산 대종사를 만나 법명을 받고 불생불멸과 인과보응의 진리에 대한 확신과 소태산 대종사를 믿는 마음이 굳어져 경성지부 식당채를 자비로 신축하는 등 경성지부 주무로서 역할을 다하는가 하면, 새 회상 창립기의 교단 경제난을 극복하는데 중추적인 역할을 다해 새 회상 발전의 큰 기초를 세웠다.

황정신행은 원기30년 정수위단에 피선되었고, 같은 해 8월 광복이 되자 전재동포구호사업을 전개하는데 대내외적인 많은 도움을 주었다. 또 보화원을 설립하여 원불교 고아원의 효시가 되었다.

한국전쟁 때 서울 수복을 하루 앞두고 9월 27일에 인민군에게 외아들 강필국을 잃은 슬픔을 딛고 이승만 대통령의 부탁으로 제주도에서 900여 명의 고아를 돌보았다.

1956년, 미국 유니버설영화사에서 제작한 '전송가'에 한국보육원이 소개되어 외국인들로부터 많은 협조를 받았다. 그 후, 한국보육원은 휘경학원 자리를 거쳐 양주 진달래 동산으로 옮기고 원기67년에 사회복지법인 '창필재단'을 설립하여 한국보육원을 교단에 희사하였다. 황정신행은 새싹회에서 주는 제28회 소파상

을 수상하였고, 학교법인 휘경학원을 설립하여 여성교육에 심혈을 기울였다.

황정신행은 제1대내 창립유공인 중 법훈 해당자가 되어 원기42년 개교기념식에서 제1호 대호법 법훈을 받았으며, 원기76년 소태산 대종사 탄생100주년 성업봉찬시 출가위에 승급하고 원기89년에 열반하였다.

5. 의타원 성의철
(義陀圓 成義徹, 1896~1988) 교정

성의철

서울지부 불하와 부산지부 환수, 원광대학의 설립인가에 부군 김동성과 함께 공로가 큰 의타원 성의철은 서울 종로에서 부친 성수식 선생과 모친 이명현 여사의 5녀 중 5녀로 태어났다.

성의철은 한성여학교에 입학하여 수학하던 중 순종황후 윤비(尹妃)의 시독(侍讀) 5인 중 한 사람으로 선발되었다. 시독 5인 중에는 이공주도 선발되어 함께 생활하였다. 시독하던 그들은 한일합방으로 1913년에 퇴궁하였다.

성의철은 숙명여자고등보통학교를 졸업하고 동경유학을 다녀와 모교에서 숙명인 육성에 전념하였다. 33세시 중앙일보(현 조선일보) 편집국장 김동성과 결

혼하였다. 성의철이 인간사로 인하여 고민할 때 황정신행이 인도하여 원기23년에 입교하였다. 그 후 소태산 대종사를 배알하고 법명을 '의철(義徹)'이라 받고 소태산 대종사께 감복하여 한결같은 신성으로 이 공부 이 사업에 전력하였다.

성의철은 형편에 따라 총부 동·하선에 입선하여 구전심수로 소태산 대종사의 법을 받들고 교법에 감탄하여 서울지부는 물론 교단사업에 많은 조력을 하였다. 1945년, 광복 후 학원에까지 좌우사상이 대립될 때 숙명여고와 숙명여대의 교장과 학장으로 취임하여 난국을 타계하였다.

성의철은 원불교 교단의 대소사 어려운 일에도 발 벗고 나서서 해결하였다. 특히 원광대학 설립인가에 부군인 김동성과 함께 크게 공헌하였다. 당시 한국정쟁 피난지인 부산 임시수도 상황에서 교단의 형편으로 어려운 일이었으나 교육에 대한 신념과 의지로 문교부 당국자와 심의위원들에게 설명하여 원광대학 설립 심의안이 통과되었다. 또한 서울지부가 한국전쟁 때 인민군에게 점령당하였다가 후에 국군이 주둔하였다. 당시 원불교로 정식을 불하 받지 못한 상태에서 큰 어려움이 봉착된 것을 온갖 정성을 다해 불하받도록 하였고, 한국전쟁시 측우소로 강제 접수되었던 부산지부를 환수하는데도 큰 힘을 기울여 환수되었다.

성의철의 부군인 김동성은 언론계 · 정계에서 많은 활동을 하였으며 우리나라 언론사상 최초의 해외특파원 등 언론인으로서 최초의 기록을 많이 보유한 것으로 유명하다. 그는 부인 성의철의 인도로 입교하였다.

6. 대산 김대거 (大山 金大擧, 1914~1998) 종사

김대거

소태산 대종사와 정산종사의 법통을 계승하여 원기 47년부터 원불교 제3대 종법사의 대임을 맡아 주법(主法)으로서 33년간 원불교를 이끌고, 원기79년 좌산 이광정 후계 종법사에게 양위한 대산 김대거는 전북 진안에서 부친 김인호 대희사와 모친 안경신 대희사의 5남매 중 장남으로 태어났다.

김대거가 소태산 대종사를 처음 만난 것은 11살 때인 원기9년, 소태산 대종사가 불법연구회 창립총회를 마친 후 며칠 지나서 두 번째로 만덕산을 찾았을 때이다.

최도화의 인도로 조모(祖母)인 노덕송옥이 만덕산 만덕암에 소태산 대종사를 처음 뵈러 가면서 장손자인 김대거를 데리고 가서 뵙게 되어 소태산 대종사를 모시고 선(禪)을 1개월여 나게 되었다. 그리하여 소태산 대종사 →정산종사 →대산종사로 이어진 새 회상 3대

주법이 최초로 한자리에 만나게 되었다.

김대거는 원기14년에 출가하여 소태산 대종사와 은부자(恩父子)의 의를 맺고 출가 이후 소태산 대종사 열반까지 줄곧 소태산 대종사의 시봉 또는 교단 간부로서 총부에서 근무하며 많은 법설을 받들고 수필하여 후일 《대종경》 초안 및 편찬에 많은 역할을 하였다.

김대거는 건강이 악화되어 돈암동 서울지부에서 요양하다 장소를 옮겨 황정신행의 양주 별장으로 옮겨 요양하였다.

1945년 일제로부터 광복이 되자 원불교에서는 한남동에 있는 일인 사찰인 약초관음사를 인수하여 정각사라 이름하고 이곳에 익산총부와 서울간의 연락 등 사무를 긴밀하게 하기 위하여 서울출장소를 설치하고 초대 소장에 김대거를 임명하였다.

김대거는 서울출장소장으로 있으며 김구, 이승만 등 많은 정계 인사들과 교류하는 등 대내외 활동을 하며 정각사를 사수하였다. 그 후 다시 건강이 악화되어 휴양하였다가 교정원장, 정화사 감수위원 등을 역임한 후 정산종사가 열반하자 후계 종법사에 추대되어 교단 발전에 헌신하였다.

대산종사(김대거)는 소태산 대종사의 일원주의 사상과 정산종사의 삼동윤리 정신을 계승하여 종교연합운동을 전개하였으며 《정전대의》를 비롯한 많은 법문을

남겼다.

원기76년 소태산 대종사 탄생100주년을 기해 대산 종사는 생존 최초의 정식 대각여래위에 승급하였고, '진리는 하나 세계도 하나 인류는 한 가족 세상은 한 일터 개척하자 하나의 세계' 라는 게송을 전하고 원기 83년 85세로 열반하였다.